柳田国男文集

YANAGITA
KUNIO

独目小僧及其他

〔日〕柳田国男 著

〔日〕西村真志叶 译

北京师范大学出版集团
BEIJING NORMAL UNIVERSITY PUBLISHING GROUP
北京师范大学出版社

体例

1. 本丛书中，原文民俗词汇以日文假名书写时全部以日语罗马字表示。

2. 为尽量接近日语原来的发音，用日语罗马字表示时采用"黑本式"注音方式，与键盘输入时使用的"训令式"相比，以下假名较为特殊：し shi、ち chi、つ tsu、ふ fu、じ ji、しゃ sha、しゅ shu、しょ sho、ちゃ cha、ちゅ chu、ちょ cho、じゃ ja、じゅ ju、じょ jo。

3. 拨音ん n、促音为子音双写（如にっき nikki），长音不加 u（如とうきょう tokyo）。

4. 作助词时はwa、へe、をwo。

5. 原文中的旧假名写法，改为新假名写法后注音：如なほらひ naorai。

6. 单词中分节较为明确时，适当采取空格的形式分段，避免日语罗马字表音过长：如"yaki meshi（烧饭）"。

7. 本丛书中，原文民俗词汇使用汉字时全部以简体字表示。

8. 本丛书中，原文中有特殊意义的词语、民俗词汇、引用内容，均以引号标注。

9. 本丛书中，所有的注释均为译者注，在注释时不再另外标明。另为柳田国男原注的，在注解中用"【原注】"标明。

10. 本丛书中出现的日本历史时代及分期（如江户、中世等）与公历纪年的对应关系，请参照书后的附录一。

11. 本丛书中出现的日本古国名及其略称（如萨摩、信州等）与现代都道府县的对应关系，请参照书后的附录二。

王　京

　　柳田国男在日本可谓家喻户晓，不仅作为历史人物被记录，出现于历史书上，而且也是鲜活的存在，向我们提示着思考现代社会的视点、框架与方法。他关注日本社会与文化的历史，开拓了民俗学这门崭新的学问，在长达半个世纪的学术活动中，留下了数目浩繁的论著。这些研究将从未被思考、也从未被知晓的普通人生活文化的历史，呈现在我们眼前，人们对日本社会及文化的认识也为之一新。如今，在思考日本的社会与文化时，从柳田的著作中学习已是必不可少的一个步骤。不仅在日本国内如此，对于世界各地的日本研究而言，这也已成为基本的方法。

　　世界各地凡是懂得日语、可以阅读日语书籍的日本研究者，毫无疑问，都是柳田国男著作的读者。而无法阅读日语的人们，则缺少接触和了解柳田国男的机会。柳田的文章文体甚为独特，被翻译成他国语言的难度很大，所以，尝试翻译者众多，但实际出版者寥寥。包括英语在内，译为各国语言公开发行的柳田著作，数量并不多，且翻译对象又往往限定于极少几本著作；中文世界的情况也同样如此。至今，除了日语以外，尚没有以其他语言刊行，并能够帮助理解柳田学问整体面貌的著作集问世。本次出版的《柳田国男文集》（以下简称《文集》）在此方面是一次有益的尝试，可谓意义深远。

1875 年，柳田国男出生于西日本中心城市大坂（今大阪）以西约 70 千米的农村地区。旧时的交通要道由此通过，略有一些"町场"（城镇）的气氛。柳田的父亲并非农民，而是居住于农村的知识分子，靠着在私塾教授汉学为生。家中贫苦，生活也不稳定。柳田国男排行第六，有好几个哥哥，大都勤奋读书，之后赴东京继续求学。大哥成为医生后没有回乡，而是在东京西北 40 多千米的农村地区开业行医。柳田小学毕业之后就来到大哥身边，受其照顾。柳田从小生长的故乡，与后来移居的土地，虽然都是农村，但无论景观还是人们的生活，都迥然不同。这一体验，对他日后的学问形成产生了巨大的影响。

随后柳田来到东京，进入社会精英的摇篮——东京帝国大学，在相当于今天法学部的地方学习，专业是农政学。1900 年，柳田和当时东京帝国大学的大多数毕业生一样，成为了明治政府的一名官员，最初供职于农商务省农务局。1908 年，柳田因公前往九州地区，进行了为期 2 个月的巡视。在此期间他探访了深山之中的地区，接触到还在进行刀耕火种和狩猎的村落，感到惊讶，也深为感动。当时日本农业政策的主要对象是在平原地区种植稻米的农民，柳田得知在此之外，还有立足于不同的生产劳动，有着不同文化背景的人们时，产生了浓厚的兴趣。这是他迈向民俗学的第一步。之后，柳田白天作为官员任职于政府部门，晚上及休假时间则用以研究深山之中的"山人"的生活文化，发表了一系列文章。1919 年，柳田辞去了官职。

1929 年 10 月开始的世界经济危机首先在美国爆发，不久就挟着巨大的破坏力席卷了日本。城市里工厂工人大量失业，纷纷回到家乡农村。而承受着沉重经济打击的农村，还要接收这些归乡者，状况更为悲惨。面对农村的惨状，柳田以回答"农民因何而贫"作为最重要的课题，开始了新的研究，确立了之后被称为"经世济民之学"的民俗学。其研究对象不再是居于深山的人们，而是生活在日本列岛的占人口大多数的农民。他将作为民俗承担者的、以稻米种植为生活基础的农民，称为"常民"。为了调查常民的生活文化，弄清常民的历史，柳田对包括家庭与生产劳动、衣食住行、婚丧嫁娶、节日与信仰等在内的常民生活的各个方面展开了研究，并探索和树立了与之相应的研究方法。

1945 年，日本战败，开始建设新社会。柳田认识到第二次世界大战后日本人自我认识的重要性，大力推动这方面的研究。柳田提出了"海上之路"这一假说，主张日本人的祖先是从冲绳出发，乘着"黑潮"（日本暖流）沿岛北上，最后扩散到日本列岛各处的。柳田逝于 1962 年 8 月 8 日。半个世纪在民俗学领域的长期开拓，以及从历史维度理解日本社会及文化的不懈努力，凝结成其身后的庞大著述。伴随着上述使命感的变化，其民俗学著作的涉及面也甚广。本《文集》是从柳田国男卷轶浩繁的著述中精选了有助理解日本社会及文化的不可或缺的篇目而成。相信读者若能将本《文集》置于左右，必要时阅读或参照，一定能对柳田有深入的理解。

在阅读柳田时需要注意以下几个问题。

柳田民俗学，是收集与比较日本各地现行或尚有传承的民俗现象，通过其相互差异来阐明历史变迁过程的比较研究。比较研究虽然是所有学问均会采用的方法，但柳田的比较研究，在将变迁过程作为其结果这一点上较为特殊。柳田将这种具有限定性的比较研究法称为"重出立证法"。比较的标准是地区差异，其假说是离中央较近处的民俗较新，距离中央越远处的民俗较古老，即新文化产生于中央，并向四面八方扩散，因为到离中央较远处需要花费较长时间，抵达较迟，所以古老的状态被保留在了远方，这便是"周圈论"。在柳田的著作中，常常会列举大量日本列岛各地的类似事例，甚至令人颇感倦烦。但这些各地事例之间的相同及不同之处，正是他导出答案的线索，也是其研究不可或缺的步骤。

在提示各地的民俗之时，柳田十分重视指示这一现象或事物的词语。日语虽然是与中文完全不同的语言，但一直以来，有着使用学自中国的汉字来表记现象或事物的传统。一般而言，人们也习惯从汉字入手来理解词语的含义。但柳田重视的并非汉字。他认为，通过外来的汉字及其意思是无法理解日本普通民众生活背后的文化的，因此非常重视这些词语的日语发音。他将各地表现民俗现象及事物的日语称为"民俗词汇"，以记录和比较日本各地的民俗词汇为基本方法。以语言为切入点进行比较研究是柳田民俗学的一大特色。但正因为他运用了这种方法，从而使得将柳田的著作被介绍到世界的工作变得十分困难。本次中文版《文集》的出版，翻译工作中最大的难关正在于此。担任翻译任务的译者们想方设法地使日本的民俗词汇在中文语境中能够得以体现。读者阅读时或许觉得文章记述颇有繁冗之处，其原因也在于此。

中文版《柳田国男文集》得以刊行的首要意义在于可以通过这些著作增进读者对日本社会及文化的理解；能够凭借遍布日本列岛的

日常生活文化的种种内容，帮助读者理解日本人的生活文化。作为知识分子的思想家或文学家笔下的日本，往往容易偏于表面，而柳田民俗学则试图从内部把握日本人的生活，是一种内在理解。这种理解并不停留于表面，而是潜入日本人的内心，关注他们的意识、观念，以及作为其外在表现的行为、态度，并将这些与作为其结果的秩序与制度综合起来，从而诠释日本社会、日本文化的内涵。读者通过阅读柳田的著作，一定能够了解日本社会及文化的特色，同时也注意到与中国社会、文化的不同。

第二个意义在于读者可以通过对柳田民俗学方法的理解和批判性讨论，获得重新思考中国同类学问的方法论的契机。民俗学形成于19世纪的欧洲，之后传播到世界各地，在各自国家和地区都经历了一条充满个性的发展道路。中国也形成了具有中国特色的民俗学，与同样受到欧洲影响的柳田民俗学可谓大相径庭。在加强各自特色，谋求学问的深化与发展之际，参照或批判性地思考其他国家和地区的民俗学，充分吸收其成果，借以充实自身的学问内容，是不可欠缺的工作。中文版《文集》的出版，为之奠定了基础。可以说，中文版《文集》的出版，使得对柳田民俗学，乃至对日本民俗学理论及方法论的批判性讨论，成为可能。本《文集》必将对中国民俗学的进一步发展做出重要贡献。

最后，请允许我作为日本的一名民俗学者，衷心地感谢勇敢挑战这一困难重重的翻译工作，并出色完成任务的译者们；同时，向积极策划、出版本《文集》的北京师范大学出版社致以崇高的敬意。真切希望本《文集》能够拥有广大受众，得到大家的喜爱！

福田亚细男

2018 年 2 月

目
录

序

　　此卷所收录的所有文章，篇篇都是笔者难以忘怀的。有的题目是我二十几年前就注意到并且一直怀有兴趣的，至今几乎每个月都会想起。也有的题目，比如出现于诹访国(现长野县西部)的温泉地的那位巨大修行僧人，我无论听到什么都禁不住把话引到这个话题上去。拿我个人经验来说，每次发表文章后，我都会沉迷其中、不能自拔，同时还得到知音、读者们的亲切帮助，结果我手中的新资料不断增加。于是，我每次都要后悔不已，为什么当年那么急着发表文章？但又想，难道我把这些问题一直搁置在心中，今天就能够解释清楚？我还是不敢肯定。

　　如今，仍有越来越多的资料聚集在我手中。比如，我在《独目五郎考》一文中提到，与故里的守护神陪祭的门客神一眼大一眼小，从此以后我参拜哪个神社，都忍不住确认此木制神像的眼睛。一般而言，两尊门客神中，红脸的老将往往瞎了左眼，当然也有双眼齐全的。看了这些之后，我又得沉思苦想了。又如，关于隐里的碗贷传说，原来我很少有机会听到，除了惊讶之外，没有更多的印象。然而，我去年到南部八户（现青森县八户市）做调查时发现，几乎每一条河岸边都有两三户世家，而且他们往往都把碗贷传说当作家传的故事，甚至有些人还珍藏当时祖先借来的木碗或带盖漆器。听小井川君①讲，南部周围的许多地名带有诸如"danzi"之类的字，这又勾起我无限的联想，如佐渡一带的隐里有一位狸子富翁名叫"团三郎"（danjuro），又如萨摩（现鹿儿岛县西部）有一种方言称狸子为"danza"，再如《曾我物语》中的剧中人物鬼王、团三郎兄弟隐居到伊豫（现爱媛县今治市）、土佐（现高知县）以及其他深山里等，留下了种种遗址。②

---

① 小井川润次郎（1888—1974），青森县民俗学家。小井川原来是一名小学教师，利用业余时间收集青森县的岁时节日资料。于大正四年（1915）受柳田的影响而建立"八户乡土研究会"，陆续发表了民俗学论文。大正七年（1918）从学校辞职迁到东京，但四年后又回到青森县，历任青森县文化财专门委员、八户市编纂委员等职。代表作有《八户乡土丛书》等。

② 不同版本的《曾我物语》中，这对兄弟被称为鬼王丸和丹三郎或者鬼王和团三郎，这里柳田采用的是能剧或歌舞伎剧本中的叫法。鬼王和团三郎随同曾我兄弟到了富士的狩猎场，并目睹了曾我兄弟从复仇到死亡的全过程。后来他们巡游全国为曾我兄弟祈祷冥福，今天各地保存着他们祭祀曾我兄弟的遗址。

《桥姬》一文是我一挥而就的，因而正篇结束后，难免留下说也说不完的后话。例如，按照古代日语的原意来看，女性水神的"妒"，凡人是不可侵犯的。而后人将其理解为"妒忌"，据此讲述两位女性的敌对关系，使得原来的口碑更接近二山比高传说。其实，这并不是最近刚出现的演变。桥姬怀抱婴儿叫住行人这段情节，在山区发展为磐司、磐三郎兄弟的猎人故事①，到了水边又演化成龙宫婴儿昔话。无论是哪一种，故事的重点在于赏赐给质朴且谨直的信徒，至于因违背宠命而受到惩罚的情节是次要的。正因为如此，这种故事与相关遗址才深受人们的崇拜，任闻菩萨的古老口碑与他所创建的寺庙便是一个典型的例子②。但不知从何时起，信仰开始风雨飘零，甚至在九州海边，"姑获鸟"竟被视作"船幽灵"③。即便如此，我们的同胞虽迁居川谷山岬之旁，但仍各自坚

---

① 磐司、磐三郎兄弟是日本狩猎之民（matagi）的祖先。据说，某日有个孕妇过来说腹痛难忍，由于猎人忌讳产血，磐三郎就将其拒之门外，而磐司不顾禁忌帮她生孩子。原来这位孕妇是山神的化身，从此以后磐司每次打猎都收获颇丰，而磐三郎则空手而归。

② 任闻菩萨是传说中的高僧，他于奈良时代在大分县国东半岛创建了28座寺院，并刻制了69 000尊佛像。由于任闻也称人闻，人闻又音通"人母"，因此柳田怀疑他是八幡神的化身。

③ 船幽灵，是死于海难的恶灵，传说它通常缠住船夫要求给它一把长柄的勺子。如果船夫把勺子给它，它就用之汲取海水并一勺一勺地注入船内，直到这艘船沉没于海中。

守、酝酿着自己的传承。或许，对这些例子进行比较，能够掌握进化的所有阶段，进而可以阐释相距甚远的南北两端之间的联系。远江（现静冈县西部）、三河两国（现爱知县东部）的山间村落里存在几种传说，讲述的都是水神送来的孩子借用灵界财宝的故事。此类传说因某种原因得到部分发展，最终成为"隐里碗贷传说"。桥姬与碗贷传说源自一处，正如近代人割伤鹿耳的风俗、不同神池中栖息的单眼鱼、关于致伤神眼的植物的禁忌等，其实都是牲祭的残留一样。只不过，现在看来，我当年推断这些传说与木地师①信仰赖以成立的小野一族的传道之间存在某种关系，这还是想得太多了，已使我陷入不能自拔的境地。

撰写《放流王》一文时，因为某些原因，我未能把自己所想的全部观点如实地表达出来。但此文发表后，新的资料又一个接一个地不断增多，而且看今天的时局，我更难以把当时的委屈扫除净尽。② 比如，鱼儿说话并吃饭的故事，或许因为我一直将其挂在心头，今天还会有些新的例子进入我的视野。至于熊谷弥揔左卫门奉

---

① 木地师，是以辘轳和旋盘制作木碗木盆的工匠。

② 《放流王》于大正九年（1920）发表在《史林》杂志上。发表时柳田已经离开贵族院，内定为《朝日新闻》记者。当时，日本国内开始限制言论自由，美浓部达吉的所谓"天皇机关说"成为右派攻击的目标。在这样的时代背景下，柳田发表以国王的放逐和流亡为内容的文章，显然是不合时宜的。

为稻荷神的故事，我后来获得的例子竟是远在津轻城下传承下来的。此外，与该故事可能有关的抬轿狐狸，在全国十几个地方都有记录。对于以上情况，我可以毫无阻碍地加以解释，只不过这仅仅意味着各地可能还有些同类例子流传而已，尽管我本人说也说不腻，但别人听起来可能有点啰唆了。印在各地岩石或草原上的巨人脚印有大有小，也有成长的痕迹，正如有生命的鱼儿、植物一样。其中，唯独大多法师之类的巨人才有奇特的描述和滑稽的夸张，这或许意味着中世关东人的趣味和气质已经接近今天。但这又使得巨人传说较早衰落，人们勉勉强强地保留了相关的记忆。与之形成对比的，正是独目小僧，从古至今它每年都会走访武相乡村。二月及十二月的"事八日"①前夕，家家户户在门前把竹笼高挂在竹竿上，凭借数量众多的竹笼眼来抗拒独目小僧。或者烧胡颓子树枝，并忌讳把木屐放在户外②，以避免独眼小僧从外面窥视室内。然而，当地人却不会直呼其名，而是用敬称"独目小僧样"来表示尊敬。由此可以知道，尽管他们没有把独目小僧奉为神，却也没有将其和路旁

---

① "事八日"是农历二月初八"诸事初始"与十二月初八"诸事收尾"的统称。此日，全国许多地方的妇女都忌针，此外日本东部又说此日会有独目小僧或瘟神过来，因此会想出种种办法来抗拒。

② 古人相信，独目小僧会给木屐做个记号，第二年以此为目标，给这一家人带来疫病。

草丛里的狸子同等看待。今天，飞机的轰鸣声在天空不停地出现，而这一片天空同时又是独目小僧来往的大道，这是我最近才学习、领悟到的。如此无知的我竟敢写下长篇传记，至少面对"独目小僧样"，我除了惶恐，没有别的。

唯一幸运的是，我尚未做出无法挽救的武断结论。其实，包括《独目小僧》在内的我的所有文章都缺乏结论。偶尔我会写一些个人的推断，但内心却期待着一个我预想不到的新事实会出现，并推翻我当初的看法。尽管如此，迄今为止，我还没有遇到这样的反证。过去我提出的问题，今天原封不动地被保存下来。也许有人会觉得奇怪，那么小的问题你花了二十几年还不能解答？但是，问题的大小与问题的难易无关，而且，这个问题本身未必就是小的。不管怎样，我能够向大家提出一个让人花了半生也说不尽的问题，也就达到了我的目的。要是可以再提一些要求的话，我希望建议尽可能多的人保持一颗天真纯朴的心，对事物产生疑问；怀抱希望，去相信世上不为学者重视的社会现象数不胜数，这些社会现象都蕴含着某种意义，并等待有人来研究；持乐观态度，将其当作劈柴或灯火，照亮这一片无光世界的每个角落。我甚至认为，问题和答案犹如闪电和雷鸣，二者之间的距离越大，其规模也就越大。

至于发表这些文章后堆积起来的种种资料，说实在的，我不知该怎么处理才好，只好将来编出索引目录为所有人提供便利吧。或许，现在拆开旧文，结合新旧两种资料将其重组成文，仍是一个可行的办法。然而，这种做法无法令人体会到当年那种兴高采烈的写作热情。那些旧文，我写起来充满欢喜，仿佛是第一次远游的小学生，但今天，我已经很难沿袭同样的风格了。而且每篇文章都提到了众多故友之名，今天再也见不到他们了，他们再也无法在笔墨芬芳中依然精神焕发地坐在我书桌旁谈笑了。我家女儿们也还十分年幼，瞪圆双眼聆听独目小僧的故事。面对她们的时候，我仍然可以是年轻力壮的勇者。且不管我的做法合理与否，我还是舍不得抛弃这些，复归这个不得不察言观色的时代。因此，有些人建议我把旧文原封不动地汇成一木合集，它们在我心目中就如故里的邻居，勾起我无限的怀念之情。

柳田国男

昭和九年五月

独目小僧

一

我至今才发现，其实儿童世界亦有了文化的进步。

我想为《东京日日新闻》写篇有关独目小僧的小文，试问九岁和六岁的女儿是否知道独目小僧。大女儿笑道：

> 是一只眼睛的妖魔鬼怪吧。

她的回答就如《言海》①中的词条一样。小女儿则一无所知地望

---

① 《言海》，是国语学家大槻文彦（1847—1928）编纂的日本首部现代国语词典，成书于明治十九年（1886），明治二十四年（1891）年出版。

着我，瞪圆双眼问道：

这个怪物会不会到我家来？

可见，最近的孩子已经不知道这一怪物出没在深山密林之中吓唬过路人的故事了。

终于到了独目小僧被从日本驱逐出境的时候了！想来想去，"妖魔鬼怪"就是关于魑魅魍魉的儿童故事。古时候，妖魔鬼怪又通"变"，其思想基础是：世上确实存在某些神通广大的妖鬼或魔神，它们根据不同的地点或场合自如变化。直到鬼怪进化为幽灵之后，它们开始专注于私人关系，而且不再向大众炫耀其变身之术，于是大家才以为变身是狐狸精的专利。人们对狐狸本无成见，因此狐狸可以随心所欲地玩出新花样，热衷于吓人取乐。而有记录以来，独目小僧就墨守成规，以同样的面貌出没于固定的地方，它这种属性似乎不符合现代人有关妖魔鬼怪的定义，至少可以说是拘泥死板的，是不符合时代的。我家孩子聪慧但又消极的回答，与家庭教育无关，这从中可以看出一种社会的影响。

这里还有一个事实，即在旧社会，连鬼怪都要守戒律，借此把自己的行为限制在某种固定形式之中。如果它们的目的就在于吓唬人的话，这种做法应该说是合乎情理的上策。要是妖怪玩出新花样，那些缺乏想象力的人可能会问："您是什么东西?"这样一来，妖怪们一时也不知如何回答，难免有些尴尬。与之相比，让大家一眼就知道是怎么回事，效果会更好一些。即对妖怪而言，淘气、诙谐、恶作剧等都是忌讳的，它们在乡下必须要严肃一点，否则难以在妖怪这一行生存下去。

我父亲松冈约齐翁①，不仅博学多闻，而且天真似孩童，过去每次讲完鬼怪故事，都要画出几幅故事场面来给我看。因此我与现在的小孩不同，对妖怪从来都没有模糊的恐惧感，我脑海中的妖怪个个都具有鲜明的轮廓，这可不是自夸。说起独目小僧，我便可以想出如下情景：夜里下起了绵绵细雨，有个小孩头戴竹壳斗笠独自行路；半夜里，谁家的孩子这么可怜? 有人急忙追上去，回头一看，竟看到孩子脸上只有一只眼睛，还伸出细长的舌头；此人吓得大叫一声，就跑了。

---

① 松冈操(1832—1896)，原名松冈贤次，号约齐。生于医家，受母亲影响自幼爱好读书，长大后继承家业成为医生。在明治维新的社会风波中忧劳成疾，废弃家业，于姬路私塾熊川学舍教汉语。柳田国男出生时，松冈操在神社当神官。松冈操对柳田国男的影响颇大。

这大概是广泛流传于畿内和中国地区①的故事。据说，在不太遥远的过去，由几位画工绘制出的"狸子买酒"图案就取材于这个故事。狸子的尾巴从帽子伞里面隐约可见，这种形象十分有趣、惹人喜爱，今天我们在如京都的清水等地的商店门口都可以看见其瓷像。而作为鬼怪，正因为它流行于世，反而难以令人感到恐惧了。这恰恰可以说明，包括善变的狐狸精在内的妖魔鬼怪，本来是不会随意出现在人面前的，除非有某些说得过去的原因。过去，像鸟羽僧正②这样的画圣都未能画出鲜活的鬼怪来，更何况普通人，即使有人撒了谎或者把某事看错了，也无法唤起如此强大的畏惧之感，这可不是普通人能做到的。

正因为考虑如上情况，我才会珍惜日趋消逝的独目小僧的传统，想追溯其渊源。

一

我以为，在与独目小僧有关的所有问题中，最值得注意的一

① 畿内，是山城（现京都府木津川市北部）、大和（现奈良县）、河内（现大阪府河内市）、和泉（现大阪府南西部）以及摄津（现大阪府北部和兵库县东南）五国的总称。中国地区，包括广岛、冈山、鸟取、岛根、山口五县，不是指中华人民共和国。

② 鸟羽僧正（1053—1140），又称觉猷，平安时代后期代表日本佛教界的高僧之一，精通绘画，有《鸟兽人物戏画》传世。

点，就是该妖怪以若干地方性差异，几乎在整个日本得到普及。无疑，通过读者的观察和指点，其具体的分布情况将得以阐明，而以我目前有限的知识来看，该故事常被围坐炉边的农民广泛谈及，其普及并非得益于博学家、云游僧等人的传播。

例如，在飞驒国（现岐阜县北部）等地，尽管不存在独目小僧，却有"独眼秃僧"①。高山町的住广造先生②说，它是个单眼单脚的大秃头妖怪，一般都出没于下雪天的黎明，据此又称"雪秃僧"，让孩子们毛骨悚然。

独眼怪物不仅少了一只眼睛，还少了一只脚，这种说法相当普遍。例如，高濑敏彦先生说，在纪州伊都郡（现和歌山县伊都郡），积雪的夜里会出现一种名叫"雪坊"的怪物。它貌似孩童，用一只脚跳着行走。当地人传说，积雪的早上树下偶有几个圆凹点，那便是雪坊留下的脚印。③

由于该故事没有讲到雪坊的眼睛，因而我们只能相信它双眼齐全。而在纪伊国，还有个名叫"一踏鞴"④的凶贼，它就如飞驒国的

---

① 独眼秃僧，日语为"hitotsumenyudo"。

② 住广造，飞驒山岳会员，日本山岳会员。明治时代，他在高山经营住伊书店，出版刊行了有关地方史的著作及杂志，包括《飞驒山川》《飞州志》，以及飞驒史谈会机关杂志《飞驒史坛》（月刊）等。

③ 参见高濑敏彦：《纪州伊都郡俗信》，载《乡土研究》第4卷第1号，1916。

④ 一踏鞴，日语读音为"hitotsu datara"。踏鞴，指脚踏的大风箱。

独眼秃僧一样，是个单眼单脚的怪物，曾经栖息于熊野地区（现三重县西南部，与歌山县邻近）的山野之中。传说，一踏鞴力大无穷，在熊野参拜道的关隘危害旅人，也有说它劫掠了妙法山的大钟。三山①的百姓们都深受其害，请求一位名叫狩场刑部左卫门的勇士去消除祸害。据《纪伊国续风土记》②记载，狩场刑部左卫门因此功而获赐色川乡的寺山三千町步③，由于他把寺山让给色川乡十八村以使村民长期受此恩惠，故被后人立为王子神而供奉。然而，听新宫町的小野芳彦先生④说，当地还有一种说法，认为狩场刑部左卫门指的是平家遗臣上总五郎忠光⑤，他之所以把恩赏地让给村民，其实就

----

① 三山，即指熊野三山，包括熊野本宫大社、熊野速玉大社、熊野那智大社。

② 《纪伊国续风土记》，是纪伊藩根据幕府的命令编纂的纪伊国地方志，于文化三年（1806）开始编修，至天保十年（1839）成书，历时33年修成本篇97卷、高野山之部81卷、附录古文书篇17卷，展现出近世地方志的最高水平。

③ 町为日本面积单位，1町步约等于9 917.355平方米。

④ 小野芳彦（1860—1932），和歌山县的教育家、乡土史家。他在和歌山县立新宫中学（现和歌山县立新宫高等学校）任教，利用业余时间从事乡土历史及民间信仰研究。尤其值得肯定的是，他发掘了熊野新宫本愿庵庵主、梅本家秘传编年体纪录，并整理出版了《熊野年代记》。

⑤ 上总五郎忠光，即藤原景清（1196—？），藤原忠清的第7个儿子，由于勇猛异常，人赠外号"恶七兵卫"。一般认为，他侍从平家参加坛浦之战，被活捉后绝食抗拒，饿死于镰仓。但这位历史人物的生平不详，在各地流传着种种传说。

是为了让平维盛①藏身于色川的深山密林之中。

仅从《纪伊国续风土记》看，一踏鞴不过是生活在某一时代的恶贼，但是既然今天还有人传有同名的怪物出现在熊野山中，那我们就不能视其为纯粹的历史人物。我曾经听南方熊楠②说，尽管没人见过一踏鞴，但在积雪上时常可以看到它所留下的一尺宽的单脚印。

因此，我们通过雪上的脚印可以得知一踏鞴的身体特征，至于它有几只眼睛，就无从谈起了，因为没有人看过其长相。尽管如此，我可以从各地的例子中推测出，它仍是一种属于独目小僧系列的怪物。

据《土佐海续编》③记载，土佐国香美、高冈(现高知县香美市、高冈郡)等地的深山密林中有一个名叫"单脚"④的怪物。据说，文政时代，有人奉命在高冈郡大野见乡岛之川的山中养殖香菇，有时在雪

---

① 平维盛(约1158—1184)，平清盛之孙，因其父平重盛早逝，他在平家内部遭到冷遇。寿永三年(1184)发生一谷之战时，平维盛乘机逃亡流浪，最后于胜浦湾投水自尽。全国有不少地方流传平维盛未死的传说，柳田提到的色川就是传说平维盛逃亡隐居的地方。

② 南方熊楠(1867—1941)，日本生物学者、民俗学者。关于柳田提到的一踏鞴，南方在《十二支考 关于鸡的传说》中做了描述。

③ 《土佐海续编》，由土佐藩下级官吏冈本真古著，记录了土佐国的正月行事、各种谚语歌谣以及奇谈。

④ 单脚，日语为"一足(hitotsuashi)"。

上看见单脚印。有的每隔一两间①都留下了一只左脚印，也有光用右侧单腿跳行的。

<h1 style="text-align:center">三</h1>

当然，仅有单脚印，我们还是难以推测出深雪中的怪物确实只有一条腿。这个怪物因某些理由把小腿架在另一条腿的膝盖上方也未可知。但除了脚印，还有不少目睹者，因此我们就不必再讨论怪物有几条腿了。

传说在土佐的山村里，有个独眼单脚的怪物称"山鬼"或"山父"。山父又称"山爷"，即其他地方所谓的"山男"。

土佐郡本川乡（现高知县吾川郡伊野町）曾经有一个巡视监督山林的官吏，叫春木次郎八。宝历元年（1751），春木次郎八四十岁，写就《寺川乡谈》②，留下了如下一段记录：山父不同于鬼变，属于野兽一类，它貌似七十岁老人，与人一样身穿蓑衣，就是独眼单腿；它平时不会出现在人面前，下大雪时在积雪的路上偶尔可以看

---

① 间，日本长度单位，1间约等于1.818米。

② 春木次郎八，即春木次郎八繁则。《寺川乡谈》是春木次郎八繁则从宝历元年到宝历二年（1751—1752）驻在土佐郡本川乡寺川时撰写的书信体见闻录。

到它所留下的脚印；每隔六七尺都能见到一只单脚印，直径约有四寸，形如舂杵印下的圆凹痕，跳着行走。据同书记录，越里门村的忠右卫门之母，曾与山父擦肩而过。那还是在大白天，山父像人一样一瘸一拐地迎面走了过来，当它从忠右卫门之母身边掠过时，忠右卫门之母急忙回头，它却早已不见了踪影。忠右卫门之母惊慌失措，在半路上决定调头回家，此后家中平安无事。最后，春木次郎八还特意写明：听当事人说这还是昨天刚发生的事，他把自己亲知亲闻的有关情况如实地记录了下来。

且不论山父如何飞跳，既然一跳就是六七尺远，那么应该是大个子吧。然而其他书籍又记载它外貌似人，身长三四尺，可见，对它的记录缺乏统一性。

也有不少记录写道，尽管山父少了一只眼睛，但双腿齐全。例如，据《阿州奇事杂话》①记录，某日，山父来到阿波（现德岛县）深山中的樵夫房子里，这位山父正如众多传说中所讲的一样，能看透人心，而它脸上仅有一只眼睛。

又如，丰后（现大分县）的某一山村有个庄头，他进山狩猎时，

---

① 《阿州奇事杂话》成书于宽政年间（1789—1801），由横井希纯收集阿波国（现德岛县）的 107 则奇谈掌故汇编而成。

发现山上两三尺高处有个低洼塘，池塘边上又见五六个人影，从外貌看，似七八岁的孩童，全身红色，独眼，一见庄头就躲进龙须里。庄头瞄准射击，打几下都没有打中。回家后，他妻子被冤魂附体，喊道：

我是雷神，凑巧下凡，你何必要开枪害我？

最终，庄头的妻子发狂而死。这是约二百年前有人从庄头本人那里听来后，又对记录者讲述的一则传说，现收录于《落穗余谈》。

此外，《观惠交话》①亦记录了同一个时代的另外一则传说。据说，由有马左卫门佐②统治的山中有个怪物，名叫"势子童"，身长三四尺，脸上只有一只眼睛，至于其他，与人并无不同。身上无毛，裸身。二三十个势子童排列在一起，但不加害于人。樵夫们讲，木匠的墨斗是势子童的大爱，老想要，但是不能给，否则不吉利。势子童的语言不为人所理解，人们只能听到"嘿呜嘿呜"的响亮

---

① 《观惠交话》，刊行于宝历四年（1754），记录了石川日观、石川泰惠的口述，共2卷。

② 有马左卫门佐（1586—1641），即有马直纯，是侍从德川家康的基督教大名。

声音。

以上故事的报告人看得如此详细，却都没有谈及怪物的腿部，这恐怕意味着怪物的双腿看似正常，没有什么可谈的。《日东本草图汇》便附图介绍了如下一则传说。

从前，上州草津（现群马县吾妻郡草津）的温泉旅馆的工作人员每年十月八日都要收拾小屋，回村越冬。某一年，有两三个村民错过了此日，留了下来。夜里，他们下山去买酒，半路上发现有一个满头银发的老奶奶泡在温泉瀑布之中，老奶奶问道：

你们要去哪里？我也要一起去！

村民们仔细一看，老奶奶脸上只有一只眼睛，而且还一闪一闪的。村民们大惊失色，跑回小屋后吓得晕倒在地。由于这位老奶奶浸泡在温泉里，报告人没有谈到她的腿部，这倒是我们可以理解的。

四

独目小僧同时又是一个独脚怪物，这种说法还流传于越中国

（近江国，现富山县）。例如，《肯构泉达录》①第十五卷记录，居住在妇负郡（现富山县富山市、射水市）苏夫岳②上的精灵为独眼单脚的妖怪，它曾经害死两位以烧炭谋生的山民，并把山民的尸体遗弃在带水的芦苇之中。山下的桂原村也有一对夫妇在进山拾柴时被它杀害。这一妖怪似乎要吸食人脑，据说这对夫妇的头顶上钻有大孔。但是，怪物的真面目又是如何流传下来的呢？难道被山灵吃剩下的某人目睹了一切？

江州（近江国，现滋贺县）比叡山的传说则保留了更令人不可思议的内容。据说，此地古来有独眼单脚的怪物，平时栖息于西谷与东谷之间，从不加害过路人，因而知情人也不会怕它。《万世百物语》③介绍此事，还写道：某一法师在一个月光明亮的夜晚撞见它，"赶忙从前面的山坡跑了下来"。仅有一只腿的怪物，又怎能"赶忙跑下山坡"？

在此，让我顺便交代一下。关于比叡山的独眼单脚怪物，还有

① 《肯构泉达录》，由野崎雅明著，成书于文化十二年（1815），共 15 卷，前 12 卷写的是自神话时代到前田氏治世时代的越中国通史，后 3 卷为旅行记、地方志以及年表。

② 富山市八尾的祖父岳的别称。

③ 《万世百物语》，成书于宝历元年（1751），记录了东部隐士乌有庵所讲述的 100 则故事。

这样一段记录：它看似是十五六岁的喝食，长相美貌，就是少了一只眼；它走近厕所，并安静站立于门口，仔细一看，原来还少了一条腿。今天应该还有不少人知道，所谓"喝食"指在大寺庙里伺候僧侣的宗教少年。出现在比叡山的独眼单脚怪物，为什么不是秃头妖怪，而偏偏就是这样的少年？这或许与关西一带的俗信有关。如果说独目小僧是个老头、老妇，听起来有些别扭。但是，夸耀独眼怪物"美貌"，即使是趣味故事，也难免有些过分了。

更糟糕的，仍是它的腿。再怎么说，独眼单脚的妖怪出没在深山密林之中，怎么可以只有一条腿？如果说这个怪物就是由狐狸精化作的，那么它应该不会变成如此不方便的姿态吧？狐狸精毕竟要变什么就可以变什么。既然此类妖怪从古至今严格遵守民间约定俗成的规范，那么应该有相当的理由在其中。我们必须要找到其原因，否则，即使有人违背时代潮流讲述鬼怪故事，他们也可能回避有关腿部的描述，以免引起别人的嘲笑。

虽有主观臆断之嫌，但我以为，除非某种特殊的原因存在，如此牵强的说法是不可能在各地得以传承的。正如上述，在土佐，独眼单脚怪物又称山鬼或山爷，除此之外，还有不少地方祭祀"单脚神"①。

---

① 单脚神，日语为片足神（kataashigami）。

如《南路志》①记录，安艺郡室户元村船户（现高知县安艺郡室户市）就有个单脚神，自古以来当地人就相信此神祇只有一条腿，于是在岩洞里摆设祭坛进行祭祀时，特意供上一只部分由金属制成的腿脚。在日本东部的不少农村，人们也经常把单只草鞋供给神祇。尽管今人不知何故，但这些行为原来都出自同一个理由也未可知。听长山源雄君②说，在南伊予的吉田地区（现爱媛县宇和岛市），每逢正月十六，人们都要编织一只"足半草鞋"③，有一尺五六寸大，将其附上祈祷符，送到村头或者送到自古被视为妖怪出没的地方，以展示该村有个巨人，来什么鬼怪都不怕。

由此看来，今人不解单脚怪物何以能够善跑，而对我们的祖先而言，这种超乎常规的属性也许就是可证明它们是神祇或者是妖怪的确凿依据，令人顿生敬畏之心。假如人人都拿出诸如"千奇百怪"等词汇来责难驳斥，那么，怪物的天下就一去不复返了。

---

① 《南路志》，成书于文化十二年（1815），是以武藤到和武藤平道父子为中心编纂的土佐国 7 个郡的地方志，分为阖国、年谱、附录、拾遗 4 部，共 120 卷。

② 长山源雄（1886—1951），是爱媛县的乡土史家，主要成就体现在伊予国的考古学研究方面。

③ 足半草鞋，是一种从脚趾到脚心的草鞋。由于没有脚后跟部分，下雨天不容易溅泥，而且在水中很少受水的阻力，故穿着的人不容易滑倒。

五

关于独目小僧的眼珠的位置，亦有继续思考的余地。我们通常在独目小僧的图画中可以看到有一只眼睛如家徽一般长在额头正面，连我自己也一直这样认为。但这种位置是否太离谱？这与记录中的"他说话了""他笑了"等内容大相径庭。而且其眼睛缺少了应有的大眼角和外眼角，令我们无法辨别是左眼还是右眼。正因为如此，画师才会把独眼画成圆形吧。不管怎样，长舌头、鼻梁以及眼睛都被排列在一条直线上，这已经不能算是一张脸了。

进入近代之后，似乎有人为此苦恼过。例如，《南路志续篇稿草》①引《怪谈集》，介绍了某一位土佐人讲述的如下故事：过去，不少人在土佐的山中见过山爷，它形如人，身长三四尺，全身长有灰色短毛；其眼睛一个甚大且发光，另一个则甚小。因为粗看起来就像个独眼，人们才误以为它是个独眼单脚的怪物；传说它牙齿极

---

① 《南路志续篇稿草》，由高知县史志编辑系撰写，成书于明治十二年（1879），共50卷，内容包括神社、寺院、罹难者简历及家谱、村图、地方志等。

锋利，啃食猪骨猴头，就如人吃萝卜一样；由于狼狗很怕山爷，猎人便驯服山爷，喂养它，以防狼狗在夜里把那些披挂在墙上的兽皮偷走。即使有人一侧眼异常小，我们大概也不会把此人看成独眼怪物，但这种说法解释独眼怪物为眇目者，似乎也能说得通了。

而且，这位土佐人叙述的故事，有着深刻的内涵，我们对此不能付之一笑。我注意到，独眼怪物在深山中可以增加其威力，故希望据此探讨它与古老山神之间的关系。

听我这样说，会不会有人批评我太贬低神祇，对妖怪过于宽容？其实，无论是哪个民族，当某一古老信仰受新兴信仰的压迫而消失时，属于前者的神祇都会沦落为妖怪。所谓妖怪，其实都是一种未经社会公认的神祇。

以下资料将支持我的推论。据高木诚一君①说，在磐城平町（现福岛县磐城市平地区）附近有这样一种说法。每逢农历九月二十八或十月初一，神祇们都要到出云大社聚会，因而人们早晨就供上红豆米饭，打开门户送神。神祇们在出云（现岛根县出云市）商量诸事，从十月二十八到十一月初一，再各自回家。而唯独山神和夷神不去

---

① 高木诚一（1887—1955），福岛县的乡土史研究家。明治四十年（1907），高木20岁时认识柳田，受其影响建立磐城民俗研究会，代表作有《磐城北神谷的故事》。

参会，因为前者少了一只眼睛①；后者则无骨，都不够体面。于是人们原来在农历十月不举行任何祭祀，只有山神和夷神除外。据我所知，目前这是唯一视山神为独眼的例子。

另外，据平濑麦雨君②讲，在信州松本平③（现长野县松本市），山神被视为跛子。当地人看到某些东西有高低之别，据此会提及山神。举一个当地最普通的例子，如果稻草因某些原因而参差不齐，他们就会说：

地里有了很多山神！

由此推测，今人之所以视一踏鞴等神怪为单脚，是因为它们本就是跛子也未可知，尽管这种说法并不像视眇目者为独眼的说法那样自然、合理。另外，在信州松本（现长野县松本市），人们也把一只草鞋供给山神，就如土佐人把一只草鞋供给单脚神一样。

---

① 原来高木说"山神身上有烫伤痕"，而柳田听了以后，把"身上有烫伤痕"误以为"只有一只眼睛"。关于这一点，柳田在"补遗"中做了交代。
② 平濑麦雨(1885—1940)，即胡桃泽勘内，诗人，民俗学家。勘内于大正三年(1914)首次为《乡土研究》投稿，从此与柳田结下了不解之缘，并以平濑麦雨之名，对长野县的传说撰文，包括《松本与安昙》《福间三九郎的故事》等。
③ 松本平，指长野县松本市和盐尻市周围的盆地。

六

今天，人们把单眼丧失视力者称为"独眼"。其实，在此意义上的独眼神也并不少见。独眼可不是那些连神社都没有的山神的专利。

当然，这种事情不会出现在神官留下的文字记录中，至于国学院毕业的高名神官，更是不会承认的。只不过，那些共同祭祀同一尊神祇并受其守护的"氏子"就是这样传的。而且，所有氏子中最亲近神祇的老人们都是这么说的，难道我还能忽略这些吗？对于他们的口述内容，有些人做过记录，为后世留下了不少文献。

比如，儿时，我在老家经常听到某村共同祭祀的地域神"氏神"就是独眼。不可思议的是，当地人并不认为这些神祇生来就单眼失明，而异口同声地说这些神祇是因为某些原因受了伤后才瞎了一只眼睛，比如它曾与邻村的镇守神吵架，被石头打伤等。

下面，不妨对此做些讨论。我当然不是要把某村祭祀的独眼神说成独眼秃僧等妖怪的党徒。我以为，既然人们在乎妖怪的长相，甚至对此赋予了人的模样，那么它们不应该是在额头中央画个圆圈就算完事。说不定，它们与山神之间还有血缘关系，以显示出独眼神的穷途末路。据此想法，我将收集一些有关独眼神的例子，调查具体内容，以供参考。这种工作做起来很轻松，但不外乎就是学问。

神祇弄伤一只眼睛——有些读者也许坚信此类故事只流传在自己的故里，但让人出乎意外的是，其实这还是较常见的现象。

面对这样一个事实，我们该如何解释呢？还是先比较类似的例子吧。在我个人获得的资料中，信州的例子占多数。根据平濑君的报告，势伊多贺神社位于松本市宫渊（现长野县松本市宫渊），这里的主神降临时被栗球刺坏了一只眼，从此以后，此地就不再生长栗子树。氏子们坚信，要是哪家栽种了栗子树，其家势与树的生长会成反比，日趋没落的，因而至今无人栽种。此外，位于东筑摩郡岛立村（现长野县松本市）的三宫沙田神社的氏子中，今天还有不少家户忌讳过年时摆设"门松"①，只因为他们的氏神曾经被松枝刺伤了一只眼睛。

再看其他例子，那些刺伤神祇眼睛的植物大多为农作物。比如

---

① "门松"是于元旦至1月7日这段时间在门上悬挂或摆放在门口的装饰品。

小林乙作君①报告说，信州小县郡浦里村大字当乡字管社里，有神与土地神合并祭祀，此神从京都来到此地时，不小心被黄瓜蔓绊倒，而且被地上的芝麻茎刺中了眼睛。从此以后，此地禁止栽种芝麻，如今全村一百七十户人家中竟没有一家是种芝麻的。在其周围，还有五六个神社禁止氏子们种植芝麻。这些神社分别祭祀着不同的神祇，但在芝麻树刺伤神祇的眼睛这一点上，却取得了一致。

七

要是神祇禁止人们栽种大米、小麦之类的主食，那可是一件大事，但人们被禁止栽种的幸好都是其他植物，虔诚的氏子们至今遵守这一禁令。若有人问其理由，他们只会回答道：

因为土地爷会不高兴。

关于禁忌的缘由，相当一部分人早已遗忘，偶尔会遇到一些了

---

① 小林乙作，不详。大正五年（1916），小林在《乡土研究》第4卷第1号上发表过《作物禁忌的例子》。

解其原因的人，他们也会异口同声地讲起神祇被植物刺伤眼睛一事。

据《房总志料》①记载，在东上总(现千叶县夷隅市)一带，小高姓家禁止栽种萝卜。该书《续篇》②还记载，夷隅郡小高村(现千叶县夷隅市)祭祀的小高明神和夷隅郡东小高村的镇守大明神，其氏子也都不种萝卜。从内田医学士所著的《南总俚俗》③看，禁忌的原因是一致的。据说，镇守小高区的土地爷曾经被萝卜绊倒，并被茶树刺伤了眼睛，从此以后这里就无人栽种萝卜，不仅如此，只要看到路边自生的萝卜，都会闹得天翻地覆，甚至要全村祈祷。

在前面的例子中，信州人责怪芝麻和黄瓜，如果按照同一逻辑来看，上总人应该首先批判那棵茶树才对，但他们为什么要责怪萝卜？这种表面上看不合乎常理的做法，恰恰就是我们要关注的。正如上述，独眼怪物同时又是单脚怪物，这些例子中与腿脚有关的失败又导致眼睛受伤，二者之中是否存在某种共同的原

①　《房总志料》，成书于宝历十一年(1761)，是由江户时代中期的儒学家中村国香(1710—1769)撰写的安房、上总(现千叶县)的地方志。

②　《续篇》指的是《房总志料续篇》，成书于天保四年(1833)，是田丸建良(1774—1846)的旅行记。

③　《南总俚俗》，成书于大正四年(1915)，是由内田邦彦(1881—1967)撰写的上总地方志，内容包括谚语、歌谣、童话、俗信、岁时节日、杂记等。

因呢？

里内胜治郎氏①在通信中写道，近江栗太郡笠缝村（现滋贺县草津市）至今不种植麻，即使有人种植也会很快枯萎。据说，古时候，此地有二神降临，附近的麻刺伤了神祇的眼睛，从此以后，安置在栗太郡大神宫内的神像就不断流泪。这是甲神为受伤的乙神而流泪，还是神祇感到的伤痛转移到了其神像？这有待研究。

在美浓加茂郡太田町（现岐阜县美浓加茂市），端午节忌讳包粽子。据林魁一君②的报告，现称为乡社加茂县主神社的加茂神在骑马出兵时，无意中落下马鞍，不幸被芒草割伤了一只眼睛。由于粽子是由芒草包起来的，因此当地人至今禁止包粽子。这是受伤的神祇骑马的一个例子。之所以说它曾经出兵，恐怕就是讲述人从骑马一词联想而来的。

---

① 里内胜治郎（1874—1956），是滋贺县的乡土史研究家、收藏家。胜治郎在继承家业经营和服店的同时，受到明治政府大力推行的地方改良运动的影响，明治四十一年（1908）私设图书馆叫"里村文库"。后来胜治郎认识了近江的乡土史家中川泉三并大受启发，又埋头收集和研究乡土史料。故此，里村文库里，除了图书，还有了数量庞大的乡土史料。这些资料，于昭和六十年（1985）捐赠给滋贺县栗东市，现由栗东历史民俗博物馆保管。

② 林魁一（1875—1961），考古学者，师从坪井正五郎，在故乡美浓东部和飞騨地区进行调查，发现了有孔石器、御物石器。代表作有《美浓国弥生式土器图集》等。

在更遥远的伯耆日野郡印贺村(现鸟取县日野郡)，人们仍然出于同一个理由避讳种植竹子。据原田翁辅氏讲述，古时候，供奉于该村乐福神社祭祀的神祇，曾被竹子刺中了一只眼睛，从此以后，村里无人种竹子，需要竹子的时候就跨越国界，到出云国能义郡(现岛根县安来市)的山村购买。

最后一个例子尤为值得关注。在日野郡内的几乎所有村落都有一座乐福神，上述日野郡印贺村的乐福神社不过是这些众多分社之一。无论是加茂，还是天神，或是乐福，在某一神祇被劝请到多个地方祭祀的情况下，怎么会只在一个分社里瞎了一只眼睛呢?

八

我个人以为，那些生长于村落的人们是不会随意撒谎的，尽管有的时候他们可能会容易误解。前面引用的例子中他们异口同声说神祇摔倒了，被刺中了眼睛云云，既然神的失误行为可能会削弱威信，那么这种说法应该有一定的理由。即使有人想到了一些今人根本想不到的无聊故事，若是没有道理，是不会被接受的。由此看来，即便存在某些误解、误会，我们猜测某种依据存在，也不是太离谱吧。

既然如此，我们有必要对前面介绍的例子做一些更加详细的分析。首先，我们要检讨那尊瞎了一只眼睛的神祇是否就是真正的神祇。受伤毕竟是属于人间的现象，而神祇是超越人类的，二者是如何联系到一起的呢？

或许，有人会解释说，神祇是在尚未成神时作为人类受了伤的。我们手中确实也存在这样一种合乎情理的例子。比如，根据足利（现栃木县足利市）的丸山瓦全君等人报告，武州妻沼町（现埼玉县熊谷市）有个著名的圣天神，由于此神曾经被松叶刺中了眼睛，因此妻沼十三个乡的人对松树怀恨在心，不仅不在院子或者在山上种植松树，而且在过年时还把杨桐树插在门口，以此替代门松。他们不仅要避讳松树图纹，甚至在给个人起名、取商号名时都要回避"松"字。此外，这里还有另外一种说法，据三村竹请氏讲述，圣天神并没有被刺中眼睛，而是护持圣天神的齐藤别当实盛①瞎了一只眼睛。众所周知，实盛是中世的一名勇将，传说他死后化作了水稻害虫。据说，他曾经染黑白发并身穿织锦缎做的长衣来参战，最终战死于加贺篠原，死后敌人还特意对其首级进行了辨认，由于世上

---

① 齐藤别当实盛，即齐藤实盛（1111—1183），齐藤则盛之子。"别当"为职位名称，由于实盛以武藏国幡罗郡长井庄（现埼玉县熊谷市）为根据地，故此又被称为长井别当。

没有流传实盛为眇目者之类的说法，由此看来他本该是双目齐全的吧。有一则流传在妻沼（现埼玉县熊谷市）的传说则说到，当实盛被枭首示众时，有一只野鸡飞来舔其眼部伤口，从此以后，当地人对野鸡非常爱护。

野鸡让我们联想到离妻沼不远的下野安苏郡户室（现栃木县佐野市）的鞍挂大明神。据《安苏史》①记载，该神社祭祀的就是足利中宫亮有纲②的灵魂。因为有些怨仇，有纲与足利矢田判官③曾于赤见山交锋，此时，敌人射出了一支由山鸟羽毛做的羽箭，并射中有纲左眼。有纲忍痛逃到户室乡，在俗称山崎的池塘里清洗眼部伤口之后，再往西走两三町，用刀自害。在此地的入彦间村，人们还传说足利忠纲④曾被一支山鸟的羽箭射中，故此禁止食用山鸟。

除此之外，此地还有一个令人吃惊的例子。这一例子与旗川村大字小中（现栃木县佐野市小中町）的人丸大明神⑤有关。据《安苏

---

① 《安苏史》，成书于明治四十二年（1909），由荒川宗四郎所著。
② 足利中宫亮有纲，即指户矢子有纲（？—1186），下野国的豪族藤原秀乡的第七个儿子，故此又被称为足利七郎、七郎有纲等。
③ 足利矢田判官，一般认为指源义清（？—1183）。
④ 足利忠纲（1164—？），足利俊纲之子，《吾妻镜》评之为"当世无双的勇士"。
⑤ 人丸，即指柿本人麻吕（约660—约724），是飞鸟时代的诗人，被誉为歌圣。正史对他没有记录，人麻吕的生平多为传说，全国各地流传着各种传说，也有不少神社、祠堂祭祀他。

史》记载，古时候有一名叫柿本人丸的人被敌人追赶到此地，藏身于小中的黍地里方才瞒过敌人，但由于藏身时不幸被一个坚硬的黍壳刺伤了一只眼睛，故柿本人丸还在小中住了一段时间。为了纪念这段缘分，人们把柿本人丸封为柿本人丸大神，并避讳种黍。由于其他文献中不存在歌圣柿本人丸是独眼龙的记录，说不定这位败逃者使用假名冒充歌圣，但不论其真实与否，这个人仍然命令当地人要永久性地限制农作物的生产。

只看如上例子，我们似乎可以认为，眼睛受伤仍是发生在某人成神以前的逸事之一。在现实中，一个人受伤可以引发众人的怜悯，但不会引起怀疑吧。说不定，正因为此人伤得壮烈，人们才对他加深了敬慕之情。

九

从古至今，有不少英雄被奉为神。其中，对一位叫镰仓权五郎景政①的武士来说，瞎眼简直成了他被奉为神的唯一理由。毫无疑

---

① 镰仓权五郎景政(生卒年不详)，即镰仓景政(亦称平景正)，通称为权五郎，是平安时代后期的武将。他16岁从军，在后三年之役中以作战勇敢而出名。

问，此人英勇威武，但他为后世留下的英雄事迹只有两个：一是景政十六岁时，在战场被一名叫鸟海弥三郎①的人射中了左眼，他没有拔出射中自己的羽箭，而是先用自己的弓箭把鸟海射死了；二是战友用双手抓住羽箭，脚踩景政的脸使劲拔出羽箭，结果反而引起景政的愤怒。仅有以上两个事迹的景政，竟然从九州南端到出羽深处，几乎每个地方都有两三座神社祭祀他，这究竟是怎么回事呢？

讨论这个问题之前，不妨先对诸如"单眼受伤是某神在尚未成神时经历的事情"此类观点做一下检讨。显然，持这种观点的人认为所有神祇最初均为人类，但这种逻辑起点是大有问题的。假如神祇都是人类变过来的，那为什么会有些神社祭祀大蛇、神鸟？假如这些都是没有学问的乡下人捏造出来的，那么，那些以深水潭为家的水神，或者以森林为家的山神又如何？水神和山神可是早在《日本书记》编纂时代就已经被视为神而予以崇拜的。难道如此高贵的古神也经历过一段匆忙的人间生活？这些古神还能给后人留有余地去想象其人间生活吗？再说，有数十个村落神社分别祭祀同一尊

---

① 鸟海弥三郎（生卒年不详），是镰仓时代末期的豪族，自称平安时代中期的武将鸟海三郎的后裔，于正中元年（1324）在仁贺保（现秋田县仁贺保市）建立了城池。此地至今保留了一些冠以鸟海弥三郎的地名，包括鸟海山、弥三郎石等。由于鸟海三郎和鸟海弥三郎名字只差一字，柳田可能把二者混淆了。

神，而此神受伤的故事只流传在一个村落里，这又该如何解释？正因为无法解释，有些人愿意断定一切都是假的，真是令人头疼。

我们的看法再简单不过了，即认为古人在祭祀时选择某人为主祭人，让他作为神祇的代理人接受祭礼，而所谓神祇受伤其实就是发生在此人身上的事情。没有见过传统祭奠的人，往往误以为所谓祭祀就是将我们人类只有在厨房忙活了半天才能吃上的食品，如生鱼、生鸟肉、生蔬菜等摆放在神桌上供神——其实，过去供奉神佛祖宗用的都是烹调好的饭菜，至今有些村落的神社还保留着这一传统。在传统的祭祀仪式上，纯洁的童男童女作为神来食用供品。在过去"尸童"①信仰十分盛行的时代，人们还向这些童男童女许愿、问卦，并通过他们的回答领会神意。我以为，所谓神祇伤眼，其实指的就是神的代理人伤眼。

其次，我还要检讨"神祇受伤"这一说法。一尊神，或者是一位被神化的历史人物，怎么会不慎受伤呢？哪怕是一天、一小时。身上依附了神灵的人，他们同样不可能不慎受伤致失明。否则，我之所以如此推断，是因为这种说法可能会引起人们对神祇可看透未来

---

① 尸童，有两种含义：一是指被神灵附体的孩子，神灵凭借纯洁的尸童语言传达神谕；二是祭祖时，替祖神被祭祀的孩子。无论是何种意思，都与"尸体"无关，意指"神的替身"。

的神力的质疑，甚至有可能从根本推翻人们对神祇的尊信。不仅如此，有关某神伤眼的说法流传广泛，若说这纯属偶然，我难以置信。

既然无法举证说明这一种说法得以广泛流传是由传播或模仿所致，那么，我们只能视之为风俗。任何一种风俗，只要中断一段时间，原始的动机就会被人遗忘。要是在动机不明的情况下照样保留对某种风俗的记忆，人们自然会根据时代的需要和各自的智力水平给出一定的解释。

那么，过去究竟是什么样的风俗习惯导致了如此离谱却又常见的传说出现？我以为，在过去某一时代里，节日期间被选为主祭人的可能会被弄瞎一只眼睛，那些传说就是痕迹，尽管深知在有些人看来，我这样的见解过于随意、独断。

一〇

诸如"神祇厌恶某种植物"之类的传说，大概来自于人们对"忌"字的误解。神圣祭仪的所有参与者都在特定的时间内被禁止做一些不吉利的事，包括慰问丧家、看望病人等，除此之外，连一般的交际行为都被禁止。因此，某村在节日期间谢绝一切外来者访问，也有神社规定参与者的妻儿眷属都不得进入境内，称之为"别火"。后来这一习俗被改称为"物忌"并流传至今。出于同样的原因，举行祭仪的圣地，一般都用"注连绳"或者"斋垣"把四周围起来，无论是节日期间，还是节日结束后，都禁止人们在此做其他的日常事务。至于祭礼的供品及什器等，都需要特别标注为神物，以与日常用品严格区别。这一系列规则亦称为"忌"，今天，几乎很少有人记住这些。

记住的人少了，自然会放宽对违规行为的制裁。尽管如此，仅仅在八十年或者在一百年以前，大家举办"宵宫"①时仍戒备森严，更何况在遥远的过去？假如某种有来历的草木被用在祭神仪式中最关键的环节上，那么古人将其视为一种严肃的"忌"，也是极为自然的。

或许因为汉字"忌"与日本古语"imi（引进汉字后用忌字来表示）"不完全一致的缘故，一提到"忌"，人们就容易联想到回避、厌恶等，以为此字表示某种不吉利的现象，但这显然违背了日语"忌"字的本意。从神祇的角度看，所谓"忌"即"独占"。正因为某些事物太可贵、太纯净，所以才禁止普通人去使用。假如有人触犯

---

① 宵宫，指节日前夕的庙会。

了这一禁忌，此人必受惩罚，后来这种禁忌演化成另外一种说法，即"因为某一植物有毒，所以不得触碰"。而这种说法又令人想到神祇讨厌这一植物，最终导致了"神祇受伤"这种解释的出现。

古人往往在特定的祭礼上使用特定的植物。古时候，这种特定植物被称为"御一物"，那些"尸童"手持的或者插在腰间的"御一物"一般都是芒草或芦苇。我以为，"刺中眼睛"这一习俗可能与初春射箭神事有关，事实上众多神社用来做神事的弓箭多以梅、桃、柳、桑特定树种为材料，此外，也有以芦苇为材料的。无论如何，古人坚持使用某一特定的植物，绝不使用别的，这里本该有相当的理由，遗憾的是，事到如今，已无从知晓。

不过，即使这些神社保留着一种习俗，严格禁止种植柳树、桑树等特定植物，氏子们也未必可以据此判断这种禁忌源自神祇对这些植物的厌恶。事实上，至今有几个神社的氏子们不种植桑树，只因为这里的神像是用桑木刻制而成的。这种禁忌同样源于"忌"，但此地的氏子们十分确定地说，禁忌特定植物纯粹是因为过于诚惶诚恐。位于山城伏见的三栖神社里还有这样一种传说：古时候，发大洪水，冲走了御香宫的神轿，当这位神祇拾回轿子的时候，给芦苇刺中了眼睛。从此，每逢十月十二过"御出祭"时，人们用芦苇制造出一大一小的松明灯，用之照亮神祇前面的夜路。这便是人们主动把自己忌讳的某一植物为神使用的一个例子。

一一

　　我们不得不把更多的讨论搁置一边，重新回到本文的话题上，但在此之前，有一点我还需要交代，那就是：为什么古人非要花费心思把祭祀仪式的中心人物，亦即主祭人的眼睛弄瞎不可呢？对此，我仍然无法给出一个明确的答案。我们再怎么做，古人的心思也不是为今人所能参透的。而且，对于不少风俗习惯产生的原因，古人自己恐怕也不是完全清楚的，他们只不过沿袭前辈的做法也未可知。按理来说，有人瞎了一只眼睛，不会因此变得更加聪明、清净、可畏，但说不定当时人们消极地相信，如果不瞎眼，神祇就不会依附于此身，换言之，只有独眼龙才会有资格成为神的代理人。

　　基于如上推定进一步思考，似乎可以窥视远古时代的信仰状态。简单地说，我以为，曾经存在过一种节日当天杀死主祭人的古代习俗。究竟选择谁为主祭人，应该是在前一次节日时已经靠占卜决定好了的，还特意弄瞎他的一只眼，以便区别于其他普通人。对于这位承担神圣任务的主祭人，人们以最大的敬意尽可能地款待。主祭人自己的心灵也渐趋纯净，相信自己十分胜任这份传达神意的工作。正因如此，即使人类智力有了发展，废除了残忍的仪式，人们还照例把独眼龙神圣化，相信只有独眼龙才能反映神的睿智。

以上推测，在某种程度上是有根据的，至于恰当与否，请读者朋友将证据材料先看一遍，然后再各自判断。其实，这种说法过于大胆，我也希望有人提出反证，对此加以否定性证明。

那么，让我们回到关于神祇伤眼的传说上来。这种传说往往附带着"神祇洗清伤口"这一情节。例如，死后被封为下野国鞍挂大明神的足利中宫亮有纲，他在自杀之前于山崎洗净了其眼部的伤口，又如信州沙田神社的主神也洗过伤口，而且此神洗清眼部伤口的地方被称为"御目泽"。我还记得，在羽前羽后两国（现秋田县和岩手县）有几个泉水，均被称为"镰仓权五郎景政洗眼之古迹"。

在众多相似的例子中，有一个东京附近的例子引起了我的注意。据十方庵撰写的《游历杂记》①，现称崎玉县南崎玉郡萩岛村的大字野岛有座寺庙，叫净山寺，这里曾经有过一尊延命地藏像，传说是慈觉大师一刀三礼亲自刻制的。这一地藏因保佑孩子而闻

---

① 《游历杂记》成书于文化年间（1804—1818），是十方庵敬顺花费 18 年的时间亲自走过江户、东海地区而写下的旅行记，其中详细记录了各地旧迹、风俗、节日、传说等。

名，信徒们写封情状，乞求地藏把自家孩子当作仆佣使唤，这样孩子可以健康成长。这位地藏被俗称为"单眼地藏"①。据说，某时，地藏踏入茶叶地里不料刺中了眼睛，要洗眼睛，于是到门外的池塘边用手捧起了池水，就从那一天起，这一池塘里的鱼都变成了单眼鱼。

单眼鱼，在生物学家看来是不会存在的，迄今为止，我还没有听说过哪个标本室陈列了这样的变种。尽管如此，传说有单眼鱼生息的池水河川不止一处，而且人们都异口同声地说，单眼鱼少了一只眼睛，这是因为某神伤眼后在此洗过眼睛。这显然不是由当地人归纳出来的说法。

一二

下面，不妨对单眼鱼这一小怪物的真相做一番考察。

池水中的鱼儿们，因受清洗伤口的神祇之影响，永久性地失去了一只眼睛。这是十分奇怪却又非常常见的例子。面对这样的例子，出家人往往都用"以其因缘""有如此缘由"等套句加以记录。

---

① 单眼地藏，"片目地藏(katame jizou)"。

但进一步想，这种说法缺乏准确性，无论从哪个神道佛法的教理上看，如此奇怪的传播是不可能发生的。只能勉强认为，出家人之所以把此类传说记录下来，纯粹是为了加深人们对过去某一大事件的记忆，以让他们牢记。不管怎样，这无疑就是荒诞空话，而正因为它荒唐、无稽，反而意味深长，令人不禁想象：当初人们究竟以一种怎样的心态讲述这一故事？

据《东作志》①记载，位于冈山县胜田郡吉野村大字美野（现冈山县胜田郡胜央町）的白壁池里，曾经有一只单眼鳗鱼。传说，这里曾经有个单眼汉，某日他用马搬运茶碾子，走到池边时，不小心落水溺亡。因为这个缘故，这池塘里的鳗鱼都变成了一只眼的怪鱼，而且每次下雨，都从水底传来茶碾子"吱吱呀呀"的声音。至于男人落水的原因，我们无从查考。

在江州伊香郡（现滋贺县长滨市）流传着另外一道传说。从前，郡内的某一河道忽然出现了一个大洞，河水径直流入大洞中，导致沿岸村庄的水稻田全部枯干。此时，井上弹正的女儿志愿跳

---

① 《东作志》，是津山藩正木辉雄（？—1824）个人对美作国东部六郡（东南条、东北条、胜南、胜北、英田、吉野）所做的地方志。初步成书于文化十二年（1815），但正木生前没有献于津山藩，津山藩得到此书后也没有抄写或利用。直到嘉永四年（1851），江户藩的儒官昌谷精溪才看出其价值，经过一番修复和抄写，做了今天《东作志》的底本。

入河中，化作大蛇，消失在水底。不久，河岸突然发生塌方，恰好填埋大洞，于是河水又流入稻田。这是属于"为水神供奉美丽的活供品"类型的故事，同类故事自"弟橘媛"①故事以来，长期流传于民间。而伊香郡的人们还附加说明一点：这位姑娘是个独眼龙，今天在这条河里还能看到一条单眼鲤鱼。整条河里，单眼鲤鱼只有一条，这样我们恐怕无法证明其存在，除非捞尽所有鲤鱼。

位于越后国中颈诚郡青柳村（现新潟县中颈诚郡）的星月宫，俗称万年堂，据说这里的池塘中也有一条单眼鱼。古时候，池塘的精灵化作娇艳美女到月次市集买东西，路上被一名侍从此国安冢城主的武士杢太看上了。杢太恋慕美女，紧随其后，难忍离去，最终落水而死。由于杢太是个独眼龙，因此池塘里的群鱼都少了一只眼睛。就这个例子而言，似乎有人做过实地调查。《越后国式内神社案内》②的作者在介绍上述故事后特意表明，此地鱼儿不是少了一只眼睛，而是有一只眼珠起了白浊。其实，这样的附记大大减少了

---

① 弟橘媛，在《古事记》中被称为弟橘比卖命，是《日本书纪》所记载的日本武尊之妻。日本武尊东征时，相模海上遇到大风浪，弟橘媛牺牲自己，跳海自尽，以镇压海神。

② 《越后国式内神社案内》，成书于天明二年（1782），为《神道大系　神社篇34》所收录。

杢太悲剧的凄凉程度。

大蛇把白羽之矢射在某家的屋顶上，要求此家把美丽女儿作为祭品奉献给它，或者大蛇化作人形来到姑娘家当女婿等诸如此类的传说几乎在日本的所有池塘沼泽地都有流传。我援用这些传说，当然不是为了据此主张我国曾经存在过一种节日上用人牲祭祀的旧俗，我只希望借此指出两点：首先，节日期间站在神与人之间并实现二者彼此沟通的特殊主祭人，比较广泛地、长久性地存在于农业最受影响的水神的祭仪之中；其次，长期以来，水神信仰似乎长期体现了古人要以一种不借助于饮食、音乐的方式安慰神灵的思想，尽管这种思想对现代人来说难以接受。我以为，为了沟通神与人的心思，或者为了安慰神心而被选定为主祭人的男女不可能无缘无故地瞎了一只眼睛，上述几个传说很好地说明了独眼的主祭人与单眼鱼之间存在一些关系。

一三

在亲自到沼泽河川来调查是否存在单眼鱼之前，我们首先要了解当地人对单眼鱼持有怎样的态度。

在越后国北鱼沼郡堀之内（现新潟县），有一个令人不可思议的池塘。在此地车站上方有一座山，俗称"出入转变之山"①。这里是一片魔境，人们一旦进山，即使边走边做好标记，都无法沿着原路出山。就在这座山脚下，有一个附近旅馆取水的池塘，叫"古奈和泽"，据说古奈和泽是个无底深渊，而且这里栖息的鱼儿都少了一只眼睛，万一有人杀死它，必遭报应；即使有人把它带回家并放入水缸中，当天晚上它也能回到原来的池塘之中。于是，至今为止，几乎没有人捕捉和检查过这里的鱼的眼睛。

又如，在越后国长冈市神田町（现新潟县长冈市）的民房北边，原来有一个名叫"三盃池"的池塘，所谓"三盃"恐怕指的就是田神吧。这一池塘里的鱼儿、乌龟都只有一只眼睛，而且据说人吃了会中毒，至今无人食用。

越后国古志郡上组村大字宫内（现新潟县长冈市）的一王神社，在其神殿东边的三国街道对面有一片稻田。大约在明治十七、十八年（1884～1885）的时候，人们开垦此地，使其变成了稻田，其实原来这里还有约十坪②大的沼泽，而且据说这里的鱼儿都是单眼鱼。那些对沼泽做最后抽水处理的人们是否确认了单眼鱼的

---

① 出入转变之山，日语为"deirigawari no yama"。
② 日本尺贯法中面积的基本单位，1坪约等于3.305平方米

存在呢？我只知道这里是"御加持个池"的旧址，每逢一王神的春秋两祭，人们都在池塘边供奉牲礼祭拜。以上三个例子，均见于明治二十二、二十三年（1889～1890）出版的《越后志料温故之刊》①杂志之中。

这些实例可以说明，一方面有关单眼鱼的谣言广泛流传，另一方面它本身又以某种阻止人们捕食的俗信来保卫自己，从来没有显露过真面目。诸如"有毒"之类的说法，大概是在单眼鱼与神祇之间的关系淡漠了之后，因为人们遗忘禁止捕食的原因才出现的。其本意恐怕在于禁止平民百姓捕食圣物，时间长了，这种禁忌又导致如上暧昧说法的产生。

再看上州的例子。有一部名叫《山吹日记》②的旅行记，对北甘乐郡富冈町大字曾木（现群马县富冈市曾木）的单眼鳗鱼做了记录。过去，在镇守此地的高垣明神社境内涌出一股泉水，这股泉水形成了约一町长的小溪，再流进河里。据说，在这条小溪中可以看到单眼鳗鱼，而且此地的氏子们不问长了多少只眼睛，一律

---

① 《越后志料温故之刊》是新潟县温故谈话会刊行的地方民俗杂志。从明治二十三年到明治二十六年（1890—1893）共刊行了 36 辑。

② 《山吹日记》，是国学者奈佐胜皋（1745—1799）自天明六年（1786）4 月 16 日至同年 5 月 23 日走遍江户、武藏、上野、下野等地并调查各地旧址时留下来的日记。

禁食鳗鱼。

根据大田清君报告，传说名古屋市正木町（现爱知县名古屋市中区）的八幡宫是由镇西八郎①建立的，过去此地是一片大森林，森林中有一池塘，照例有一条单眼鲫鱼栖息其中。《尾张年中行事抄》记载，曾有一名患疟疾者乞得此鱼，用之行巫术。事后，作为回礼，病人又把两条鲫鱼放回这一池塘里，至于这两条"新手"是否也变成了单眼鲫鱼，无人做记录。

总而言之，只要是独眼龙，就算它是鱼儿，仍然被视为神圣之物。当然，有些地方虽然保留了单眼鱼传说，却与任何宗教信仰无关，如伊势河艺郡矢桥村（现三重县铃鹿市）的"御池"②，又如备后世罗郡吉原（现广岛县世罗郡）的"鱼个池"等。尽管如此，前者通过池塘的名称来显示古人曾经在此供奉牲礼祭拜；后者则是举办祈雨仪式的地点，而且池塘边还有个被称为"鱼个石"的巨石，由此可知这里同样也是古人举行生祭的遗址。

---

① 镇西八郎，即源为朝（1139—约1170），是源为义的第八个儿子，源赖朝、义经兄弟的叔父。传说他身材高大，凶残成性，是刚勇无双的弓箭高手。其父源为义将其逐到九州，但源为朝在新天地里横冲直撞，称霸九州，自称为镇西八郎。

② 在日语中，"御"或"大御"表示敬意。如果这两个词与有关神佛、天皇、贵族的词汇相结合，更表示一种神圣不可侵犯的尊敬。

一四

关于单眼鱼的由来，还有一个十分奇妙的传说，那便是伊予松山(现爱媛县松山市)的七大怪之一"越过山的单眼鲫鱼"。古时候，弘法大师周游各国，路过此地念经说教。村里有个笃信神佛的穷人，他从自家厨房里把烤了半身的鲫鱼带来奉献给大师。大师欣赏他诚信厚道，把这条烤了半身的鲫鱼放入水渠，鲫鱼瞬间活了过来，悠然游去。据说，从此以后，这里的鲫鱼就只长了一只眼睛。

圣人施法力拯救了动物的生命，而偏偏只有眼睛没能恢复，甚至波及后代，这可是比七大怪更令人奇怪的一个谜，但意料不到的是，类似的例子还很多。比如，《摄阳群谈》①等书记载，昆阳池②自古有一条著名的单眼金鱼。过去，行基菩萨路过此地，见到某人躺在病床上渴望吃鱼。行基菩萨心疼他，立刻到长州滨买鱼回来，

---

① 《摄阳群谈》，成书于元禄十四年(1701)，共17卷，是冈田溪志基于古文献和传说编纂的摄津国的地方志。

② 昆阳池，位于兵库县伊丹市，是由奈良时代的名僧行基建造的农业储水池。

并做好菜给病人吃。饭后，他把病人剩下的半身鱼放入池塘之中，这条鱼立刻化作了单眼金鱼。《摄阳群谈》说是金鱼，其实指的就是鲫鱼。按理来说，行基菩萨在海边购买的应该是海鱼，如果真是海鱼，那么被放入池塘是不可能得以繁殖的，所以此书才用了"化作"这样的词吧。与前面的例子同样，当地人在这个池塘边从不钓鱼、捞鱼，因为吃了就必定患上麻风病。

此外，行基菩萨在其故乡和泉国（现大阪府西南部）的家原寺也留下了单眼鱼的传说。从前，村里的年轻人在家原寺的放生池边聚会宴饮，以池里的鱼下酒。正此时，他们看见行基回来，就强劝他吃鱼脍。原本他们只是想开个玩笑，谁知行基一下子就把鱼脍吃光了，然后再对着池塘吐出来。忽然，鱼脍变为小鱼，在水中游动，从此以后，这一池塘里的一些鱼儿都少了一只眼睛。以上传说见于《和泉名所图会》①。所谓放生池就是放养活着的水生动物的池子，行基向这样一个地方吐出鱼脍，似乎有点不合情理，而不管怎样，他就是这样一个了不起的和尚。

在越后国，我们还能听到另外一则传说。中浦原郡曾野木村

① 《和泉名所图会》，成书于宽政八年（1796），由秋里籬篱岛著，竹原春朝斋画，书中带图介绍了大阪的神射寺庙、名胜古迹、传说以及土产品等。

大字合子个作（现新潟县新潟市西区山田），旧称"合子个酒"。据说，亲鸾上人曾经路过此地，村民们仰慕其德，各自带来自家酒聚集于山王神社，请亲鸾喝酒，故此，此地取名为合子个酒。当村民用烧烤的鲫鱼下酒时，亲鸾只吃了一点点，就把剩下的鲫鱼放入境内的池塘之中。因此缘故，那些栖息在山王神社古池中的鲫鱼的腹部都有烧焦痕，不仅如此，池塘边有一棵古树叫"上人挂法衣之补树"，据说砍了这棵树，其断面总会出现一种形似鲫鱼的木纹，于是此地被命名为"亲鸾上人烧鲫之旧址"，多年来令信徒们流下感激的眼泪。

由于这则传说没有提到这条鲫鱼只长了一只眼，因此显得更合乎情理，但仔细一想故事内容还是那么荒诞、虚幻。此类传说似乎都要归结于一点，即对遵守戒律的如法僧来说，尽管有些如亲鸾上人这样是个例外，不杀生戒还是不能破的。不过，既然这些如法僧如此善良，那为什么偏偏不治好鱼儿的眼睛，其腹部的疤痕又该如何解释呢？他们甚至让鲫鱼把残疾一代又一代地遗传下去，这不叫折腾叫什么？由于后来的僧人信徒把不同的传说轻易地聚合在一起，为本寺所用，所以才出现了如此不自然的现象。其实，这不仅污损了前人的功德，还搅乱了山王神等其他神社的传说逻辑。

一五

放生会仪式，最常见于八月十五的八幡祭奠之中。男山①的僧人们可能会说，这意味着神道中的古神为佛教所感化而赐予所有生命以慈悲。其实，这不过是中世以后才出现的牵强附会而已。如果真正尊重佛意，人们根本就不应该抓捕那些悠游在水中的鱼儿，硬把它放入狭窄的小池之中。我坚信，一方面，祭奠中宰杀活供品的环节因受僧人的干涉而废除；另一方面，祭奠中唯独人畜无害的环节才得以保留，包括自祭奠的前一年开始准备鱼类祭品等，久之，原初的行为动机被人遗忘，转化成感化故事的材料。但今天，在石清水八幡宫等地举办八月十五的八幡祭奠时，人们依然就如送葬一样排成一队。我们有必要将其理解为古人曾经奉献出一种比鱼类更重大的牺牲的印迹，否则难以做出一个令人满意的解释。

古人要弄瞎次年活供品的一只眼睛，要想证明这种旧俗确实存在，我手里的证据还不够充分，但仍有不少资料可给人以启发。例

---

① 男山是位于京都府八幡市的鸠个峰的别称，山顶上有石清水八幡宫。

如，据《近江国舆地志略》①记载，位于近江坂田郡入江村大字矶（现滋贺县米原市）的矶崎大明神，每逢四月八日举行定期祭祀，此日人们把渔网投向琵琶湖水面，捕捉两条鲫鱼，其中一条是供神的，另一条则刮去半身鱼鳞后放回湖中，这样，第二年四月八日再投网时定能抓住这条鲫鱼。亦即，人们把前一年做好标识的祭品供奉给神祇，与此同时，又要选定第二年的祭品暂且放养它。鱼儿被指定为神圣祭品之后，得到神祇的眷顾保佑，即使在像琵琶湖这样广阔的湖水中自由游玩，都不会被误用于其他用途，更何况一个小小的放生池，对于其中放养的小鱼，人们大概用不着特意弄坏一只眼来做标识了。无论是单眼鱼，还是被刮去半身鱼鳞的活供品，还是行基、弘法等大师的半身鱼之说，说到底都不过是故事而已，我们不必去调查其真实与否。

被刮去鱼鳞的鱼儿能否活一年，这还是大有可疑的。任何事情的发生都有其必然的原因，就这个例子而言，大概是因为有人觉得仅仅瞎一只眼睛还不够，所以才做了一番夸张，诸如半身鱼、半熟鱼等说法皆如此。

---

① 《近江国舆地志略》，成书于享保十九年（1734），是近江藩寒川辰清受命于领主本多康敏撰写的地方志，历经约40年完成，共101卷。

近江还有一则与之相似的传说。东浅井郡上草野村大字高山（现滋贺县长浜市）有一河泽叫安明渊，传说源赖朝①曾经在此捕捉鲤鱼，刮去鲤鱼的半身鱼鳞之后，再把它放回水中，从此以后，这里的草野川中就有了一条半身无鳞的鲤鱼。据说，在其水边还有一块上面刻有文字的岩石，只可惜岩石表面长满了青苔，已无法辨识文字内容。源赖朝究竟为什么到这样的河泽捕捉鲤鱼？我们只知道，在近江和其他国家的不少村落里，过节时游行队伍排成一列沿道行进，当地人对其中坐在马鞍上的孩童有着普遍的误解，以及孩童扮演的就是源赖朝的角色。

据远州横须贺（现静冈县挂川市横须贺）的渡边三平君②报告，当地的老人们讲，明治维新以前，那里经常出现天狗，夜里还能看到天狗出来杀生时发出的火光。这一火光就如松明灯，但神出鬼没，一会儿出现在田地上，一会儿又出现在大松树上。当时，在稻田、水沟里处处都能找到单眼泥鳅，人们传说泥鳅的眼睛就是天狗杀生时给弄坏的。

对以上故事进行综合考虑可得知，有关单眼鱼的种种谣言显然

---

① 源赖朝（1147—1199），是镰仓幕府首代将军，创建了日本第一个武家政权。

② 渡边三平，不详。

没有把目击者的报告作为依据。最初，大概存在"禁止在神社境内的池塘里捕鱼"这一禁戒与"单眼鱼不该食用"这一教诲，但二者又内容相近，因此逐渐融为一体了。我们应该视之为古人在一定期间放养活供品的旧俗之痕迹。

<h1 style="text-align:center">一六</h1>

也许，未必所有神社都把活供品的放养时间规定为一年，但一般只有在春季或秋季才举行大规模的祭祀活动，即大型祭祀一年只有一次，而且过去程序复杂的仪式基本上都在其"物忌"期间集中进行。由此看来，活供品的放养仪式恐怕在供神的前一年举行。至少可以说，导致八幡宫将生祭误传为放生会的原因，无疑就是宰杀与放养在同一个日子里进行，就如我们在前面矶崎大明神的例子中看到的一样，加之放养时间又如此长久。于是，单眼鱼传说以独立的形式留在了人们的记忆当中。

那么，古人在捕鲜鱼之后，为什么不马上做菜供奉给神呢？面对这样的疑问，后人也许回答说："因为不晓得神吃什么。"平时我们下厨房做菜，一般都会把泥鳅、贝类等食材放在水中，让它们吐净泥沙。神是无比纯净的，既然活供品即将成为其一部分，那么需要多花些工夫去做精心准备。在我看来，这种思想有着悠久的历史，可不是一朝一夕形成的。从前面介绍的患疟疾者用鲫鱼行巫术治病的传说中可以察觉到，在某些地区，被指定为活供品的鱼，不仅意味着是食品，人们更将其视为神的从属者乃至代言人来加以崇拜。当然，这不会是针对鱼或者其他小动物而出现的思想。可以说，生祭供品一方面是献给神的礼物，另一方面又是帮助氏子们从难以窥视的灵界获取信息的一种祭祀机巧，需要设法使之多活一段时间。

《府县乡社明治神社志料》①汇集了流传于各个府县级神社和乡级神社的传说，其中记载了如下一则传说。在日向国儿汤郡下穗北村大字妻（现宫崎县西都市）有一座县社被称为都万神社，在都万神社境内有一条供参拜者洗手漱口以清除污秽的花玉川，传说这里是单眼鱼的栖息地。古时候，该神社的主神木花开耶姬尊②在花玉川岸边游玩，其玉带掉入水中恰好击中了鲫鱼的眼睛。

----

① 《府县乡社明治神社志料》，成书于明治四十五年、大正元年（1912），井上赖圀、本居丰颖、物集高见监修，宫地严夫、佐伯有义、宫西惟助编纂，矶部武者五郎编辑，共3卷，是明治末全国583座府县级神社、3 455座乡级神社的资料集。

② 木花开耶姬（《古事记》中将其记为木花之佐久夜毗壳），是大山神祇的女儿，后嫁给天照大神的孙子琼琼杵尊，生下3个儿子，其中彦火火出见尊则为初代天皇神武天皇的祖父。

从此以后，这里的鲫鱼少了一只眼睛，当地人至今还把"玉纽落"三字读成"funa"（与"鲫"同音）。我们从这则传说中隐约地感觉到，单眼鱼的存在符合神意，正因为它伤了眼睛，才会进入神灵界门。

同书还记载了如下一则传说。加贺国河北郡高松村大字横山字龟山（现石川县河北郡宇乃气町）的县级神社叫加茂神社，于大同二年（807）挪到现在的地址，其迁居的理由还挺神奇的。某日，该神社的主神化作鲫鱼在花玉川里游玩，突然一阵狂风袭来，河边桃树上的果实纷纷落入水中，恰好击中了鲫鱼的眼睛。转瞬之间，四周变得一片黑暗，人们不明其故，直到夜间神祇托梦要迁移神社之后才得知真相。从表面上看，这位神祇好像因桃子击中眼睛而生气，所以才提出搬家。其实，这与神祇被萝卜绊倒的例子一样，不过是有关桃树的禁忌俗规的误传，其真意应该在于人们借助独眼的活供品来测知天意。再说，从"神祇化作鲫鱼"的情节中可以看出，这一传说与日向国的例子相比有了更进一步的发展。

我再加一些画蛇添足的说明，即前面两个例子提到了"游玩"一词，其实指的是祭奠，因为神祇是绝不会像人类一样抽空出来玩的。所谓"神游"意为每逢喜庆节日神祇会降临到祭奠会场来。我们由此可知，鲫鱼眼部的伤口不是偶然发生的。

一七

我认为，弄瞎鲤鱼、鲫鱼等活供品的一只眼睛，不会是某人擅自发明的权宜方法，这仍是推崇独眼龙的古代祭神仪式所残留下来的一种古俗。下面，我给读者提供一些单眼蛇的例子做旁证。

据德岛的河野芳太郎氏①讲述，位于阿波国富冈町东部的福村里（现德岛县阿南市富冈町）有个圆周长约为三十町的池塘，池塘中间还有一颗周长九丈、高一丈②大的岩石，当地人称之为"蛇之枕"。这一池塘中的鱼，不用说鲤鱼、鲫鱼，连小小的无名杂鱼，也没有一条是双眼齐全的。传说，过去有一条大蛇栖息在此地，某日，一名叫月轮兵部的勇士射穿了大蛇的左眼，并击碎了它半个头骨。大蛇疼痛不堪，扭动身子，最终在岩石上断气。其怨恨遗留在

---

① 河野芳太郎（生卒年不详），德岛的乡土研究家，主要活动时期为明治末到大正初期间，在《东京人类学杂志》《考古学杂志》《乡土研究》等刊物上发表了德岛的调查报告。
② 日本尺贯法定 1 丈约等于 3.03 尺。

后世，作祟咒死了月轮一族，大蛇的遗恨似乎还不满足于此，甚至让池塘中所有的鱼都变成了单眼鱼。

如果我们视这则传说为历史，那么首先必须承认大蛇能够在水中生存这一点，但这显然是困难的。我们每次到乡下做调查，从当地人那里都可以听到有关古老池沼中的精灵的传说，而且这些精灵十有八九是蛇，至于牛、犀牛等其他动物则十分少见。这些蛇体精灵恐怕就是受佛教龙王的影响而产生的一种幻想动物，我们可以视之为水神的化身。而上述传说蕴含了一个更重要的问题，那便是池中的孤石，尽管讲述人对此有所忽视。也许是因为古人欣赏这种孤石被水洗净，恰似冲洗世尘，几乎在所有古祭场都能看到，尤其在将鱼作为祭品供奉时，古人一定要将其置于岩石之上。类似的例子不胜枚举，我们在前面提到的备后国吉原村的鱼个石，不过是其中之一。月轮兵部的冒险故事也罢，投水自尽的独眼龙传说也罢，只要从中去除一切戏剧性因素来看，那些鱼失去一只眼睛似乎就是神意的表现，或者就是人们顺从独眼"尸童"的神谕之结果。我们再大胆的推论一下，说不定这些例子暗示着后人以鱼做代替品、废止了刺中人眼的古老仪式。

在佐渡岛也有单眼蛇的传说，这里的单眼蛇传说还与此地历史上的伟人，即顺德天皇的逸闻联系在一起。① 据茅原铁藏老人②报告，某时，顺德天皇要参拜帝金北山，在山路上看到一条蛇，就问道：

连这样一个小岛上的蛇都是双目齐全的？

从此以后，这一带的蛇都变成了单眼蛇，故此地被人称作"御蛇河内"。从这一地名可以了解到，单眼蛇不是无缘无故地少了一只眼睛，而是由于蛇对神极为顺从的缘故，因此人们对如此虔诚的单眼蛇也是十分崇拜的。

最近刊行的《岐阜县益田郡志》收录了一则飞騨国（现岐阜县北部）的传说，里面谈到了一条更亲近于神的单眼蛇。益田郡萩原町（现岐阜县下吕市）的诹访神社建立在城堡③旧址上，这座城堡是中

---

① 1221年，顺德天皇参加了后鸟羽上皇的倒幕活动，让位给其年幼的儿子仲恭天皇。承久之乱爆发后，顺德天皇被流放到佐渡，1242年在当地驾崩。

② 茅原铁藏（1849—1931），是佐渡岛的农业技师，乡土研究家。茅原早年在《乡土研究》上发表过文章，但他与柳田国男于大正九年（1920）才第一次相见。这次见面给柳田留下了很深的印象，他在《佐渡一巡记》中写道："我们从这种接受前时代教育的人才那里，始终以文字形式采集资料，实在是一个损失。我们早该亲自拜访，直接用口头请教。"

③ 小城，即指萩原诹访城。

世时期金森一族的家臣佐藤六左卫门奉命建立的。六左卫门曾想把神社的神体迁到一个名叫上村的村落去，但神轿怎么也动不了。他一气之下，折下半截梅花树枝，用之鞭打神轿，好容易才完成了迁座。而这则传说还有个异文，据说，有一条黄领蛇在神社境内盘成一团一动不动，六左卫门勃然大怒，用梅花树枝鞭打蛇头。黄领蛇伤到左眼，最终离去。后来，这位六左卫门战死在大阪之役中，于是，村民们趁机中止施工，在原地复建神社。至今，小城境内不长梅花树，时而还能看到条单眼蛇，当地人视之为诹访神的使者，加以尊敬。

由于蛇从来都不是祭神用的供品，因此我们不能将其与鲤鱼、鲫鱼并提。而且，有些传说中，单眼鱼就是神化作的，如加贺国横山村贺茂神社的鲫鱼。因此，我们不应该一概而论，认为所有独眼动物都是古代生祭的供品。

一八

在伊豆地区，自富士爱鹰山到伊豆诸岛，都有一种原始的神战传说流传。在其他地区的传说中，神与历史人物往往混淆在一起，而这里的神祇则不然，始终以鸟、蛇的姿态在水陆驱驰。近年，尾佐竹猛君①在渡海到伊豆诸岛采集的神话仍是这种原始神话的异文。据说，远古时代，新岛上的白鸽被一条大蛇追赶，到了差地山又给野生的羊踯躅刺中了眼睛。无法飞翔的白鸽不幸被大蛇残杀，吞入腹中。大蛇要逃到三宅岛，但新岛上的大三皇子神与母亲、长兄同心携力，共同消灭了大蛇，并且把大蛇的尸体分为三段，分别埋在八丈岛、三宅岛、新岛。从此以后，蛇从三宅岛上消失，新岛上的蛇从不咬人，至于差地山上的羊踯躅，因触犯神怒而不再开花。另外，三宅岛上有个地方被称为"踯躅平"，这里的羊踯躅也是从不开花。若有人问羊踯躅不开花的理由，当地人就会讲述与前面同样的传说。

那些被视为某神眷属或其使者的鸟、蛇以及鱼，分别被羊踯躅、梅树花枝以及玉带弄伤眼睛——面对此类传说，且不论其内容情节存在多大的差异，我们不得不承认，即使在细节上存在差异，其实这些都基于一个源头。尤其是这三个例子的流传地点彼此相隔甚远，而且讲的是不同的神的故事，甚至结局也大不相同，这恰好说明三者之间的一致都不是后世传播的结果。我据此主张这

---

① 尾佐竹猛(1880—1946)，是法学家、大审院判事。他从历史的角度关注法制、社会以及民众思想，于1924年吉野作造、宫武外骨、石井研堂等人共同创立明治文化研究会，自1927年至1932年陆续出版了《明治文化全集》共24卷。

些例子反映了古人刺伤活供品眼睛的古俗之存在，这恐怕不能说服那些谨慎的老辈们，但至少就以下两点而言，我的推论还是有一定道理的：首先，神对独眼龙特别眷顾，其次，正因为神特别眷顾，古人才会选择独眼龙作为神人媒介。

众所周知，伊势桑名郡(现三重县桑名市)有国币大社叫多度神社，在其境内供奉着一尊名叫"独目连"的古神。据后人记录，它就是其本社主神"天津日子根命"①之子，在《姓氏录》②上称之为此地豪族桑名首之始祖"天久之比乃命"。《古语拾遗》③又写道此神与伊势齐部的祖神"天目一个命"指的就是同一个神。我对神的族谱没有什么研究，无法判断如上说法是否正确，但可以肯定以下几点：关东各地有不少小庙供奉着独目连；在伊势的本社里凭种种奇迹赢得了人们对它的信仰；独目连这一名字显示此神只有一只眼睛。另外还有一点就是：除非存在同姓同名的神祇，独目连即天目一个命可

---

① 天津日子根命，是生自天照大神的玉制头饰的神祇。

② 《姓氏录》，即《新撰姓氏录》，成书于弘仁六年(815)，日本嵯峨天皇下令编纂的古代氏族名鉴。此书对京都、畿内的 1 182 个姓氏进行分类，概括每个姓氏的缘由、分布情况等。

③ 《古语拾遗》，成书于大同二年(807)，由官人斋部广成著，是朝廷梳理有关仪式的法律时，由官人斋部广成提交的神道资料，书中记载了自天地开辟到天平年间(729—749)的历史。

以认为是金工业祖神。

话说到这里，我不得不再次提及镰仓权五郎景政。在那些供奉权五郎景政的神社中，最古老的当然就是镰仓长谷（现神奈川县镰仓市）的御灵神社。此外，大阪也有御灵神社，但后人已经证明这里的权五郎是近世时期从镰仓的御灵神社劝请过来的，九州南部的同名神社大概也是如此。御灵神社与鹤冈八幡宫往往并置而设，大概都是在一个以镰仓为政权中心的时代，由那些往来于镰仓和故土之间的武士劝请过来的。

据《保元物语》①记载，镰仓权五郎景政曾被射中左眼，死后被尊为神，但文中并没有提到御灵神社。而再看《吾妻镜》等书籍，镰仓的御灵神社早在源赖朝的时代就已经相当受人重视了。权五郎景政不过是一个侍从源家的家臣而已，他不可能死后立刻得以神化，更不可能如此被人尊信。而且，当权五郎景政出生时，位于京都的上下两座御灵神社就已经有二百年的历史了，再往前推六十年，天皇还勅令各国建立御灵神社。今天，镰仓长谷的御灵神社最初供奉的主神已经不明确了，但这位主神又怎么可能到了镰仓时代中期突

---

① 《保元物语》，成书于镰仓时代前期，作者不详，是描述保元之战的战争物语，共3卷。

然被调动，代之以一个名叫权五郎景政的地方英杰呢？

一九

对于权五郎景政的神社，《镰仓揽胜考》①表示了如下见解。过去，这一神社建立在镰仓西北的梶原村（现神奈川县镰仓市深泽一带），镰仓幕府对此十分重视。当时，权五郎景政一门有一个名叫梶原权守景成的人，他把平姓祖先葛原亲王②尊为神，为此建立神社称"葛原宫"或称"御灵社"。后来，又有一个名叫镰仓权八郎景经的人要把上代主人权五郎景政摆进御灵社共同祭祀，这座神社逐渐就成为权五郎景政的神社了。

这种就如辩解一样的由来传说，还是难以说服我。我倒更愿意提出一个粗糙的新说，即从古以来，人们一般不会给"御灵"再加"神""社"等字，平民们完全有可能把"镰仓御灵殿"（kamakuragoryodono）听错或错记为"镰仓权五郎殿"（kamakurakengoroudono）。反正都是名垂青史的伟人，人们不必在意细节，在此祈福许愿会很灵

---

① 《镰仓揽胜考》，成书于文政十二年（1829），是由植田孟缙（1758—1844）编写的镰仓地方志，共11卷。

② 葛原亲王（786—853），是桓武天皇的第三个皇子，其后裔为桓武平氏。

就可以。

事实上，有不少例子说明人们把"御灵"（goryou）误以为"五郎"（gorou）。比如，位于岩代耶麻郡三宫（现喜多方市上三宫）的三岛神社境内的五郎神社供奉着加纳五郎①的灵魂（即御灵），又如在中山道美浓落合（现中津川市落合）也有一座落合五郎兼行②的御灵神社。此外，传说仁科五郎信盛③的无头尸体被埋在信州高远的五郎山上，当地人把这里的小庙叫作五郎宫而不是御灵宫（竟敢对过去的城主直呼其名），再往南看，上伊那郡（现长野县驹个根市）的美女个森神社供奉着五郎姬神，据说这位五郎姬神是侍从日本武尊的热田宫簧姬④，这可以说是称女神为五郎的罕见例子。

此外还有些神社供奉着五郎，却已经不知道指的是哪个五郎

---

① 加纳五郎，即指三浦盛时，通称为五郎，是镰仓时代中期的武将。北条时氏、盛时是同母异父兄弟。

② 落合兼行（约1160—1184），又称落合五郎兼行，与长兄樋口兼光、今井兼平一起侍从源义仲，参加了白鸟河原之战、横田河原之战、俱利伽罗峠之战、篠原之战等。

③ 仁科五郎信盛（？—1582），即仁科信盛，是武田信玄的第五个儿子，故此称为五郎，是日本战国时代的武将。

④ 簧姬（生卒年不详），是日本武尊的妻子。日本武尊在前往近江国讨伐伊吹山神前，把日本三大神器之一"草剃剑"托付给簧姬。日本武尊死后，簧姬在尾张国热田修建神社，将草剃剑收藏于此，后来这座神社被称为热田神宫，作为守护国家的神宫受到格外重视。

了。如在美作国胜田郡池个原（现冈山县美作市）的熊野权现的山上，有一座神社供奉着义经大明神，传说此地是源义经①把一个名叫五郎丸的平家余党逼到走投无路的战役旧址。又如，近江甲贺郡松尾村（现滋贺县甲贺市）有一座神社供奉着五郎王，有趣的是这位五郎王竟被人视为历神。再如，据《张州府志》记载，尾张东春日井郡樱佐村（现爱知县春日井市）的五龙社又俗称为五郎宫。另外，众所周知，知多郡薮村（现爱知县东海市）有个叫作"弓取冢"的古冢，传说古人把被人残杀的花井忽五郎②的头部埋在此地，人们相信供奉一把小弓箭即可治愈疟疾。所谓"花井"大概暗示着古人在泉水边祭神的古俗。

再看下总的例子。下总的有些御灵被冠以常见的勇士的名字，

---

① 源义经（1159—1189），平安时代末期、镰仓时代初期的武士，源义朝之子，幼名牛若丸、源九郎。义经在整个源平合战中留下了场场必胜的战绩，但他的人生却充满了悲剧色彩，直到今天深受日本人的同情和爱戴。自南北朝时期军事小说《义经记》出版以来，以义经为主人公的能剧、幸若、净琉璃、歌舞伎等大为流行，也有不少传说流传于民间。其形象逐渐被后人神化，全国有不少神社把义经奉为神祇祭祀。

② 花井忽五郎（生卒年不详），是战国时代的豪族，在今天的东海市修建了薮城。织田信长怀疑花井一族私通今川义元，进攻薮城。忽五郎在城内遭到家臣背叛，还没来得及拿起弓箭，就被斩杀，临死前嘴里还念叨："我不该死得如此屈辱，只可惜手中没有弓箭。"人们埋葬其尸体并修建坟墓，称"忽五郎冢"或"弓捉冢"。后人在此供奉一把小弓箭来祈求病愈。

如千叶五郎。而根据《印旗郡志》记录，这里还有两三座神社供奉着曾我五郎①的灵魂，如印旗郡千代田村大字饭重（现千叶县山武郡芝山町）的无格②社五郎神社。至于相模足柄下郡的曾我谷津村（现神奈川县小田原市）的五郎社果然是正宗，祭祀的当然是曾我五郎。此外，日本全国还有几十座小庙或石塔供奉着曾我兄弟，但一多半建立在与曾我兄弟③无关的远处。有的说，曾我十郎死后，与之相爱的大矶虎女出家走遍各国，在此建立了小庙；也有的说，侍从曾我兄弟的鬼王团三郎搬迁到此地，建立了石塔等，虽然人们想尽办法把当地的小庙、石塔与曾我兄弟联系在一起，但类似的例子太多，几乎没有太强的说服力。我以为，御灵成双成对的说法令人想到了曾我兄弟，所谓大矶虎女不过是服侍御灵的普通僧尼而已。

---

① 曾我五郎，即指曾我五郎时致（1174—1193），是伊豆豪族河津三郎祐泰之子，由于河津三郎祐泰被杀后，其母改嫁曾我祐信，五郎时致也改姓为曾我。

② 无格，是神社等级之一。明治政府于明治四年（1872）指定关于神社的等级制，把全国的神社分为官币社、国币社、别格官币社三类，又把别格官币社分为府社、县社、乡社、村社、无格社等等级。无格社虽然是最低级的神社，但仍然是经政府批准的独立神社。明治时代的神社等级制直到昭和二十年（1945）才废止。

③ 曾我兄弟，指曾我十郎祐成（1172—1193）和曾我五郎时致（1174—1193）。建久四年（1193），他们在富士的狩猎场杀死工藤祐经为父亲报仇雪恨。后来曾我兄弟的报仇故事成了歌舞伎、能剧、净琉璃、浮世绘等民间艺术的题材，被誉为日本三大报仇故事之一。

话说到下总，我顺便说几句。著名的佐仓惣五郎①，他的情况大概也是如此。听来听去，有关他的故事似乎都是被创造出来的，吃了亏的应该是佐仓藩的领主堀田氏。据东胜寺的简介，惣五郎父子五个人的神像被安置于该寺宗吾灵堂内，但境内还有一座"五灵堂"，里面供奉的却是因随同惣五郎一起告状而被流放的五位庄头，而且据说于嘉永五年（1852）的"二百年忌"时供奉的牌位上写的又是另外五个人的名字，其中包括当时并没有被处刑的惣五郎的女儿。我这样说，必然会引起信徒们的反感，那就点到为止吧。

二〇

　　人们将御灵误以为五郎，这里应该还有些细节。所谓御灵，顾名思义，指的是人的灵魂。我们的祖先对于人的灵魂，尤其对非自然死亡的年轻人之灵魂深感恐惧，坚信若对其置之不理，其必然作祟，为人世带来瘟疫或其他灾害。于是，古人每年都要举行御灵

---

　　① 佐仓惣五郎（？—约1653），即木内惣五郎，又称木内宗吾，下总国佐仓藩的义士。江户时代前期，佐仓藩的领主堀田正信横征暴敛，惣五郎向德川将军告状，以生命为代价，救了佐仓藩的百姓。关于佐仓惣五郎的故事，通过小说、民谣、歌舞伎等形式广泛流传，从江户时代后期起，全国各地出现了祭祀惣五郎的神社。

会，尽可能把它送到远处去，但人类力量又那么微小，因此请某些神祇统管御灵。后来，这一方面的种种事宜似乎都掌握在祇园的牛头天王手里①，但在古时候，天神和八幡神都分担着这一任务。

众所周知，天神本身是一个极其有能力的御灵，所以它管理其他御灵是可以理解的。至于八幡神为何要管理御灵，按照现代人的逻辑，则难以理解。尤其是石清水的八幡神，当它被劝请到京都时，其形式与紫野今宫等地的御灵特别相似，而且直到最近，这里还有每年正月十五下山参拜八幡宫下院的习俗，称"拜瘟神"。由此看来，八幡神和御灵之间应该是有过一段故事的。另外，全国有不少八幡宫把意外死亡的勇士的灵魂称作若宫或今宫，并对其进行祭祀，而在同样分布在全国各地的熊野、诹访、白山等其他神社中，并不存在类似的现象。也许，远古时代的八幡神善于指导御灵，具备一种神德，能以温而不厉、威而不猛的方式待人吧。

假如八幡神曾经就是这样一位神的话，那么，即使人们把那位侍从八幡太郎（即源义家）并被射中左眼的镰仓权五郎景政，与从八幡神社分支出来并受其管辖的镰仓灵社所供奉的御灵混淆在一起，

---

① 祇园的牛头天王，指祇园信仰中祭祀的素盏呜尊。牛头天王从印度传到日本时基本上转变为瘟神，又与狂暴的素盏呜尊相结合，令人敬畏。

也不能太责怪人们没有学问，即使各国神社毫无疑问地袭用这一说法，恐怕也是在所难免的。

羽后仙北郡（现秋田县雄胜郡）的金泽人主张此地就是所谓后三年之役（1083—1087）的古战场，某位秋田人在其随笔集《黑甜琐语》①中写道，栖息在此地溪流中的单眼鱼便是由镰仓权五郎景政的灵魂变化而来的。正如上述，伊势河艺郡矢桥村的御池也有一则关于单眼鱼的传说，而《参宫名所图会》②记载了矢桥村田中的森林中还有一座镰仓权五郎景政的古冢，由此看来池塘与古冢之间可能存在一些关系。镰仓权五郎景政的古冢也存在于前面提到的羽后国金泽，除此之外，在东京品川东海寺境内的春雨庵等地都有存在。关于后者，成书于一百年以前的《游历杂记》就写道：这一古冢已经变成了独立的神社，似乎就是当地的守护神。古时候，在战场失去一只眼睛的武士应该不是少数，而为什么只有镰仓权五郎景政才如此被后人追仰呢？我自信地认为，面对这一问题，人们除非采用我的观点，否则只能沉默以对。

---

① 《黑甜琐语》，是久保田藩的国学家人见蕉雨（1761—1804）于宽政十年（1798）撰写的随笔集。

② 《参宫名所图会》，即《伊势参宫名所图会》，成书于宽政九年（1797），由大阪的画家蔀关月京（1747—1797）画插画，有一种说法认为文章也是由蔀关写的。此书对从京都到伊势之间的名胜古迹做了介绍，是参拜伊势神宫的指南书。

也就是说，有文字记录的御灵，往往都死在战场、刑场、监狱等地。我们从"刺伤一只眼睛"这一点上可以想象出，在文化尚未如此发达的前一个时代里，人们似乎是根据社会需要而制造出御灵的。

在甲斐国（现山梨县），人们以山本劝助①替代镰仓权五郎景政，保留了关于独目神的神话。最近山梨县的商业学校学生收集的地方口承资料集就收录了如下一则传说：位于甲府北部的武田家古城的护城河中的泥鳅，貌似山本劝助，都少了一只眼睛。山中笑翁②长期居住在甲府，他说这里的奥村某家是山本劝助的后裔，代代家主均为独眼龙。

以上两种资料蕴含了两个新的观点：首先，这位名叫山本劝助的地方英雄，不仅是与镰仓权五郎景政一样的独眼龙，同时又像信州松本那边的山神，只有一条腿。其实，我在前面对单眼单脚的现象没能给出合理的解释，因此悬置单脚问题，专门讨论单眼，而这个例子似乎照亮了我的前路；其次，且不论其真实与否，世上还存

---

① 山本劝助（约1493—1561），是侍从武田信玄的独眼单脚的天才军师。

② 山中共古（1850—1928）于明治四年（1872）改名为山中笑，牧师、民俗学家。他于明治十九年（1886）就任甲府教会的牧师之后，在山梨县进行传道，与此同时，记录当地的民众生活，在《东京人类学会杂志》上发表文章。明治三十八年（1905）认识柳田，明治四十五年（1912）辞去牧师职务，专心从事民俗学研究。

在一种世袭独眼的说法。

听我说古人宰杀主祭人或者弄瞎主祭人的一只眼睛，有些神职人员可能吓得心里"扑通"一跳了。请放心，过去神职人员是不会被选定为主祭人的。主祭人亦即请神附体的神人媒介，要承担重大任务，特意被称为"头屋""一年神主""一时上臈"等。他们一般都从特定的氏子中按顺序轮流派出，或者由占卜师的预言所决定，此外也存在过专任神社管理工作的特定家族。我在前面提到的所谓山本劝助的独眼后裔，大概属于最后一种情况。

二一

尽管有些不满，我将前面介绍过的材料作为唯一根据，给独目小僧下一个结论。虽说是结论，但读者们依然可以对此提出质疑，因为这个结论不过是假说而已。

我以为，独目小僧与其他众多"妖魔鬼怪"一样，是游离于根据地之外并失去了背景系统的古老小神。看过它的人逐渐少了，于是，大家顾名思义开始画出一副只长一只眼睛的怪相，其实它是个被弄瞎了一只眼睛的神祇。在遥远的上古时代，存在过一种活人献祭风俗，人们在祭神时宰杀人牺，要使之成为神之眷属。

初期，为了防止人牲逃跑，人们可能弄瞎人牲的一只眼睛并折断其一条腿，然后十分恭敬地款待此人。那些被选定为人牲的主祭人也笃信自己死后会成神，从而变得高尚，自愿承担起一种向人们颁布神谕的任务，久之，说不定有些主祭人基于生存本能传达过"不必杀生"的神谕，也未可知。不管怎样，人祭逐渐被摒弃，只留下了弄瞎一只眼睛的习俗，随之，刺栗子、松树针叶，用来制箭的麻、芝麻等草木成为古人"忌"的对象，人们将其神圣化，严禁轻易触碰。后来，刺伤人牲的眼睛这一古老风俗也逐渐消失了，但就小型的献牲而言，还是为后世族众所共同遵守的。同时，独眼御灵的原始相貌给人留下了深刻的印象，直到御灵脱离主神的管辖并在山路野道上开始漂泊，人们对其产生了强烈的恐惧感。

面对如上假说，有些人可能会提出反对意见，其中最要害的意见是：我这样的假说等于国辱。下面，我不妨先设置一条简单的预防线吧。

首先，我认为文明的深度是不能由杀人的方法和次数来衡量的。既会打仗也会自杀的文明人，应该都会同意我的观点。即使宰杀人牲太残忍、太野蛮，那也不是在政府因此而受谴责的时代里发生的事情。正如有人所说，日本国民是由各种各样的人群组成的。

一千二三百年以前，国内还有不少"不顺国神"①。正如神道祭文所列举的"国津罪"②所说明的，即使是国神的后裔，未必都是顺从天皇的。听我这么说，有些人可能还会说不应该，认为我在辱国辱民。我就只好把话继续说下去。日本列岛从来都不是封闭的，不同国家、不同地区的人们不断地来到这里，而且有关信仰的记忆是长期留在人们记忆当中的，说不定这些外来人在成为日本国民的一分子之前，在各地传达了关于母国生祭的生活经验。

我说了这么多，还有人说不能接受，那我也无可奈何了，请把这个假说当作微不足道的戏言来忽略。其实，不管我的研究有无价值，我已经做了一件好事，那就是，以最诚心、最亲切的态度，对民间的俗信与传说给予关注。在这一方面，还没有人做过示范。

最近，报社动员各地大学的优秀青年，进行地方传说的收集活动。那本来是很好的计划，不幸的是，这些大学生都文采非凡，以大正时代的文艺观念给传说加上了精心的装饰，使之变成了稍有传说味道的极为甜腻的文学作品，仿佛直接用柿子、

---

① 不顺国神，指不顺从天皇的先住民族的神。
② 祭文"大祓"列举了神道规定的几种罪恶，其中割伤生者或死者的身体被视为"国津罪"，是不应该做的。

葡萄来制作柿子糕、葡萄糕一样。但传说的美味，我们不该这样品尝。

再说，我的研究恐怕并非真的百无一用。当历史家小心谨慎地拒绝从文献的阴影中迈出一步时，或者当考古学者没完没了地讨论古冢洞穴的直径大小时，我帮他们寻找那些没有被文字记录的前一代平民所留下的无形足迹，尽可能地去阐明他们怕什么、担心什么、想些什么，这就是我这次所做的研究。任何一种风俗、习惯、信仰、传说，只要是人做的，那么就应该对人有意义。即使在现代人看来这些没什么意义可谈，其中也蕴含了极其深奥的东西。应该说，现代人尚未得到应该得到的知识。古人的行为与思维方式往往都是那么的典雅、简朴，而且古代已经离我们远去，现代人从中看不出意义也许是难免的。其实，他们既不是埃塞俄比亚人，更不是巴塔哥尼亚人；他们个个都是我们在内心深处想念得浑身都要颤抖的，甚至要用双手紧紧拉住袖口的亡父亡母的父母……

补　遗

▽我要把最近三周内获得的新资料综合起来，再次检视自己的见闻究竟有多大的说服力。这些新资料有一半来自好心的读者。

▽于今年(1917)三月刊行的加藤咄堂氏编《日本风俗志》①上卷一百六十三页，记载了四种怪物的图画。尽管作者没有写明引自何处，但似乎都是江户时代初期以后的作品。其中，"山童"貌似半裸身的孩童，双手持有树枝，腰部被蓑衣围住，在脸部中心有一只圆圆的大眼睛，与土佐等地的"山爷"十分相近。但这位"山童"却是双腿齐全的。

▽小石川金富町(现东京都文京区)的鸟居强卫君送了我一本题为《朝鲜的迷信与俗传》的书，并提醒我其中有篇关于"独脚鬼"的文章。这是楢木末实于大正二年(1913)十月出版的。迄今为止，我对朝鲜半岛的独脚鬼没有做过任何调查。听说在中国，《山海经》里存有关独脚鬼的记录，《本草》也提到"山操"只有一条腿。② 尽管如此，除非这三国的单脚怪物在其他方面有着不可忽略的共同点，否则我不打算采用所谓三国一元的推论。下面给大家介绍一个资料，仅供参考。据《朝鲜的迷信与俗传》记载，独脚鬼通常在树荫较多的地方出没，色黑，爱调戏妇女，给人赐予祸福，至于眼睛，从

---

① 加藤咄堂(1870—1949)，是佛教学家、作家。《日本风俗志》是加藤从大正六年(1917)陆续刊行的全国发行的民俗资料集，于大正七年(1918)完成。
② 《本草纲目·兽篇》第51卷"兽之四寓类怪类共八种"提到了"山操"，但并没有提及独脚之说，这里的《本草》所指不详。

来都是双眼齐全。

▽出身于磐城平町的木田氏提醒我，我在文中把当地方言"kankachi"理解为"眇目"，并写道"山神缺一只眼睛，夷神又无骨，由于二者外貌丑陋，都不得出去"云云，是错误的。平町周围的人，与其他众多地方一样，称眇目为"metsukachi"或"kanchi"，而文中提到的所谓"kankachi"其实指的是"烫伤疤痕"。也就是说由于山神居住在山中，每次发生火灾都会被烫伤。我半知半解地认为，"kankachi"与"metsukachi"或"kanchi"差不多，指的都是眇目，结果犯了个大错。这当然不能错怪于第一位报告人高木诚一君。我已向高木确认此事，得到的答案跟木田氏的指点完全一致。这样，我就失去了一个好资料，这个资料还曾经成为我撰写这篇文章的动力，但我也无可奈何了。故此，我将正文里有关山神祭仪的一段论述删去了。

▽高木君报告了十年前他祖父还在世的时候讲过的一则故事。据他祖父讲，在石城郡草村大字水品（现福岛县磐城市）的苗取山上，有一座神社叫水品神社，旧时被称为三宝荒神。在五六十年前，这里还是一片密林，人们传说有一只天狗居住于此，时而会大声吼叫，此外这里还会出现独目小僧，因此谁都不敢轻易靠近。有一天晚上，看守神社的大法师准备上厕所，但路上给什么东西绊倒

了，吓得连厕所都忘了上了，拼命跑了回去。第二天早晨他再去看，在昨晚绊倒他的地方有一只没有来得及逃跑的老狸子。祖父告诉高木君说，老狸子都会变身化作独目小僧。木田氏寄来的明信片上则写着另外一种说法。据说，这里的独眼怪物以秃僧的形态出现，至于其腿脚，并没有什么特别的说法，但木田氏从小就听说它脸部中心有一只圆圆的大眼睛，黑夜里身穿白衣出来吓人。仅就这一点看，它与朝鲜半岛的独脚鬼完全是两回事。

▽信州松本地区的独眼怪物也不是小僧，而是秃僧。据平濑麦雨的报告，这是由狗獾变来的。但与飞驒高山的例子不同，它不是在下雪的夜晚出现。除此之外，当地人还传说"下雪秃僧"或"下雨秃僧"等怪物会下山来吓唬人，但这些秃僧不同于由狗獾变来的独目秃僧，前者并无独眼独脚之说。平濑君还指出，文中我写道当地人称"事物高低不一的现象"为"山神"，是不够准确的。更确切地说，当高低应该相同的某些东西却参差不齐的时候，人们才会说是山神，如某人左脚穿草屦右脚又穿木屐，人们会说："他把鞋穿得跟山神一样。"

▽青森县中津轻郡新和村大字种市的竹浪熊太郎氏认为，诸如独眼独脚这般奇特的故事竟分布在相隔甚远的乡下，这是十分令人意外的现象，他给我讲述了小时候听说过的如下一则传说：他故里的山神节于农历十二月十二举行，此日一般都会刮起暴风雪，当地

人相信此日到野地就会被山神抓走，于是规定放半天假。这位山神背起大草袋，会趁机到村里来抓人，尤其要抓孩子。迄今为止，村里无人亲见过山神，但听老人讲，它只长了一只眼睛，也只有一条腿。在山神节期间，人们把一只两尺大的草鞋或草屐系在神社的牌坊上面。我们从中可以了解，在当地人的想象中，山神的脚是相当巨大的。尽管如此，如今这一风俗逐渐失势。以上报告，不仅让我想到了南伊予人正月十五供神一只大草屐的由来，还为我不光彩的失误做了一些弥补，即由竹浪氏报告的内容可以算作人们曾经笃信山神为独眼龙的一个例证。当然，即使有了这样一个例证，"kankachi"指的还是烫伤痕，与眇目（metsukachi）无关。

▽国书刊行会的某一领导问我，是否读过该会于今年八月出版的《百家随笔》第一卷所收《落栗物语》①，其中收录了一则关于独目小僧的传说。我立刻翻阅此书，在五〇五页看到了如下一段叙述：某日，云州领主受其亲友的招待去参加晚会，亲友花费心思玩出趣味，首先请领主进入另建的房间，让一个面容丑陋、额头有只大眼睛的小法师端茶过来，然后再让一个七尺多高的侍童在宴席上伺候

----

① 《百家随笔》是国书刊行会从大正六年（1917）年到次年刊行的随笔集。《落栗物语》是江户时代的公卿藤原家孝在文政时期撰写的随笔，其内容为从丰臣秀吉统治时代到宽政时期的见闻录。

吃饭。亲友说，后者是来自出羽的少年角力士，叫释迦，刚满十七岁却已有七尺三寸高，前者则是曾经居住在云州山村的残疾人，由于难得找到这样外观奇特的人，所以今天才举办了一场宴席。显然，这是一个十分罕见的例子，但似乎不适用于我。我们应该在分析事情之前，先思考其真实性。此书原来是京都人撰写的见闻录，里面所收录的见闻大概是经过众多好事家的口耳相传流行起来的。

▽小石川原町（现东京都文京区）的沼田赖氏①告诉我，他老家相模国爱甲郡宫濑村的村社是熊野神社，虽说是熊野神社，当地人却又传说，这里供奉的神祇曾被柚子树刺伤了眼睛，从此以后村里不种柚子，即使有人破禁种植，这些柚子树也绝不会结果。

▽据信州小县郡长久保新町（现长野县小县郡长和町）的石合又一氏报告，镇守此地的乡社松尾神社也有同样的说法，氏子们故此不种芝麻，还相信哪家种芝麻哪家就会出病人，至今无人破禁。最近有人从别处搬家到此地，不信此说，硬要栽种芝麻，结果患上了眼病。这应该算是小县郡浦里村出身的小林君所谓"众多类似的例子"之一。我觉得在这些例子中，关于禁忌的原因，人们的记忆已经变得相当模糊了。

---

① 沼田赖（1867—1934），家徽研究家、历史学家。

▽福岛县田村郡三春町的神田基治郎氏，就同县岩濑郡三城目村不长竹子的原因，介绍了如下一种说法。从前有个名叫镰仓权五郎景政的武将，他被竹箭射中眼睛之后，立刻把它拔了出来。从此以后，三城目村里便不长竹子了，即使从别的地方移植过来，竹子也不会长大。基治郎氏到邻村发现那里青绿的竹子，而到了三城目村，连一根竹都没有。也许，三城目村的人们要说，这个村子正是权五郎景政与鸟海弥三郎曾经打仗的地方。归根结底，以上说法之所以出现，正是因为村里存在一座御灵神社。假如一座御灵神社会导致如上结果，那么，东北等地都成为从不长竹子的地方了。

▽在离东京不远的地方，流传着一则与武州野岛村的独目地藏属于同类的传说。据十方庵于一百年前写的《游历杂记》记录，东小松川村的善通寺以阿弥陀如来为主佛，有一次，村里的顽童追赶小鸡，小鸡逃进神堂里，用鸡爪把佛像的眼睛给刮伤了。听有人说，至今还能看到从这尊阿弥陀佛像的一只眼睛里流过眼泪的痕迹。从以上例子可以了解到，那些木佛金佛竟然具有如同人类的感觉，更重要的是，"伤眼流泪"一事不会为主佛添加什么光彩，但人们一代又一代地传承了下来，这里应该存在一个被隐藏的理由。为了阐明这个理由，我们有必要注意到，在所有神佛当中有一部分神佛特别喜欢孩子，甚至会宽恕孩子所做的一切。

▽本多静六博士①编著的《大日本老树名木志》②记载了如下一个例子。土佐长冈郡西丰永村(现高知县长冈郡大丰町)的药师堂境内有一棵"逆杉",据说是由行基菩萨插上的手杖变来的。从前,某名高僧登山来到此地,被这棵杉树枝刺伤了一只眼睛。后来,其灵魂寄生于这棵杉树中,患眼病者向它许愿十分灵验,如今在其树根上摆放着一大堆上面写有"目"字的许愿牌。其实,人们并不需要这样的传说,因为药师堂本来就是治眼病的神。

▽即使某地存在独眼的主佛像,我们也不能说这是从国外传到日本的,因为在不少例子中,尽管保存了某些佛、高僧的名字,但其信仰却已经变为日本式内容,佛像恐怕也是如此。在我看来,地藏就是最好的例子。

▽在近江神崎郡山上村大字(现滋贺县东近江市)有一个村落叫"佐目",旧时似乎还写成"左目"。据《近江国舆》记载,逆真上人的左眼从河上游漂流到此,故此地被命名为左目。我不知道这位逆真上人究竟是什么人,恐怕与前面介绍过的土佐的例子同样,就是

---

① 本多静六(1866—1952),是日本第一个林学博士,是著名的造园家,被誉为日本公园之父。

② 《大日本老树名木志》,成书于大正二年(1913),由本多静六编著,记录了各地的 1 500 棵名树的所在地、大小、树龄、传说等。

恰好路过此地的"某一名高僧"吧。

▽关于单眼鱼的资料也增加了一些。例如，位于伊势津（现三重县津市）的四天王寺里有七大怪之说，有关单眼鱼池的故事便是其中之一。此地的某人还批评我不应该把如此著名的例子漏看了。我在文中仅仅列举了自己掌握的例子，从不怀疑除此之外还存在无数个类似的例子。若有机会，我希望听到伊势津的单眼鱼池有何来历。

▽作州出身的黑田氏告诉我，作州久米郡稻冈（现冈山县久米郡久米南町）的诞生寺被誉为法然上人出生的圣地，似乎也有单眼鱼的传说流传。

▽相良家的旧领地、肥后人吉（现熊本县人吉市）的城堡北部，有一座祇园社。当地人传说，在神社境内的池塘里有一条单眼鱼，由于祇园神是个独眼龙，所以池塘中的鱼也少了一只眼睛。另外，从这里溯流而上有一个地方叫上球磨田代川间，传说这里有一条具有两张嘴的"斑鱼"。相良子爵①说，以后他要叫人做调查，如果可能的话，还会将这两种怪鱼做成干货寄过来，供我参考。

▽喜欢鳅鱼的田村三治君②曾经从东海岸的某一位渔民那里听

---

① 相良子爵，指相良赖绍（1854—1924），是熊本人吉城第十三代藩主相良长福的长子，贵族院议员。

② 田村三治（1873—1939），是《中央新闻》的记者。

到，鲣鱼从南方洄游到奥州金华山海域以前，都只有一只眼睛，直到拜见金华山上的灯火后，才会变得双眼齐全。为此，鲣鱼每年都要成群来到此地。田村君原来以为，由于鲣鱼始终朝一个方向游泳，由此可能受到光线或者其他因素的影响瞎了一只眼睛。

▽中村弥氏①来自越后高田（现新潟县上越市），他讲述了一个名叫杢太的武士迷恋青柳池的龙女的故事。这位年轻武士生前侍从的安冢城离高田有四五里，青柳村也在其附近。据说，杢太进水化作青柳池的精灵之后，还经常通过水中隧道来善导寺，聆听和尚说经。这时，杢太打扮成一个独眼的乡下佬模样。人们看他陌生，觉得奇怪，等他回去一看，寺庙正殿有一块草席被淋湿了。

▽尽管我手中还有一些资料，但已经太冗长了，打算将其留待下一次再谈吧。我衷心希望不会有读者读到这里时说："总算结束了，可真是无聊！"

（大正六年八月至九月 《东京日日新闻》）

---

① 中村弥(1865—1919)，是《二六新报》的记者。

独目五郎考

多度的龙神

因受加藤博士①的新说的鼓励，我发表了一个尚未完成的小研究。我所提出的假说，将来还有望得到一些收集事实资料者的支持与认可，但另一方面，仅仅一个反例可能就会把我的假说推翻。尽管这还是个不完整的假说，但既然加藤博士在《民族》杂志上发表的文章引起了讨论②，学界早晚都要找到一个最正确的解决方案。更

---

① 加藤博士，即加藤玄智（1873—1965），是宗教学者。这里柳田所谓"新说"，是加藤在《关于天目一个神的研究》中提出的观点，即金属神天津真浦之名从创造生命的男性性器演化而来，由于天目一个神也是金属神，读音又接近天津真浦，据此认为天目一个神是性神（创造器物的工艺神）。

② 指加藤于昭和二年（1927）在《民族》杂志第 3 卷第 8 号上发表的《关于天目一个神的研究》。

何况民俗学的迅速发展是我们最迫切的愿望，为此，我不惜牺牲一切。

正如不少国学家所指出的那样，上古神祇的名称蕴含着某种令人意外的暗示。假如没有任何其他线索的话，我们或许需要对最微妙不过的语音进行分析，以解开神名之谜。在现代人的想象里，古人常以神秘词汇来回避过于露骨的表现，这种想象本身并不违背宗教行为的本质，仅从这一点看，加藤氏的研究方法还是可行的。只不过，就"天目一个命"的问题而言，国内已经积累了一些有待检讨的原始资料。自大正五年末到六年初（1916—1917），我从这些资料中选出一些最明显的例子，在杂志和报纸上发表过。① 当时，我只把一些散见于普通印刷书中的例子汇集在一起，但就以下两点而言，我确实努力提出了多方面的材料和证据。第一，神祇当中确实存在独目神；第二，人们笃信独目神的时代与我们相去甚远。因此，要把《播磨风土记》中的某一神名视为生育信仰的隐喻，本该先处理好那些不符合此说的众多传说资料。但那些专家们个个都很忙，我们不能指望他们会花费时间去做这种繁杂工作。因此，像我

① 【原注】即载于《乡土研究》第 4 卷 8 号的《一根一脚之怪》、载于第 11 号的《单眼鱼》、载于 12 号的《独目小僧》等。此外，从大正六年 8 月以后，我在《东京日日新闻》上连载的《独目小僧的故事》中，收录了关于"独眼神"的古今记录。

这样有点经验的人，不得不充当一个厨师兼服务员的角色来做预处理工作。

　　我们或许需要尽可能地把事物看得简单一些。首先，我们要摒弃"从古至今只有一尊天目一个神"这种毫无根据的观点。关于天目一个神，存在着两种不同的传承内容，难道这就是同属一族的人在不同时代、不同地点，对其信仰内容做出改变的结果吗？这显然是不太可能的。这两种历史资料告诉我们，古时候曾有过一种奉名习俗，即人们给特定的神起特定的名字，或者神祇可能也会自报其名。那么，神祇的名字又是根据怎样的特征产生的呢？我们首先必须按照日语的正面意思来理解"天目一个"的含义，即这尊神祇只有一只眼睛，在此基础上再检讨这种理解是否合理。独目神信仰不限于我国，在世界各国都以略微不同的形式流传着。至今，独目神信仰并没有被彻底否定，这已经是不足为奇的现象了。

　　下面，我举几个国内的例子，如桑名郡多度山的权现神，在近世江户人那里被称为"独目连"。此神主管雨水，至今非常灵验，当地人相信此神之所以被称为"独目连"，正是因为它只长了一只眼睛。现在，权现神在多度神社境内另有一座神社，但它原先是与主神一起供奉在主殿里的，因此人们经常把它与主神混淆在一起。根据新编的神社记录记载，多度神社的主神为"天目一个命"。这仍是此神与上古史中的铁匠"作金者"牵强附会的众多例子之一。当然，我并不完全否定这种说法毫无依据，① 但至少可以说，为求雨而敬独目连的附近农民们并没有认为此神是条大蛇，因此称其为"独目龙"。② 据说，过去发生山崩事故时，有一把耙子擦伤了大蛇的一只眼睛。大蛇变成独眼龙之后，当地人就请它进入权现池中，并奉为神。③ 此神可是令人畏惧的荒神，化作大火球出来游行，时而起暴风为海陆带来灾难。④ 与其说独目龙是雨师，不如说他是风伯，深受海民崇敬。⑤ 或许，最初那些海上来往的人们把挂在远方多度山峰上面的雨云视为起风打雷下雨的预兆，这就成了事情的

---

① 【原注】据《姓氏录右京神别下》记录，"桑名首"是"天津彦根命"之子"天久之比命"的后裔。由于这里的地名叫桑名郡，故此有些人在多度神社奉"天津彦根命"为主神，后来这里的主神转变为"天目一个命"（"天久之比命"的别称）。但这种逻辑在外部的人们看来实在难以理解，当初他们为什么奉"天津彦根命"为主神？或许存在过更古老的传说？这里的山民甚至没有考虑父神和子神根本是相互独立的神祇。

② 【原注】据《市井杂谈集》记录，居住在此山中的龙只有一只眼睛，这条龙应该被称为独眼龙，当地人却把它叫作"土俗独目连"。

③ 【原注】请见《民族》第 1 卷，1116 页。这是由泽田四郎君所做的报告。

④ 【原注】据说，人们看到上社的门开，由此得知独目连出游（见《周游奇谈》4）。也有传说，过去门口无门扉，只有竹帘，神出游时，其竹帘便飞散于空中（见《缄石录》3）。

⑤ 【原注】据《闲田次笔》第一卷记载，在北国地区，人们也把突发的暴风叫作独目连，《市井杂谈集》中也有记载人们把事物一下子被吹倒的现象叫作独目连。

开端。不难想象，时间长了，人们又逐渐向它祈求海陆平安。可见，人们把如此灵验的神叫作"独目"，其理由与生殖崇拜根本无关。

神蛇独眼的由来

过去，当神社的传录和人们的口头传统在内容上出现差错时，人们往往更重视前者的可靠性，只因为前者由文字记录下来而后者没有，或者只因为人们从来没有在公开的场合对二者的优劣做过检讨。

其实，此类民间传说为众人所笃信与记忆，本来是一件不容易的事情，即使某人对此加以巧妙的创造，也同样如此。更何况这些传说听起来未必能令人愉快，有的可能还会引起信者的悔恨与畏惧，但这样的传说仍然在相隔甚远的地方以若干的细部差异得以流传。我们在轻率判断神社的文字记录优于无形的口头传统之前，应该视后者为一种社会现象来追溯其渊源。与此同时，我们还需要提醒自己，文字记录通常都是由后人撰写的，而且作者未必对其根据做过认真的检讨。比如，如果事前没有关于独目龙的古老传说流传，古人在多度神社境内另建神社时，还能供奉天目一个命为此社的主神？尽管《古语拾遗》①加注说明天目一个命是筑紫、伊势两国的忌部一族之始祖，这大概是解释天目一个命和多度之间的关系的唯一文字记录，但是，只有这样一个依据，此神恐怕难以被供奉于多度神社，除非在有文字记录之前当地存在关于一目龙的古老传说。② 至于所谓伊势忌部氏究竟是怎样身份的部民，则无从考究，我们只知道《古语拾遗》的作者斋部广成是同属忌部一族的学者③，即使他在《古语拾遗》中提出的观点是正确的，所谓一目龙的传说也应该出自他的同族后裔的记忆之中，我们没有理由认为前者比后者更加可靠。

在播磨国存在一个视天目一个命为始祖的家族，但他们家传的传说中并不存在其祖神为蛇体的说法。尽管如此，属于同一系列的贺茂神话中，贺茂别雷命用自己的名字向人告知其父为雷神。④ 此

---

① 《古语拾遗》约成书于大同二年(807 年)，是齐部广成撰写的史书。书中记载了忌部氏(即齐部氏)自天地开辟到奈良时代天平年间(729—749)从事朝廷祭祀事务的历史与贡献。

② 【原注】如《神名帐考证》以铃鹿郡的天一锹田神为忌部一族的始祖，并指出多度的独目连其实指的就是另外一个神。

③ 忌部是专门从事朝廷祭祀事务的古代氏族，大约在平安时代前期改姓为齐部。

④ 从前，玉依姬在河边游玩时从上游漂来一支箭矢，她把箭矢捡回家并放在枕边，不久怀孕，生下贺茂别雷命。多年后，在贺茂别雷命的成年喜宴上，祖父叫他向父亲敬酒，贺茂别雷命则飞上天，直冲云霄，这时大家才得知他父亲是神祇。

外，在箸冢的故事①中，御诸山的大神化又作美丽小蛇藏于公主的化妆盒里②。我们据此认为，假如某一伊势人曾经借用诸如此类的来历传说来夸耀自己所拥有的天神血统的话，那么，这种来历传说可能为后人留下了记忆，进而成为了现在的口头传说的源头。面对祭蛇拜狐一类的信仰，我们应该从体谅和宽容的角度探讨其渊源。当巫师巫女的神秘力量弱化之后，人们时常会产生幻觉，见到人形的神祇，但更古老时代的凡夫俗子是绝不敢这样做的，因为古人相信神祇是以各种姿态显身的，这也许就是我们仅靠近世以后的思想，难以理解古代牲祭仪式的原始动机的原因之一。

在神祇经常依附于虫鱼鸟兽草木石的情况下，人们就有必要根据某种外部象征，将其与普通的虫鱼鸟兽草木石区别开来。有的时候，人们通过某种特殊现象来得知某物被神灵附体，但在更多情况下，还是从其外在形态上看出了某种奇特性，后来人们似乎根据这种外在特征来给神起个名字，并传承了下来。它既不是天岩户神话

---

① 倭迹迹日百袭姬命与大物主神（又称三轮山神）结为夫妻，但大物主神只有天黑了才过来，百袭姬请求丈夫想在早上见他一眼。第二天早上，百袭姬在化妆盒里见到一条小蛇，不禁大叫。这条小蛇便是大物主神，他觉得惭愧，躲进御诸山再没回来。百袭姬后悔不已，用筷子插伤阴部而自尽。

② 【原注】关于雷神感生神话在各国的变化，我在《民族》第2卷675页已做过说明。因此，我在本文中试图进一步说明这几个例子实际上讲的就是独目神。

中的那位铁匠①，也不是忌部一族的祖神，更不是神龙，那么，我们还是应该认为这一神名所表示的就是此神的独特外貌。而我们日本人长期盲信神祇拥有一副如同人类的相貌，关于独目神的来历，也只能采用一些有限的说法来加以说明。因此，我们首先要对古今资料进行比较，去思考人们有关独目神的想象为什么能够如此的普及。

正如上述，多度人传说，这里的独目连原来是一条隐身于地中的地龙，在一次偶然中被土工的耙子砸伤一只眼睛，其实这个传说实在太离谱了。说不定还会有人难为我，要我拿出证据来证明上古时代已经存在耙子。但令人不可思议的是，与之相似的神蛇传说在不少地方都有流传。比如，在飞驒萩原（现岐阜县下吕市），曾经有一位名叫佐藤六左卫门的人，他受金森法印②之命把诹访神社迁移

---

① 从前，太阳神天照大神对海神素盏呜尊的暴行大为惊恐，躲进一个叫天岩户的洞窟里，世界由此陷入一片黑暗。众神在天岩户外面举办各种各样的歌舞仪式，并告诉天照大神说世上出现了比她更高贵的神，他们在庆祝。天照大神从天岩户的缝里确实看到了一位高贵的女神，其实那就是映在镜子里的自己。天照大神向前探身，想更仔细地看这位女神，但天手力男神趁机把她从天岩户里拖出来，这样世界终于重新恢复了光明。以上神话中，有一名金工帮众神制作了歌舞仪式中用的祭器，他被后世的金工奉为祖师爷。《古事记》把这位金工叫天津麻罗，《古语拾遗》则叫作天目一个命。

② 金森法印（1524—1608），又称金森长近，是战国时代末期、江户时代前期的武将，历任飞驒国高山藩藩主。

到别处，但路上出现一条灵蛇盘成一团一动不动，直到六左卫门用梅花树枝鞭打蛇头，灵蛇伤到眼睛，方才离去，从此诹访神社的氏子们禁止种植梅树。① 又如，从前有一条大蛇栖息在阿波福村（现德岛县阿南市）的池塘中，它被月轮兵部射穿了左眼，死后作祟，使得池中的所有鱼都变成了单眼鱼。② 再如，位于骏河国足久保与水见色之间的山中（现静冈县静冈市一带）有一个池塘，这里流传着一种类似于大物主大神走婚神话的传说。③ 据说，过去水见色的杉桥富翁家有一个女儿，每到夜晚有一名陌生男子过来找她。女儿的父母把丝线缝在男子衣领上，进行跟踪，终于得知男子其实就是这一池塘的精灵。富翁愤怒不堪，把众多巨石投入池中，蛇由此瞎了一只眼睛，其他鱼儿也就变成了单眼鱼。④ 值得注意的是，只要神蛇是真正的神灵，那么其相貌再奇特、再古怪，人们应该都以为如此，不会对此产生什么疑心，但这些例子中，都是人类改变神蛇的

---

① 【原注】见《益田郡志》419—567 页。

② 【原注】见《乡土研究》第 1 卷，569 页。

③ 活玉依比卖受孕后，其父母询问她孩子的父亲是谁。原来，有一名仪表堂堂的男子每晚来访，于是父母吩咐女儿把麻线缝在他袖口上。第二天早晨，竟然有一根麻线从钥匙孔向外伸出，一直通向现三轮山的神社境内。由于卷轴上只剩下三卷长的麻线，因而此地被称为"三轮"。

④ 【原注】见《安倍郡志》，793 页。

原貌，让它失去了一只眼睛。从表面上看，下面引用的传说，似乎就是个例外：据说，顺德院上皇曾经走到佐渡国，在金北山御蛇河内的山路上见到一条蛇，便问道："连这样地方的蛇还都是双眼齐全的？"从此之后，这里的蛇都变成了一只眼。① 的确，这条蛇原来不是神蛇，但它还是悉听天皇尊便，按照对天意的错误理解，变成了一只眼，而且当地人似乎也把单眼蛇神化，给此地取名为"御蛇河内"。

独目与眇目

《落穗余谈》第五卷记载了近世人视雷神为独目神的一个例子。丰后国某一山村的庄头进山打猎时，在山上的小水洼边看到了五六个红色的独目小孩，它们年纪大概在七八岁，一见人影就吓得跑到麦冬之中躲藏起来。庄头瞄准独目小孩，打了几下都没打中。回家后，他妻子被精灵附体而发疯，狂喊道：

　　我是雷神，凑巧下凡，你何必要开枪害我？

---

① 【原注】由茅原铁藏老人讲述。

最终妻子发狂而死。文中作者还特意表明，这则故事是有人确实从庄头那里听来的。后来，所谓贺茂别雷命的小童信仰经过了一番改变，但与其有关的幻想仍然残留在民间。可惜这还是个比较罕见的例子，为了证明民间保留这种幻想并非纯属偶然，我们还要等到更多异文的出现。

有关居住在山中的独目神的资料，我已经积累了不少，在此无法全部罗列。但对其的信仰本身却早已荡然无存了，我们不能将其与神话中的神祇们一并而论。尽管如此，可以肯定的一点是，如果独目神仅仅就是妖魔鬼怪，那么不可能如此广泛地赢得人心。过去有些人推断古人借用外来思想创造了独眼妖怪，但他们一旦了解到类似的例子集中存在于山中，而且在多次变化后还能始终关系到常民生活，恐怕不得不改变原来的想法和态度，去思考独眼妖怪与独目山神之间的来龙去脉。比如，关于独目鬼的记录始见于《出云国风土记》①的"阿用乡"一条，过去某一农民被鬼吞噬时喊叫"阿哟啊哟"，故此村被命名为"阿用"。又如，《今昔物语》②也记载了行路

---

① 《出云国风土记》，成书于天平五年(733)，是元明天皇于和铜六年(713)下令编纂的风土记。《出云国风土记》所提"阿用乡之鬼"，是现存日语文献中对"鬼"的最古老的记录。

② 《今昔物语》是成书于平安时代末期的故事集，编者不详，共31卷。这里柳田提到的鬼故事见于此书第27卷。

者在近江国安义桥上被鬼追赶的故事，此鬼脸面朱色，如圆草垫，宽广，独眼，身高有九尺余，三只手指尖伸出五寸长的指爪。再如《宇治拾遗物语》①不仅记载了孩子们都很熟识的"摘瘤爷爷"，还记载了越前国的一名叫伊良缘世恒的人笃信毗沙门天而得福的故事。据说，某日世恒接到一封信，内容是神祇要赐予他二斗大米。于是，世恒遵从信中的指示，登山高喊：

　　　　雷鸣了！地熟了（narita）！②。

　　此时，忽然出现一个额头生角、系着红色兜裆布的独目怪物跪在他面前，并向他进贡一个米袋。据说那便是所谓永远取之不竭的宝袋。③这一类鬼怪，一方面因受佛教的排斥而被驱逐到无光的黑暗深谷之中；另一方面，又被用来填充人们想象的间隙，给人间带

---

　　① 《宇治拾遗物语》是成书于镰仓时代前期的故事集，编者不详，共收录了197则故事。这里柳田提到的毗沙门天故事见于此书第15卷第7条。
　　② 原文是"なりた"（日语读音为 narita），只有平假名，无汉字，后人对这句话的理解存在分歧。有的认为 narita 是一个人的名字，有的则认为是"鸣田"或"熟田"（日语读音均为 narita），反映了雷神和田神作为稻作丰收之神受众人虔诚信仰。译者在此采用的便是后一种说法。
　　③ 【原注】详见《宇治拾遗物语》第15卷。这则故事中的专用名字似乎暗含着某些特别意思，可惜学识有限，我至今未能看破，也许不必为此太折腾自己吧。

来奇迹。有关独目怪的故事往往都不合乎情理，似乎蕴含着后人难以说明的某些因素，这或许意味着独目怪本来就是一种古老的记忆碎片。

中世以后出版的诸如《画图百鬼夜行》①等画集，当然是人们进一步发挥想象力的结果，但人们自由的想象力似乎又为某种东西所引导，不知不觉中指向一个众人所相信的地方。尤其是独目鬼怪，尽管古人对它们的描述千形万状，似乎在"独目"这样一个名字之下极尽想象，赋予了种种形式，但独眼鬼怪却又遵循一定的行为规则，仿佛受到了某种限制。比如，"川童"双眼齐全，但"山童"被认为只有一只眼睛。② 又如，据说在阿波、土佐等地的山中有个能看破人心的"山人"（或称"山父"），传说它是个只有一只眼睛、一条腿的精怪。③ 为什么只有栖息在山中的怪异精灵才具有如此怪异的姿态，并广为人知呢？ 这不是我们

————————

① 《画图百鬼夜行》，刊行于安永五年（1776），是画家鸟山石燕（1712—1788）所画的妖怪画集。

② 【原注】如《日本风俗志》上卷转载了"妖怪古图"。但此书中的山童有双手双脚，手持树枝。

③ 【原注】关于这类精灵，还保留了一些记录者基于实际体验的经验之谈。令人奇怪的是，日本的例子与西方不同，记录者并不关心精灵的手，只说"一只眼、一条腿"，不会再加"一只手"。

可以忽视的小问题。与国外相比，我国有关独目神的资料异常丰富，若是精力充沛的青年学者，将来还有望对国内有幸存留至今的相关资料加以整理，据此揭开我国口头传统乃至希腊北欧神话中的独目山神之谜。正因为我怀有这样一种希望，即使现在还达不到一个明确的结论，但也心甘情愿的继续耐心思考下去。

对于山神的眼部和腿部，各国之间存在意见分歧。如四国的山神兼备了一只眼、一条腿的特点，而到了东国一带，山神往往以一条腿为主要外观特征，此外当然也有以独目为唯一特点的。这种地方性变异确实有一定的研究价值，应该另立一章专门探讨。现在我先要探讨一下所谓独目鬼沦落为妖怪的路径。虽然有一些像出云国阿用乡的恶鬼那样的例外，从古至今人们一般都不会谈论独目鬼有何灾祸，只不过此鬼奇特的外貌令人感到恐惧罢了。或者，正因为不知鬼要做什么，所以人们就逃跑了。这些应该都是常见于魔神演变的初始阶段的自然反应，这时独目鬼时而友好待人，甚至还会聆听人们的恳求。可以说，独目鬼之所以出现，是为了让信者更加相信，对无礼者加以威吓，不难想象我国曾经存在过独目鬼受崇敬的时代。进入近世以来，江户人称之为独目小僧，也有人说这是由狸子幻化而成的，对此我们不再举例说明。说"小僧"，它好像没什么威信可言，但时间再往前推，它又被称为"独目坊"①，到了日向（现宫崎）等地，又分别被称为"独目"②、"独目五郎"③等。据我所知，最后提及的独目五郎，其普及范围极其广阔，比如《长崎方言集览》④提到了名叫独目五郎的独目怪物，又如肥后球麻川水域的人们把住在山中并出现在峡谷中的妖怪叫作独目五郎。⑤ 或许，这里的"五郎"没什么意义。日本有些地方对什么名字都要加"五郎"两字来称呼，比如鹿儿岛县的方言中，称"独眼龙"为"独目五郎"，称川童为"川五郎"，连兔子、大眼睛、早晨睡觉、懒人、爱害羞的人等都要加"五郎"。⑥ 在大分县，也有个地方叫"爱闲聊的人"为"闲聊五郎"。在中国地区，哑巴后面也加"五郎"，或者直接称"五郎"，以上这些说法似乎都基于同一个理由。所谓"五郎"是最常见的男性通称，因此人们喜欢用之给别人起昵称，就如过去的"助""兵卫""左卫门"一样。尽管如此，人们把这样普通的男性通

---

① 【原注】如《嬉游笑览》第 3 卷所引用的"净土双陆图"。
② 【原注】见于《远野方言录》。
③ 【原注】见于《民族》第 2 卷 591 页。
④ 《长崎方言集览》，由古贺十二郎编，是长崎市编《长崎市史　风俗编》所收附录。
⑤ 【原注】由小山胜清君讲述。
⑥ 【原注】见于《鹿儿岛方言集》。

称用在独目妖魔身上，应该是有一定理由的。而且，各地还有许多资料显示，古人竟敢把独目神称作五郎。

在讨论这一问题之前，我不妨先说明几句，即作为鬼怪的"独目"在其面部中心有一只大眼睛，而多度的独目龙这种的神祇本来有两只眼睛，后来是因为瞎了一只眼睛才变为"独目"。对以上两种情况，我始终没有做出严格划分，在有些人看来，这无疑就是我受"独目"这种名称的限制的结果，是不应该的。关于二者的关系，我也许可以从想象的递演这一角度加以说明。据说，在信州须坂（现长野县须坂市），曾经在某一大榉树残根底下发现过额头上只有一个眼眶的髑髅①，也有人写过世上偶尔会出相貌奇特的畸形儿②，这些现象都有可能激发人们关于独目神或独目鬼怪的想象，但这毕竟是罕见的。在一般情况下，人们恐怕不会把人形生物的相貌想象为脸部中心只有一只眼睛，那实在太离谱了。正因如此，当有人解释土佐的山爷时才会说道：山爷不是真的独目，是一只眼睛又大又亮，另一只眼则很小，从远处看仿佛只有一只眼睛，因此古人误传

---

① 【原注】见于《信浓奇胜录》第5卷。
② 【原注】见《本朝世纪》久安六年（1150）11月9日项，亦见《宗祇诸国物语》第5卷。

它是一只眼一条腿的怪物。① 在我们看来，这种推理太勉强了，而这种看似勉强的说法却有自己的传统，甚至已经形成了一定的类型。比如，金田一氏②所调查的阿伊努神话中，经常把力量强大的神祇形容为"一只眼小如山椒，一只眼大如餐盘"。又如，据野州足利鑁阿寺保管的文件记录，足利义兼③曾经在此许愿，临终前吐血写下了如下一段文字：我将成神镇守此寺，睁一眼，闭一眼；睁一眼是为了看寺院繁荣，而闭一眼则是为了不看其衰退。④ 最后一个例子也够离谱了，但我们不难想象，过去可能确实有一尊睁一眼闭一眼的神像长期供奉在这座寺庙里。那么，神祇又为什么显出这样一种姿态呢？根据我的假说，曾经有一个时期，有人把大小眼的人奉为神，或者将大小眼当作侍奉大神必备的条件。奉为神或者侍奉神祇，他的双眼大小必须存在显著的差异。下面我要尽可能地证实这一点。

---

① 【原注】见于《南路志续篇稿草》第23卷"怪谈抄"。

② 金田一京助（1882—1971），以研究阿伊努语言闻名的语言学家、民俗学家。

③ 足利义兼（约1154—1199），是首代足利氏义康之子。

④ 【原注】见于《大日本史料》第4篇第6卷"正治元年3月8日足利义兼入灭"项。

神奇独眼

双眼大小不同的人向来有很多，极端不同的相貌，或者大小眼的人普遍存在的情况，古人视之为一种显灵现象。比如，福岛县石城郡大森（现福岛县磐城市）的庭渡神社境内有一尊过去的本地佛庭渡地藏佛像，据说，此像相貌美丽，但一只眼睛造得小，因此大森的人们生来都是大小眼，这里也从来不出美人，这仍是因为镇守此地的地藏长得太漂亮的缘故。① 在我老家，人们传说，村里的守护神与邻村的守护神曾经在河川两岸打石仗，由于邻村的守护神被石头砸伤了眼睛，那里的人们至今都是大小眼。不仅如此，站在我村神社门口的门神木像，即所谓哈将，又是闭着一只眼睛的。我从小就感到奇怪，现在还想了解其缘由。我依稀记得，村里的门神共有两尊，其中只有守卫右侧的年老哈将紧闭着一只眼，另一只眼睛则睁得异常大。这两尊神像应该还在原处，是可以确认的。②

---

① 【原注】由高木诚一君报告，载于《民族》第 2 卷第 2 号，亦可见《土铃》第 10 号。

② 【原注】准确的位置便是兵库县驱神崎郡田原村大字西田原字辻川的铃森神社。

当然，这大概是雕刻师按照一定的形式要求刻出来的，其他地方应该也有同样的神像，尽管我老家那一带还没有找到第二个例子。

而与之相隔数百里的东部乡村里，有一些古来闻名的同类木像。比如，福岛市西部山区信夫郡（现福岛县福岛市）土汤村的太子堂里供奉着一尊传说圣德为太子亲手制作的太子像作为主佛。据说，这一佛像原来安置在鸟渡村松冢，后来飞到土汤村，并藏躲在川泽之间。有一名猎人经过此地，忽闻有人道：

背我送到山上，守护我，供奉我！

猎人惊看，发现此像，于是就背负佛像爬山，将其迁移到高原平地上。这一则传说还蕴含了一个神秘的细节：上山时，猎人被豆角蔓绊倒，芝麻树干正好刺伤了佛像的眼睛，至今这尊佛像的眼部还可以看到流血的痕迹。而且，传说土汤村人的一只眼睛都比另一只眼睛更细小，身上还有痣，称之为"太子的御印章"①。

---

① 【原注】见于《信达一统志》所引用的《信达古语》，此外，此书同时记载了鹿落泽、寻泽、盐野川、荒井川等地的地名传说。在我看来，太子信仰在圣德太子以前就已经存在，应该在关于他日片足神的研究中对此做出详细的说明。

后人之所以如此传说，恐怕是因为圣德太子模仿自己的姿态而制造的雕像不能有不正常的部位吧。但是，一尊佛像究竟是原本被雕刻成受伤的姿态，还是后来被弄伤，这应该还是能看出来的。既然佛像的眼睛流血，那么恐怕不是后来眼部受损，而是雕刻单眼紧闭的姿态，但后人似乎相信此像与人一样在相貌上发生了变化。

即，眇目神像是人们基于某种理由特意这样雕刻出来的。离上州伊势崎（现群马县伊势崎市）不远的宫下有一座五郎宫，此宫又称一名御灵宫或称五料宫，里面供奉着一尊身穿狩衣、头戴折乌帽子的壮士神像，而其左眼就是闭合的。这一神像为什么闭合左眼？氏子们并不认为此像有什么古老的历史，但五郎宫保留了类似于贺茂别雷命感生神话的记录，对我而言，这仍是一个相当重要的资料。据说，利根川还经流此地的时候，一支箭从上游漂过来，被村民拾到后曾多次显灵，村里就奉之为守护神。只可惜，后来这支神箭被人偷走了，村民就制造出这尊神像来供奉。① 我以为，这则传说中，"神箭漂流而来"与"刻制神像"之间本来还有

---

① 【原注】见于《上野志料集成》第一编摘录的《伊势崎风土记》下卷。除了宽政十年（1798）的记录以外，也有不少后人的追记。文字记录上只写了神箭在60余年前被偷，至于准确时间无从可知。

更深一层的关系。如果五郎宫刻制的神像就是人们根据古老传说特意刻制的，那么，传说中的神箭应该等于多度的独目龙传说中提到的耙子。

我们不能说神社偶像崇拜是神道对佛教的模仿，因为众多古老神社至今保存了很多神像，而且有些神像形态特殊，令人怀疑古人是将其用在某种特殊的目的上。可以说，古人本来有很多理由把人形神像安置在神社境内，而偶像本身就是一种灵物，只要将其安置在别处，就足以成为一尊小神受人祭拜了，就这样，许多神社中出现了众多神像。从古至今，所谓"御灵"，一方面可以单独成为神祇受人祭拜，另一方面又臣属于大社主神并受其统治。其实，这并不是纯属个人的想象，还是有点例证的。

眇目神像的存在，令人更加相信那些诸国的众多御灵神社所供奉的御灵，指的镰仓权五郎景政。既然存在像上州伊势崎那样的五郎宫，我们有必要再次检讨御灵神社的眇目神像是否就是根据权五郎景政的传记而塑造的。据说，年仅十六岁的权五郎景政参加战役时，敌人射出的弓箭竟射穿其头盔铁板，射中了权五郎景政的一只眼睛；权五郎景政立刻把这支弓箭拔了下来，反而用之射死了敌人。这一段传记始见于《保元物语》①，现存文献中的异文都把此书作为底本。但是，当《保元物语》引大庭兄弟②的叙述来记录这一段传记时，这对兄弟未必真的相信这就是他们祖先的真实业绩。《保元物语》最早成书于镰仓时代初期，我们无法知道权五郎景政的传记在此之前发生了怎样的口承变异。③ 事实上，南北朝时期成书的《后三年合战记》以大致相同的形式记录了这一段传记，并写道权五郎景政被射中的不是左眼，而是右眼。④

京都上下两座御灵神社所祭祀的八位御灵基本上都是早年丧命并给人间带来灾祸的灵魂，而唯有镰仓的御灵神社供奉着一位长命

----

① 《保元物语》，成书于镰仓时代前期，作者不详，是描述保元之战的战争物语，共3卷。

② 大庭兄弟，指大庭景义（？—1210）、景亲（？—1180）兄弟，平安时期后期、镰仓时代初期的武将，是镰仓权五郎景政的曾孙。

③ 【原注】诸如《前太平记》此类的演绎文学沿用《保元物语》，均加写一句："现奉为神的镰仓权五郎"。这种套句的存在可以说是故事成长的一个例子。目前有人推测《保元物语》是多武峰的公喻僧正于二条天皇时代为安慰战死武士的灵魂而作，但我们仍然无法否认此书以前存在某种口头底本的可能性。

④ 【原注】仅从《康富记》的"文安元年闰6月23日"条看，当时的《奥州后三年绘》与现存《奥州后三年记》的内容完全一致。据说池田家保存了玄慧法师于贞和三年写下记事便条的异本，我希望了解该版本中权五郎是否也被射中了右眼。据《台记》"承安四年"条记载，在此之前还存在《后三年合战绘》。究竟从什么时候有了权五郎被射中眼睛的传记，这是值得研究的一个课题。另外，《源平盛衰记》"石桥山"条所记载的这一段传记中，权五郎被射中右眼。若有人调查各国的权五郎木像并统计他受伤的是哪只眼睛，那么也许可以得出有趣的结果。

的勇士，这种现象似乎具有长久的历史传统。《尊卑分脉》①把镰仓权守景成之子、权五郎景政叫作"御灵大明神"②，尽管我们并不否认这一句是后人所加的可能性，但从中可以看出，人们在镰仓时代初期已经把权五郎景政与御灵神社联系在一起了。再看《吾妻镜》③，文中记载，从文治二年的夏天到秋天，这座神社发生了多次怪异现象，导致人心惶惶；到了年末，有一名叫下野之局的女官梦见一位老翁，老翁自称为权五郎景政，说道：

赞岐院作祟，为天下造成灾祸，我阻止不了他，请把此事转告若宫总神官！

梦醒后，女官立即向武家汇报，武家便下达命令，让总管若宫

---

① 《尊卑分脉》，即《新编纂图本朝尊卑分脉系谱杂类要集》，成书于南北朝时期，是公家洞院公定（1340—1399）编纂的诸家系谱集成。后人对此不断补订、转录，现有不同的版本流传于世。

② 【原注】另外值得注意的是，《续群书类丛》等其他系谱尽管提到了权五郎的父亲，但其名字都有所不同，而且这些系谱几乎都没有谈及权五郎有无孩子。

③ 《吾妻镜》又名《东鉴》，成书于13世纪末到14世纪初，是用日记体记录镰仓幕府前半部分历史的史书。此书除了作者不详外，卷数也不明，现存的有51卷和47卷两种版本，里面也缺漏了一些年月。由于德川家康十分珍重此书，此书在江户时代得到广泛普及。

的法眼房祈祷国土安宁。与其他众多若宫神社一样，镰仓的鹤冈若宫神社也是为了安慰灵魂而建立的，而这位权五郎景政似乎要坐在御灵助理的位置上。我不敢肯定这位权五郎景政是否就是大庭家和梶原家尊为祖先的、曾在后三年战役中立功的那位镰仓权五郎景政。不管怎样，后人相信，镰仓御灵社的主神是权五郎景政，而且这一观点由古老的资料得以支持；就是有一点我们还需要思考：是镰仓御灵因受权五郎景政的传说的影响而变成了眇目，还是眇目的镰仓御灵导致权五郎景政传说的产生？

御灵的后裔

至今无人注意到，其实镰仓御灵神社并没有对外宣扬御灵就是权五郎景政。因此，从镰仓劝请过来的御灵社，在各地形成了不同的历史起源，甚至有的还保留了相对独立的罕见传说与信仰。面对这种情况，我们似乎难以认为这些不同的起源、传说以及信仰都是从镰仓传播过去的。通过比较可以得知，各地御灵社保留至今的文字记录与当地的口头传承尽管存在若干差异，但却在以下几个方面展现出一些共同的观点，而这些观点显然都是因为当地人不了解镰仓御灵社的正宗说法才产生的。

首先是奥羽地方所谓"独目清水"传说，即权五郎景政从战地回家的路上在灵泉沐浴，治疗了眼睛伤口。比如，羽前东村山郡高楣（现山形县东村山郡）的八幡神社境内有一个池塘，权五郎景政曾经在此沐浴。传说，沐浴时，权五郎景政把从镰仓带过来的八幡铸像挂在岸边的檬树上，不料发生了灵异现象，于是在此建立了八幡神社，如今，该神社境内还有一座御灵神社。① 又如，在羽后饱海郡平田村（现福岛县石川郡）的八幡神社附近有一条河，叫矢流川，据说权五郎景政曾经在此洗过眼部的伤口，这里的杜父鱼由此都变成了单眼鱼。② 再如，山形县的某一山寺境内曾经也有过一座景政堂。每逢驱虫节，当地人从景政堂出发边敲打钲鼓边追逐害虫，仅从这一习俗看，景政堂似乎反映了驱鬼信仰，但其境内仍然有一个权五郎景政洗过眼睛伤口的池子，池中的小鱼也照样变成了单眼鱼，甚至有人认为这一山寺便是所谓"鸟海栅"③的旧址。④ 越过这

---

① 【原注】见于《明治神社志料》。

② 【原注】见于《庄内可成谈》。《和汉三才图会》第 65 卷所提到的"鸟海山山麓的某一河川"，指的实际上是同一个地方。

③ 鸟海栅，是平安时代的豪族安倍氏所建立的古代栅垒。前九年之战役发生时，为了迎击由源赖义、源义家父子率领的朝廷军，安倍氏建立了 12 座栅垒，称之为"安倍氏十二栅"，鸟海栅便是"安倍氏十二栅"中唯一被确认其存在的栅垒。据《陆奥话记》记录，这里也是安倍赖时（？—1057）去世的地点。关于鸟海栅的具体地点存在多种说法，直到最近金个崎町教育委员会经调查证明，其所在地为现岩手县胆泽郡金个崎町，就是鸟海栅的所在地。

④ 【原注】见于《行脚随笔》上卷。

座山再往下走，在福岛县平野的城堡附近可以看到一个村落，这里也流传着权五郎景政清洗伤口而迅速痊愈的传说，故此取名矢野目村名。另外在南矢野目村还有一个名叫"独目清水"的池塘，传说池中的小鱼都瞎了左眼，仅仅因为权五郎景政流淌的鲜血曾经掺入水中。① 再如，在宫城县亘理郡田泽村柳泽，有一座供奉权五郎景政的五郎宫，又称五郎权现。"柳泽"旧称"矢抽泽"②，据说因权五郎景政在此拔下弓箭而得名。③ 按理来说，诸如此类的例子数量越多，其可靠性就越少。如果此类例子只流传在奥州路一带，那么我们也许还能强词夺理说成是真的，但信州伊那云彩寺等地也存在权五郎景政清洗过伤口的古迹，实在令人难以辩护。云彩寺境内的池塘叫"恨池"，大概是因为后人记错历史，误把权五郎景政与其他五郎混淆在一起的缘故，但连这样的地方，人们照样传说池塘中的蝾螈都瞎了左眼。④ 也就是说，传说中的权五郎景政不仅仅是以其勇猛名世，他还一定要到灵泉边，将其神力依附于鱼虫身上⑤。后

① 【原注】见于《信达二郡村志》第 10 卷下，亦可见《信达一统志》第 6 卷。

② "柳泽"日语读音为 yanagizawa，"矢抽泽"的读音为 yanukizawa。

③ 【原注】见于《封内名迹志》第 5 卷，亦可见《封内风土记》第 8 卷。

④ 【原注】见于岩崎清美编的《传说的下伊那》。

⑤ 【原注】这并不限于鱼或蝾螈，比如安积郡多田野村等地，因为村里有座御灵社，在此出生的人，其眼睛大小不齐，甚至有可能一出生就瞎了一只眼睛。

来，人们基于此类传说的信仰逐渐开始向权五郎景政祈求眼病得愈，应该说是极其自然的演变。比如，武州橘树郡芝生村（现神奈川县横滨市）的洪福寺有一座药师如来坐像，传说是圣德太子亲手制作的，人们笃信这尊药师如来是权五郎景政的守护神，称之为"洗眼药师"并加以崇拜。

我们需要注意的第二个特点，是关于权五郎景政祭神、建堂、栽植神树以及造家的口碑，北至奥羽，南至九州，流传极其广泛。人们普遍认为，权五郎景政之所以被封神，首先是因为他深信宗教，侍奉神佛，态度十分虔诚，所以才成为了配祀对象。我本可以列举更多的例子，但为了使论述不致于过于冗长而不得不割爱。关于奥羽的情况，我已经在前面讲过了，再看九州，权五郎景政往往被供奉在八幡神社里，而且其主祀神八幡神大多是从京都男山八幡宫劝请过来的。一般情况下，权五郎景政作为配祀神被安置在八幡神旁边，或者在神社境内拥有独立的神殿受人重视，权五郎景政和八幡神之间的关系，似乎令人想到若宫与八幡之间的关系。① 事实上，权五郎景政本人并没有什么可值得传说的逸闻轶事，唯一的例外就是他十六岁时被射中眼睛然后痊愈，如果不是权五郎景政侍从

---

① 【原注】参见收录于《民族》第 2 卷第 1 号的《把人奉为神的风俗》。

的主人八幡太郎与八幡神之间存在密切关系，人们似乎没有理由如此广泛地祭祀他。

第三个特点便在于权五郎景政始终遵从神谕而蒙受神恩这一点。如守护品川东海寺的御灵神社以长一尺四寸、宽三寸的木板为崇拜对象。传说，这一木板漂流到东海寺门前的海岸，后来被供奉在一座丘陵上。人们称这座丘陵为景政冢，认为权五郎景政死后被埋在此地。① 但人们怎么知道这里就是权五郎景政的坟墓呢？我以为那是因为有过某种神谕，人们之所以相信神谕，恐怕也是因为发生了某些灵异现象。关于这一点，福岛郡仁井田的滑川神社供奉的御灵体现得更明显一些。据说，权五郎景政在征伐奥州的路上遇到水难，有幸被这里的村民所救。权五郎景政便在长条诗笺上写下一首诗，作为谢礼送给村民。直到四百一十余年之后的文明三年（1471），人们将这一诗笺供奉在此地。再过九十年之后，领主滑川修理②在此地建立新馆时得到了神谕，道：

---

① 【原注】见于《新编武藏风土记稿》第46卷。

② 滑川修理（生卒年不详），是战国时期的武将，侍从陆奥国二阶堂照行（？—1564）。由于二阶堂家与陆奥国田村家反目成仇，为了阻止田村隆显（？—1574）进攻，滑川修理于永禄元年（1558）建立了柏木馆（又称滑川馆）。柳田所谓"新馆"，即指柏木馆。

为了答谢村民的救命之恩，我要守护此地。

于是，直到今天，人们把权五郎景政与八幡天合祀于滑川神社。① 其实，除非有这种起源传说解释御灵社祭供奉权五郎景政的隐秘理由，否则，那些流传于御灵社的权五郎景政传说就变成了虚妄。某一起源传说在没有文字记录的情况下自由发生变化，作为不容置疑的事实，靠一代代村民口耳相传，这不外乎是一种信仰。早期的史书并没有详细记录权五郎景政的历史业绩，但时代越是往后，与之相关的文字就越多，这其中，信仰无疑起到了重要作用。说不定，《吾妻镜》中镰仓的女官所梦见的那位权五郎景政，也参照了至今流传于御灵社的起源传说。那么，这样一段托梦传说究竟是如何产生的？这仍是我们要思考的问题。

最后一个特征，也是最重要的特征，便是诸国逐渐出现了权五郎景政的后裔。其中较有名的，应该是上州白井（现群马县涉川市）的长尾氏。长尾一族在其族谱上也明确写下自己是权五郎景政的后裔，而且虔诚地信仰御灵，热衷于祭祀。② 长尾氏在信州南安

---

① 【原注】见于《北野志》首卷附录283页。
② 【原注】《上毛传说杂记》第9卷记载了"御灵宫缘起"，写道此神9岁时力量已经超过成年人，年仅10岁就参军出战。这也是对神祇的自述所做的记录。

县(现长野县安昙野市)的温村也有分支,后来他们迁移到越后国,后辈出了个长尾景虎,即上杉谦信。[1] 位于奥州二本松藩所管辖的多田野村的御灵神社,也是由长尾氏修建的。他们衍生出"只野""油井"等不同姓氏,兴旺至今。所谓"子孙有五流"即出自他们口中。[2] 此外,长州藩的名门香川氏,也自称为权五郎景政的后裔,其故里安艺沼田郡八木村(现广岛县广岛市)还有一座景政社。景政社在近世得以改修,有一尊眇目的木像作为崇拜对象被安置在其中。[3] 又如,大泽氏在野州芳贺郡七井村大泽(现栃木县芳贺郡)的御灵神社担任神官,他们一族原来是修行僧官,称寺庙为景政寺,并自称为梶原景时[4]的后裔。传说这座御灵神社建立于梶原景时统治时期,但其主神是八幡三神,又陪祭权五郎景政,如今甚至把日本武尊的种种事迹与神社缘起联系在一起,对臣属日本武尊的大伴武日尊加以祭祀。[5] 再如,在能登凤至郡谷内村(现石川县凤珠

---

① 【原注】见于《南安县郡志》。

② 【原注】见于《相生集》第2卷、第10卷等。

③ 【原注】见于《艺藩通志》第7卷。《阴德太平记》的作者香川宣阿、诗人香川景树等人也是这一流派的后裔,是应该拜镰仓御灵的。

④ 梶原景时(约1140—1200),是以才兼文武闻名的镰仓幕府的御家人。他深受镰仓幕府首代将军源赖朝的信赖,源赖朝去世后,在权力斗争中被肃清,他也被灭族。

⑤ 【原注】见于《下野神社沿革志》第6卷。

郡），名叫打越与兵卫的农民自称为权五郎景政的后裔①，我记得在东国好像也有这样自称的农民。

我打算仿效那些过分谨慎的史学家们去鉴定如上家谱的真实性。无论那是真实的家谱，还是纯属虚构，其或是巫师梦见的神谕，都无所谓，更重要的是，这些后裔相隔如此遥远，当初他们出于什么目的相信自己是权五郎景政的后裔？换言之，人们自称为权五郎景政的后裔有何意义？自称权五郎景政的后裔，既然不是为了继承领地，又不是为了夸耀血统，那么，人们为什么还要珍惜这种血统渊源？我怀疑这里存在一种无形的法则，声称独眼龙的后裔即可蒙受神恩。比如，陆前小野乡（现宫城县东松山市）的永江氏是声势浩大的大姓，他们家族未必都是信仰御灵的宗教人士，但照样会建立寺庙祭拜御灵，还曾经对此地的景政遗址进行过历史化。白井的长尾氏、艺州的香川氏，均是如此。说不定，他们在祖神的传说中偶然发现一段祖神刺伤眼睛的情节，于是，又追溯源头，把家史与权五郎景政这位著名的独目勇士联系在一起了。这样一来，我们似乎就可以明白那些侍奉镰仓御灵神社的梶原氏以及其他名门家族之所以保存和传播如此奇妙的传说，为现有《保元物语》提供话题的

---

① 【原注】见于《能登国名迹志》上卷。

理由了。① 当然，在任何情况下，传说产生的原因都是复杂的。尤其是古老传说，我们分析其渊源就更加困难重重。虽然有些拖沓冗长之嫌，但今后我恐怕不会有机会讨论这一问题了，下面继续耐心地思考一下神祇与独目之间的关系。

供奉眼睛

关于九州的独目信仰，还蕴含着许多值得思考的问题。如萨摩日置郡吉利村（现鹿儿岛县日置市）的御灵神社，其崇拜对象是八幡神的坐姿木像，人们传说刻的就是权五郎景政。据说，该村鸠野门有一个农民，据说这里的权五郎景政就是这位农民的祖先从镰仓劝请过来的，如今他自己也参与御灵神社的祭奠活动，不仅如此，这位农民家的主人代代都是独眼龙。② 每一代主人都瞎了一只眼睛，这有点令人难以置信，但同样的传说竟然存在于相隔甚远的甲州。据说，甲州古府（现山梨县甲府市）中的奥村氏自称山本勘助③的后

---

① 【原注】从《吾妻镜》第 15 卷"建久六年 11 月 19 日"条看，权五郎景政非常虔诚，这种人物形象也许是促使后人将他的后裔与御灵社联系在一起的原因。从我们的立场看，权五郎景政也就是值得一眼失明的人了。

② 【原注】见于《萨隅日地理纂考》第 4 卷。

③ 山本勘助（约 1493—约 1561），是侍从武田信玄的独眼瘸腿的天才军师。

裔，这家主人代代都是独眼龙。① 山本勘助是否真有其人，至今还有争议，然而在相传为其出生地的三州牛久保（现爱知县丰川市），人们传说左甚五郎②也出生于此地。这些传说令人想到三州横山（现爱知县新城市）的白鸟六所大明神的传说，即由于此神只有一只眼睛，所以村里会出许多独眼龙③，此外还有我在前面提到的我老家的邻村的那一则传说。不难想象，这些传说都出自同一个源头。

既然如此，我要回答下一个问题了，神灵为什么要厚待独眼龙呢？对这个问题，目前只能回答："因为从来都是如此。"以前，我围绕单眼鱼的奇瑞，指出了以下几点：首先，单眼鱼的栖息地一定是神泉神池，人们可能在此放养生祭用的小鱼；其次，神祇似乎特别要求古人供奉单眼鱼。比如，从前有个渔民在回家的路上遇见妖怪，回家后打开鱼篓一看，鱼的一只眼睛都没有了。又如，远州南部的人们传说天狗在深夜里出来杀生，经常可以看到神火来回于平野水边，这时稻田里会出现众多单眼泥鳅。④ 再如，在离东京不远

---

① 【原注】见于《山中翁共古日录》第 7 卷。也有传说，那些栖息在古城护城河中的泥鳅也少了一只眼睛。

② 左甚五郎是江户初期的雕刻匠人，又称飞騨国甚五郎。

③ 【原注】见于早川孝太郎君的报告《三州横山话》。

④ 【原注】由渡边三平君报告，见于《乡土研究》第 4 卷 309 页。

的上高井户村(现东京都杉并区)的医王寺里有一种习俗,患眼病者把一条鱼放入境内的药师池来祈祷眼病治愈,这些鱼不知何时都会变成单眼鱼。如果夏季决堤放水时有人在其下流捕到了单眼鱼,都会说这是药师的鱼儿,将其放回池塘之中。[1] 诸如此类的传说不胜枚举,我们据此可以认为人们之所以供奉单眼鱼,就是为了让神祇更加高兴。

如果供神的牺牲是鱼,那么我们也好说明一点,认为古人要刺伤鱼的一只眼睛,是为了把纯净的祭品与普通食物相区别。但这样一种逻辑却很难用于其他生物身上,如加贺大杉谷(现石川县小松市)有一座名叫"那谷之奥院"的赤濑那殿观音堂,这里的大蛇小蛇都瞎了一只眼睛,就像佐渡金北山御蛇河内的蛇一样。据说,从前赤濑有个名叫阿安的独眼女,被一名行商欺骗抛弃,怨天怨地入水自杀。死后变为精灵,每年都会参拜小松本莲寺并聆听报恩讲。尽管存在一些文学的加工,但这原来也是一则基于信仰的传说。[2] 越后国颈械郡青柳池的精灵,也偷偷地参加过附近某一寺庙举办的法

---

① 【原注】见于《丰多摩郡志》。另外《狂歌俗名所坐知抄》下卷也有记载,曰:"陆奥的三日月石,祈祷眼病治愈者把鲫鱼泥鳅作为礼物放入附近河沟,一夜间其鱼闭合一眼。"

② 【原注】见于《石川县能美郡志》913 页。

会，后来有人发现有一个座位被河水浸湿了。这位精灵生前是侍从安冢城主的独眼龙武士杢太，他与美丽蛇神结缘，投身于池中并成了精灵，由此缘故，这一池塘里的鱼也都变成了单眼鱼。① 据说，野州上三川城址的护城河中的鱼也少了一只眼睛，这是因为城主今泉氏的女儿于庆长二年（1597）五月城池陷落时跳水自杀的缘故。② 跳水前她还用短刀刺伤了一侧眼睛，据此可以认为，这仍属于同一类传说。作州白壁的池塘里也有单眼鳗鱼，据说曾经有个一眼不明的赶马人要用马搬运茶碾子，结果不小心落水溺亡。③ 类似的例子还有很多，这些都可以证实水神不仅偏爱单眼鱼，而且喜爱并选择那些一只眼失明的人。当然神祇不是视之为食品，或许是将其选择为配偶，至少可以说，当神祇将某人视为自己的眷属时，有一个条件，便是此人是独眼龙。④

我要尽力回避那些缺乏依据的想象，但不得不提到古代净琉璃

---

① 【原注】见于《越后国式内神社案内》。
② 【原注】见于《日本及日本人》的"乡土光华"号。
③ 【原注】见于《东作志》。
④ 【原注】及川氏在《筑紫野民谈集》141 页介绍了人蛇成婚的故事，故事中蛇神摘下眼睛，送给人类的儿童。如果有人对这一段罕见的情节进行详细分析，那么在所谓三段式故事的研究上，也许可以开拓一个新天地。编者注：《筑紫野民谈集》中，"谈"在日文中的对应写法为"谭"，是日本民间文学中的一个故事类型。

《权五郎雷论》或《景政雷问答》①的起源。现存的剧本，以虚构英雄坂田金平一的武勇为主要内容，这里所谓"雷"也不过是名刀的名字。但剧中，这把名刀为庆祝公子降生，被奉献给领主，这一段情节令人感觉到该剧本对上古时代的天目一神神话有所引用，我还是希望对此做一些思考。②按照传统的说法，有些地方称眇目为"kanchi"，其原意为锻造③，因为锻造匠闭合一侧眼睛并用另一则眼睛来确认刀剑曲直。但在我看来，这种说法是值得怀疑的。在秋田县北部，所谓"kaji"指的是瘸子。④这或许因为过去许多瘸子从事锻造业的缘故，而不会是因为锻造匠在工作中的某种姿势看似瘸子一样。再从金工的名字看，原来锻造匠似乎都是独眼龙，正因为如此，古人才把眇目者命名为"金打"（kanuchi），我认为这样解释会更自然一些。古时候，锻造可是能够把火焰的功能展现在人间的最受敬佩的工艺。与此同时，这仍是需要受水神保佑的一种职业。日本人把火的渊源想象为太阳，雷则是其搬运者，于是就有了

---

①《权五郎雷论》，是江户时代前期的净琉璃演奏师井上播磨掾（约1632—约1685）的曲目。

②【原注】见于《绘入净琉璃史》中卷50页。现存的剧目是《为义产宫诣》，可惜我至今没有仔细看过。

③"锻造"的日语为"锻冶（kaji）"，音通"眇目（kanchi）"。

④【原注】见于《东北方言集》。

所谓"别雷"系列神话。① 这一神话由忌部姓代代继承下来，人们又传说这家每一代主人都是独眼龙，这已经不足为奇了。只不过，这些别雷神后来转变为暴躁易怒的御灵神，从中又派生了众多五郎传说，这仅靠有关上古史的历史记录是难以说清楚的。

人丸大明神

有关神官刺伤眼睛的古老传说，后来又经历了另一种变化。根据野州芳贺郡南高冈（现栃木县真冈市）的鹿岛神社的缘起传说，垂仁天皇②第九个皇子池速别命③，去往东国时得病瞎了一只眼，故此，终生留在东国，并自称若田。池速别命的第十八代子孙若田高麻吕，向鹿岛神祈求得子，儿子长大后成为胜道上人。④ 这则传说

---

① 【原注】关于这一问题，我曾经在《炭烧小五郎》中有所谈及。我手里还有一些依据，启示八幡神原来在水火婚姻神话中占据核心位置。

② 垂仁天皇，日本第11代天皇，崇神天皇的第三子。垂仁天皇留下的神话业绩很多，其中有两点，与本文有所关系：首先，在伊势修建伊势神宫，命令女儿倭姬命祭祀天照大神；其次，以俑代人殉葬。

③ 池速别命，又称息速别命。《古事记》和《日本书纪》中不见其神话业绩。据《新撰姓氏录》载，父亲垂仁天皇在伊贺国阿保村（现三重县伊贺市）为池速别命建立神宫，并把阿保村分封给他。

④ 胜道上人(735—817)，奈良时代、平安时代初期的僧人，以日光山的开祖闻名。【原注】见《下野神社沿革志》第6卷。

与我在前面提及的另一则传说，即信夫郡土汤村的太子像被芝麻树干刺伤了眼睛这一传说，完全有可能同源。原来，野州人爱讲皇族逗留的故事，包括彦狭岛王的古老传说等。① 与此同时，神祇伤眼又是野州人所喜爱的情节。例如，在安苏郡，人们传说足利中宫亮有纲②曾经被一把山鸟羽箭射中了左眼，他在山崎的池中清洗伤口，最后自尽，在此被奉为神。这一传说兼备了京都、镰仓两地的御灵传说内容，另外，这一带有不少村落祭祀人丸大明神，该神社缘起还是十分奇特的。比如，流传于旗川村大字中的人丸神社的传说讲：柿本人丸曾经负伤逃到小中，藏身在某一玉米地里躲过敌人追杀，但不幸被玉米秆刺伤一眼，只好在此逗留一段时间。后来村民封他为神，至今仍禁止种玉米。③

　　神祇被某种植物刺伤眼睛，这在民间的传说中还是较常见的题材。比如，山城伏见（现京都府京都市）的三栖神社流传着如下传

---

　　① 彦狭岛王，是崇神天皇皇子丰城入彦命之孙，是御诸别王之父。据《日本书纪》记载：彦狭岛王封为东山道15国都督，而赴任时不幸病死于春日穴咋邑；东国人为此惋惜，偷走其尸体并埋葬于上野国；御诸别王替父统治东国，并在东国留下了后裔。

　　② 足利中宫亮有纲，是户矢子有纲（生年不详—1186）的通称，平安时代末期、镰仓时代初期的武将。

　　③ 【原注】以上两则传说均收录于《安苏史》。

说：古时候这里发洪水，冲走了御香宫的神轿。御香宫的神祇急忙拾回它，但不幸被芦苇刺中了眼睛。从此，每逢十月十二过"御出祭"时，人们用芦苇制成一大一小的松明，用之照亮夜路。① 又如，位于近江国栗太郡笠缝村大字川原（现滋贺县栗东市）的天神社有一则传说：从前，有一对神祇下凡来到麻地上，不料被麻秆刺中一眼，神祇因疼痛而发布神谕，禁止氏子种麻。② 再如，近江国蒲生郡樱川村川合（现滋贺县东近江市）的人们也传说，河井右近太夫在麻地里阵亡，村民故此不再种麻。③ 另外，阿波国板野郡北滩（现德岛县板野郡）的葛城大明神有这样一则传说：过去，天智天皇④指示将御船停泊在粟田，要到池边钓鲫鱼，但天皇登岸上马时，有一条藤蔓缠绕马脚，使天智天皇落马。此时，地上的大竹竟刺

① 【原注】见于《日本奇风俗》。
② 【原注】见于《野志首卷附录》。不过，此神之所以说"非常疼痛"，可能是因为他本来不是眇目。而且从"一对神"这种说法看，此神显然不可能是菅原天神。
③ 【原注】见于《蒲生郡志》第 8 卷。虽然这不是神祇刺伤眼睛的例子，但一定源自同一个背景。另外，在麻地上迎接神轿，这一习俗存在于全国各地。
④ 天智天皇（约 625—671），日本第 38 代天皇，于皇极四年（645）讨伐苏我氏，身为皇子断然实行社会改革（大化改新）。其父齐明天皇驾崩后，迁都近江，于天智七年（668）即位。

伤了天智天皇的眼睛，从此以后，这里就不再生出大竹了。① 美浓太田的加茂县（现岐阜县美浓加茂市）主神社也有类似传说：当加茂神骑马出阵时，不幸落马并被芒草刺中了眼睛，因此当地人禁止端午节时用芒草包粽子。② 此外，信州的小谷神城村（现长野县北安云郡）等地，人们禁止种植芝麻，以免神祇弄伤眼睛③，也有回避刺球、松叶的。再如，日本阿尔卑斯山脉的巡礼路上有个村落叫"桥场稻核"，曾经有一名叫清明的算命先生来到此地，被门松刺伤眼睛，实在煎熬，于是告诫村民不要在门前装饰门松，否则村里必有火灾。从此以后，这里一般在门前插根柳树来代替门松。④

众人已经认可，由于"忌"字的原义变得模糊、暧昧，由此出现了诸如"此物令神厌恶"之类的说明方式。⑤ 与植物有关的禁忌，并不意味着神太粗略，而大多是为了阻止俗人触碰这些献神的祭品。不管怎样，如此广泛普及的禁忌和传说，足以令人相信某种法则或习惯例行的存在。伤害足利中宫亮有纲的山鸟羽箭也罢，伤害权五

---

① 【原注】见于《传说丛书·阿波卷》。尽管书中没有写明引自何处，大概是《粟落穗》（阿波国地志）吧。这里所谓鲫鱼，指的是栖息在神社境内池塘之中的鲫鱼，据说都是单眼鱼。

② 【原注】由林魁一君报告，见于《乡土研究》第 4 卷 306 页。

③ 【原注】见于《小谷口碑集》103 页。

④ 【原注】见于《南安县郡志》。

⑤ 【原注】我在 13 年前发表的《山道民谭集》"苇毛马"条中，首次提出了这一学说。

郎景政的由鸟海弥三郎发出的弓箭也罢，无疑都体现了这一点。而在此有必要思考的问题，便是伤眼的神祇为什么在野州一带被称为柿本人丸。根据我有限的知识，这是宇都宫二荒神社的古老仪式的误传所致。古人误以为二荒神社供奉柿本人丸，这种说法当然是错误的，但这种错误的说法又有一定的历史传统。① 名神大，即名神大社也有传说认为，二荒神社是首代主持藤原宗园②第一次来到此地时，从播州明石（现兵库县明石市）劝请过来的支流神社，但若果真如此，那么《延喜式》③不可能视宇都宫二荒神社为"名神大"④，因此这种说法不可能出自藤原氏之口。⑤ 关于这个问题，《下野国

---

① 【原注】藤原氏在《和汉三才图会·地理部》中也很自然地写到宇都宫二荒神社与播州明石的人丸社之间的起源关系。

② 藤原宗园（约1033—1111），是藤原道兼之孙藤原兼房的第2个儿子。由于宗园在前九年战役中协助源赖义、义家父子，被封为下野国守护、一宫别当职务，从此借助于佛法扩张势力范围，统治鬼怒川流域一带。

③ 《延喜式》，始作于延喜五年（905），成书于延长五年（927），是藤原时平、藤原忠平等人编纂的律令施行细则，自康保四年（967）施行，共50卷。

④ 日本神社分若干等级，其中祭祀特别显灵的名神并定期举行仪式的大神社叫作名神大社。"二荒"音通"日光"，二荒神与下野国日光的山岳信仰有关。柳田故此认为，宇都宫二荒神本来是不可能从明石劝请过来的，退一步说，如果宇都宫二荒神是从明石劝请过来的支流神社，不可能被誉为名神大社。

⑤ 【原注】关于下野西南部的人丸社与宇都宫之间的关系，已经无人能回忆起来了。今人传说藤原定家曾经到这里游玩，开始供奉此神。所谓"定家流寓"传说也多见于群马县。这当然不是事实，但作为漂泊的讲述人的移动足迹，引发了我们浓厚的兴趣。

志》的作者认为，由于这一神社长期把柿本人丸的画像作为神宝保存了下来，所以才产生了这种误解。然而，人丸信仰确实扎根于此地，这仅从《下野国志》的观点难以找到令人满意的答案。比如，这一地区的人丸神社超过数十座，安苏郡出流原（现栃木县佐野市）的人丸神社把柿本人丸当作水神来祭拜。据说，该神社境内有一神池，每年农历六月十五的祭礼前夕，神官在此祈求柿本人丸保佑水下安全，就会出现只限于一夜的显灵现象。或许，类似的奇瑞在各地广泛出现，人们特意称此类神社为"示现神社"，还往往传说所谓示现太郎①的神话。近世修建的众多示现神社，与本社一样，都陪祭大己贵、事代主父子神②，或者丰城入彦③，但那须郡小木须

① 示现太郎，指甲贺三郎。甲贺三郎神话的异文颇多，下面介绍的是流传于诹访大社的说法。安宁天皇第五代子孙、近江国甲贺郡领主甲贺权守谏胤有 3 个儿子。老小三郎参拜三笠山明神时与春日姬邂逅，二人一起回到甲贺。两位哥哥对三郎心怀嫉妒，把他推进信浓国蓼科的深坑中。三郎在黑暗的地底徘徊，走访数十个地下国，通过最后一个地下国王的考验，终于回到甲贺。这时三郎已经变成蛇躯，后来得到僧人们的帮助恢复人形，重见春日姬。后来甲贺三郎成为诹访大明神，在诹访大社显灵。

② 大己贵，即大国主神，是创造芦原中国并主宰国津神的"造国神"。当天津神琼琼杵尊受天照大神之命降临统治芦原中国时，大国主神将国土让给他，转变成主宰冥界的冥皇。事代主，便是大国主神与神屋楯比卖命生下的孩子，又称八重事代主神、言代主神等。他劝父亲答应让国，并成为皇族的守护神。

③ 丰城入彦，是第 10 代崇神天皇的皇子，平定东国一带，被视为诸如上毛野君、下毛野君等古代氏族的始祖。

（现栃木县那须郡）的示现神社却有另一个说法，即此社于文治四年（1188）劝请宇都宫二荒山神社，而且官方公认的祭神就是朝臣柿本人丸，神社的原名也叫柿本慈眼大明神。① 宇都宫二荒山神社的影响力甚至波及奥州，就如宇都宫氏的忠臣义士之后裔、佐藤氏家族远在奥州繁衍子孙一样。②③ 比如，信夫郡浅川村（现福岛县信夫郡）的自现太郎社位于海道东边阿武隈川的河岸上，传说神祇下凡来到此地，后来才迁移到宇都宫。④ 我们知道，射箭高手小野猿丸太夫曾经援助二荒山神射穿了敌神的左眼，关于这位猿丸太夫，会津人说他出身于会津，信夫人则称他为信夫的英雄，在日光他更是宇都宫二荒神社缘起传说中的核心人物。⑤ 这些可

① 【原注】见于《下野神社沿革志》。
② 【原注】我在拙著《救神的故事》中写道，宇都宫信仰曾经支配了福岛县的大部分地区。
③ 柳田在《救神的故事》中认为，自古代至中世的陆奥国镇守府将军的嫡流佐藤氏家族多迁移到北方，繁衍子孙，使佐藤姓广泛分布，从而使这一佐藤氏家族可能从经济和宗教上支撑宇都宫信仰的繁荣。
④ 【原注】见于《民族》第1卷56页，亦可参见其注释。
⑤ 小野猿丸太夫（生卒年不详），猿丸太夫，又称三十六歌仙之一。关于猿丸太夫，全国存在不少传说，这里柳田提及的是宇都宫明神缘起传说。据说，猿丸太夫是以朝日富翁为祖父的射箭高手。当下野国河内郡的日光权限与上野国的赤城神之间发生领地纷争时，女体权限按照鹿岛明神的建议化作一只神鹿，从小野招来猿丸太夫。猿丸太夫帮助日光权限击败赤城神，因为有功被封为宇都宫明神，猴子和鹿也在下野国都贺郡日光获得了居住权。

谓是同源异流的传说，追问其渊源，因受二荒神社的影响广泛流传于野州的柿本人丸信仰与独目神信仰紧密联系在一起，我甚至怀疑，诹访的示现太郎，即甲贺太郎①也是从独目神演变过来的。

尽管如此，与诗歌完全无关的柿本人丸神信仰不仅存在于野州，在近畿地区也有所存在。比如，山城大和（现奈良县）的人丸寺、人丸冢，都是柿本人丸去世几百年后因显灵而修建的。此外，在著名的明石柿本神社的"盲杖樱"传说②③中，尽管盲人所咏唱的诗歌实在陈腐，但他所插在地上的拐杖令我们联想到野州小中的玉米地上曾经发生的悲剧。再看《防长风土记》，山口县一带有许多供奉柿本人丸的小祠堂，由于"人丸"（hitomaru）音通"止火"（hitomaru）或"生子"（hitoumaru），人们纷纷到这些祠堂祈求保佑顺产、生

---

① 甲贺三郎，是长野县诹访地区的传说人物。据说，甲贺三郎参拜三笠山明神时，认识了春日权守的孙女春日姬，两个人相亲相爱一起回到甲贺。某日，哥哥陷害三郎，使他掉进山洞中。三郎无奈徘徊于数十个地下界，最后拜访的国王同情三郎，告诉他每天吃一个由活鹿肝做的年糕，吃 1 000 天可回到地上。第 1 000 天，三郎终于回到信浓国并重见春日姬，但他已变成了蛇体。后来三郎和春日姬在诹访大社的上下两宫中得以被祭祀。

② 【原注】见于《百人一首一夕话》。据说这是上田秋成语，也许是小说中的一段。这与菅公显现在梅树上的故事形成一对，为了方便，我们称之为"树下童子谭"。

③ "盲杖樱"是生长于祭祀人麻吕的柿本神社境内的樱花树，据说，有个盲人参拜柿本神社时唱道："若是真正的明石之神，也给我看看人丸尔"。由于盲人所唱得以灵验，恢复视力，因此他把手中无用的拐杖插进地里。这跟拐杖扎下了根，后来变成了这棵樱花树。

子、防火。其实，假如没有这些功能，农民根本就没有理由祭拜柿本人丸这位诗人。有些人可能会视之为文学的退化现象，轻率地认为柿本人丸死于邻国石见（现岛根县西部），因而这里的人们也就约定俗成地建立了人丸祠堂。但是，如今被誉为歌圣的柿本人丸，在世的时候不过是一位诗人而已，那些远离文坛的乡民们究竟有什么理由要在一千年以前封他为神呢？如果说，即使没有可靠的文字记录，民间的口头传统足以反映事实的话，那么，我们应该如何理解如下传说呢？在石见，绫部氏家族（又称语合氏）自称他们家已延续了四十余代血脉，据他们家传的传说，人丸是出现在柿子树下的神童①，也有人说柿本人丸从柿子树的树股裂缝中出现，或者说人丸是个二十四五岁的青年，有人问他姓什么，连他自己都不知道，又不愿说自己从哪里来，只回答说自己通晓诗歌。②井泽长秀③曾经考证过古籍中前后存在十五位人丸，而绫部氏讲述的这位人丸又算是第几位人丸呢？

---

① 【原注】见于《本朝通纪》前篇上。
② 【原注】见于《滑稽杂谈》第5卷。
③ 井泽长秀（1731—1668），神道家、国学家，号称蟠龙。他一生勤于动笔，除了神道书、教训书之外，还写了辞典《本朝俚谚》、地方志《肥后地志略》、随笔《广益俗说弁》等。

据播磨的古籍《峰相记》①记录，明石的人丸神竟然是一位女神。因幡国领主龟井丰前守②说，他曾经见过此国某地的人丸神社，里面供奉的是一位女神。③ 这样一来，我们不得不想到传统剧目《恶七兵卫景清》中景清的女儿被命名为人丸。由于她只有在近世的歌谣中被叫作人丸，在中世时代的艺能唱词本里并不见同样的描述，因此这大概是较新的说法，就像"瞎眼的景清与女儿重逢"这样悲壮的情节，可能都是近世以后被创造的。其实，景清亲手挖出眼睛的故事本身建立在如此薄弱的基础之上。即便如此，日向却有一个庄严不过的历史遗迹，人们向神祈求眼病治愈，而且在远近诸国都存在景清的后裔，至今还有人侍奉他的祖先。其实，这些景清神社仍然是一个晚起的权五郎景政神社。④ 有一个证据，已被发现。

---

① 《峰相记》，成书于镰仓时代末期到南北朝时期之间，是播磨国峰相山鸡足寺的佚名僧人记录游僧口述而成的播磨国地方志。
② 龟井丰前守，即指龟井政矩(1590—1619)，是因幡鹿野藩第二代藩主。
③ 【原注】见于《戴恩记》上卷，存采丛书本。
④ 【原注】有人认为景清与景政的传说本来就是从同一个古老传说演变而成的异文，我并不完全支持这一主张，但至少可以说，"景"也罢，"政"也罢，"清"也罢，这些都是与示现神，即神灵附体的巫女孩童等有关的字，我们应该加以注意。

三月十八日

柿本人丸被封为柿本大明神，是在享保八年(1723)，即德川第八代将军吉宗统治下的江户时代。这一年的三月十八日，各地举办了人丸千年生忌。关于人丸的忌日原来存在意见分歧，当时采用的是养老七年(723)去世说，至于大同二年(807)去世之说，因嫌太晚而没有被采用。① 此外，柿本人丸在几月去世，也说法不一，都没有一个确切的证据，如《戴恩记》②写道：

> 据《续日本记》③记，卒于光仁天皇在位时期的三月十八日。

---

① 【原注】《滑稽杂谈》与《闭窗一得》均引用了"卒于大同二年8月24日"一句，尽管我不知道作者引自何处。这两本书的成书年代都早于《一千年忌》。另外，《盐尻》第47卷中见"此年7月10日在生岛祭拜人丸之灵魂"一句。众所周知，大同二年可以说是在寺社的由来传说、昔话中最常出现的一个符号。

② 《戴恩记》，成书于正保元年(1644)左右，是诗人松永贞德(1571—1654)用平易的语言解释细川幽斋、里村绍巴等人的创造思想的歌学书。

③ 《续日本记》，成书于延历十六年(797)，是由菅野真道(741—814)、藤原继绳(727—796)等人编纂的编年史书，共40卷。

其实这完全是虚言，但下面一句话恐怕不是向壁虚构：

关于人丸于此日去世的消息，从若干国家同时传到宫廷内部。

即尽管不知道是哪个时代，但人们从相当古老的时代开始，就把此日定为人丸忌日并举办歌会，从而赋予人丸以如同北野天神一样的神秘色彩。①

在此，我要讨论的一个问题，是谁、为了什么，想象出，或者发明了柿本人丸的忌日？关于最初的发明者问题，我们恐怕只能回答说："是我们的祖先。"而对于其目的，可以说得更具体一些。在日本的传说世界里，三月十八可不是一个普通的日子。比如，在江户，推古女帝三十六年（628）三月十八日，有三个兄弟在宫户川（现隅田川）港口外拖网请来了约一寸八分大的观音像，这尊观音像由浅草神社、金龙山、浅草寺三社共同设祭。在全国，三月十八日更

---

① 【原注】据《日次记事》"3 月 18 日"条记录，古人设祭拜神，如今喜好诗歌创作者举办歌会。我至今没有读过《彻书记物语》，但听说 300 年前的这部书竟写道，过去人们每逢 3 月 18 日聚集于和歌所，举办歌会。

是举办观音庙会的节日。① 又如，在洛外市原野（现京都府京都市左京区），这一天也是小野小町②的忌日。到了九州某一地区，人们则传说和泉式部③卒于三月十八日。《幸若歌谣集》④的"筑岛"中，最初安部泰氏⑤占卜选定的吉日也是这一天，如今，和泉的樽井信达地区（现大阪府泉南市）的人们在三月十八日捣黏米，游山玩水，称之为"春事"。⑥ 最初大概是佛教徒按历算并规定在三月十八日设祭，但说不定在佛教传入日本之前，各地已经有一种习惯，将晚春满月之后的三天视为精灵的季节。

最近我偶然看到能剧"八岛"，剧中，源义经的亡灵讲述了一番过去的战役，说道："此战发生于元历元年（1184）三月十八日"。这显然违背历史事实，而且与观音无关。于是，我们还得回到最初

---

① 【原注】至于人们为什么在3月18日祭祀观音，我自己还没有完全弄明白。
② 小野小町（生卒年不详），平安时代前期的女诗人，六歌仙、三十六歌仙之一。关于她的生平没有统一的说法，但在民间被誉为"绝世美人"，在各类文学作品中成为深受日本人喜爱的题材。
③ 和泉式部（生卒年不详），平安时代中期的女诗人，又称江式部、式部等。她诗才非凡，生前留下了1500余首诗歌作品，其《和泉式部日记》被誉为日本日记随笔的代表作。
④ 《幸若歌谣集》，是从流行于室町时代的歌舞剧"幸若舞曲"中抽出的歌谣组成的歌谣集，共20余篇。
⑤ 安部泰氏，是阴阳师，在剧本《筑岛》中建议平清盛把人活埋作为祭品。
⑥ 【原注】见于《乡土研究》第3卷302页。

的问题上来，思考为什么三月十八日成为人丸的忌日。令人意外的是，我们竟然从最令人难以置信的传说中看到一些线索，比如景清有女名叫人丸，又如人丸曾被玉米秆刺中眼睛。《幸若歌谣集》中，景清于三月十八阎王节日前夕，拜访清水的艺伎家不幸被抓捕，我并不否认这一段情节只不过反映了某种情趣而已。但是，能剧中的哪位人丸所参拜的日向生目八幡社，在每年三月与九月的十七日举办祭典①，这恐怕不是偶然的。至于镰仓御灵社的节期是九月十八日②，另外，据上州白井的《御灵宫缘起录》记载，权五郎景政卒于康治二年九月十八日，享年六十八岁。

今后，我打算继续收集类似的例子。如果说，除了景清、景政外，全国还有一些独目神以春秋两季最后一个满月渐亏的日子为祭祀日的话，那么，我们据此可以推测，正是那些神奇的伤眼传说孕育了以三月十八日为歌圣柿本人丸忌日的说法。在丹后中郡五个村大字鳟（现京都府京丹后市）留有一座藤社神社，该神社境内设有四

---

① 【原注】见于《太宰管内志》。但是，《和汉三才图会》也有记载，此地有景清的坟墓，刻有"水鉴景清大居士建保二年（1214）8月15日"。8月15日恰好是八幡神社放生会的日子。热田景清社的定期庙会则举行于9月17日。

② 【原注】只不过，京都的上下御灵指的不是景政，但其著名的御灵会历来都是在8月18日举行的。大阪的新御灵，据说是从镰仓劝请过来的，但其祭礼却在9月28日举行。

座小神社，天目一社便是其中之一，里面供奉着天目一个命，这里的祭祀日仍为三月十八日。① 过去我们没有注意到，其实祭祀日是可以任意选定的，正因为如此，人们反而容易遵守古老的惯习，若有人要更改祭祀日，必须有一个正当且充分的理由，这种事情当然是极少有的。因此，即使神社保存至今的有关神社缘起的记录文献曾经被学者所更改，但其祭祀日仍然被保留了下来，而且作为一个偶然残留的事实，能够向我们传达一些信息。

生目八幡

尽管缺乏确凿的证据，但仍有不少人相信，就是漂泊的盲人乐师"座头"②把日向景清的神奇传说传播到了诸国各地。在近世的记录中，当时成群结党的盲人们都口若悬河、夸夸其谈，但有几点，他们并没有讲清楚。其中，我尤其感兴趣的就是雨夜皇子③的业

---

① 【原注】见于《丹后国中郡志》。
② 室町时代初期，盲人成群结党，称为"当道座"。"当道座"分为4个等级，依次为检校、别当、勾当、座头。座头是最低等级，他们剃光头，游遍全国，以说唱、按摩、针灸为业。到了江户时代，受到幕府的保护。
③ 雨夜皇子，又称天夜尊、雨夜御前、雨夜君等，有一种说法认为他是仁明天皇的皇子亲王，也有一种说法认为是光孝天皇的皇子。

绩，据说他是个双目失明的皇子，曾经在日向泽山的领地里以年贡米养活了一批盲人。由于德川幕府施行新政策，故京都、江户两地的盲人深受保护，甚至获得了偏高的地位。但在此之前，盲人集团的势力中心应该在日本西部。尽管我尚未充分考虑社会组织的地方性差异，但不妨先指出一点，即越往西，盲人对宗教性支援的依赖程度就会越增加，这种现象至少在奥羽地方是不存在的，在其背后应该存在长期的变容过程。京都的盲人集团，不但根据佛道教义向人们解释妙音天坚牢地神信仰，而且还拥有一种相对独立的神道思想，虔诚地信仰守瞽神、十宫神等。在九州也存在以肥前国黑发山下的梅野座头为首的盲人集团，他们与其说是僧侣，不如说是神官，其突出的特点便在于他们随身携带刀剑。

《广益俗说辨》①的作者是熊本人，当他解释景清盲目之说时，写道：景清之所以瞎了眼睛，是因为他把妖刀"痣丸"别在腰间，此后谁带这把刀，谁就会瞎眼睛。即在东部几乎无人当真的传说，到了西部乡下，盲人乐师们却讲得津津有味。故此，我甚至怀疑有些荒诞不经的传说，比如景清亲自挖出眼睛，后来又恢复了原样；又

---

① 《广益俗说辨》，成书于享保十二年（1727），是上述井泽长秀对世上流传的各种奇谈加以考证的随笔。

如权五郎景政把射中眼睛的弓箭拔下来，反而用之射死敌人等，可能都在他们这一帮的说唱中得以酝酿。

关于痣丸，唱本《大佛供养》也有所谈及，其主要内容是：景清探母，二人在若草山重遇。其中既不出现人丸，也不出现阿古屋①，更不出现他瞎眼睛的情节，只描述景清用痣丸行巫术，隐身于雾中，遁得无影无踪。在历史上，景清不过是个小人物，假如游艺团的传统剧目没有视之为英雄，他根本就不可能成为民间文艺的题材。即便他成为民间文艺的题材，要是没有以信仰为背景的某种集体力量，也不可能传播得如此广泛。正因为如此，我们需要伴随着平家哀曲，远到日本西部去追溯其渊源。

尽管有牵强之嫌，我们也许可以认为有关光孝天皇②的第四个皇子——雨夜皇子的传说，是盲人们努力使家史向历史事实靠拢的结果，即他们的祖神是天神之子，是最蒙受神的祝福和恩惠的人。这实际上是所有宗教常用的一种宣教方法。一般情况下，这种单纯且自然巧妙的努力成果，通过充满感激的文笔被记录下来，随着时代的推移又发生演变，最终相互发生矛盾，导致分裂。要想重新恢复原形，

---

① 阿古屋，是景清的情妇，见于净琉璃"出世景清"等剧中。
② 光孝天皇(830—887)，日本第58代天皇，是仁明天皇的第3皇子。

就不应该拘泥于后起的专用名词，而应该找出一些某种共同的趣旨。

我以为，如果是在盲人或眇目者代代侍奉神社的时代，诸如神祇偏爱伤眼者之类的传说，完全有可能自然地发生并得以发展、变化，但仅据此不足以全面认识古人为什么选择残疾人担任神职，更无法了解他们的祖神为什么特别粗野、勇猛。有幸的是，我们在所谓天神托生神话中可以看到天目一神之名，与之同名的锻冶神始终为忌部氏所供奉，由此可以知道，自古以来"一眼失明"被视为某种信仰条件。据说，宇佐八幡大神在其初始阶段作为锻冶神出现，而且宇佐神宫所保存的神宝便是一种神秘金属。即使在确定宇佐神宫本社所供奉的主神为誉田别天皇（即应神天皇）之后，邻近地区的分支神社里仍然流传着一些龙女婚姻故事，或者以日光金箭选娶幼女为妻的故事。一直延续到近代的宇佐国"细男舞"①中，也保留了一段意义深远的歌词，暗示了这里曾经存在一些与《播磨风土记》同属一类的神话。②

---

① 细男舞，是古舞的一种。过去，宇佐八幡宫还在和间海边的浮殿神社举办放生会时，耍木偶的人坐船分组从古表神社、古要神社出发，在海上向浮殿神社表演木偶舞蹈。
② 【原注】故栗田博士的《古谣集》引用了《丰前志》种的一段。另外，《古谣集》还从《玉胜间》中引用了肥后地区的如下神乐歌："独目神，于世止命池漂浮船，上也是山，下也是山。"

哎呀呀，快到水边净身去；

净身拜见独目神，虔诚恭敬行祭祀。

宇佐神宫是八幡神社的总本宫，这里从古就有天目一神信仰，正因为如此，来自关东地区的权五郎景政才到处创建八幡神社。此外，传统剧目中被称为"恶七兵卫"的景清挖出双眼之后因蒙受生目八幡神的恩惠而痊愈，以此证明了该神的神力，这仍然与宇佐神宫的天目一神信仰有关。

生目八幡神社，除了日向以外，还存在于丰后、萨摩等地。除此之外，保佑眼病痊愈的八幡神社还有很多。如今这些八幡神社也许只保留了隐隐约约的痕迹，神社的源起传说可能已经失传了。尽管如此，话说到这里，读者朋友也许会允许我将其视之为古时候盲人侍候神灵的证据吧。至于他们主动伤眼睛的风俗习惯究竟持续到何时，已无从得知。但不难想象，如果某人要通过一种非遗传性的身体特征来一代代地继承某种特权的话，他完全有可能出自功利性目的而心甘情愿地接受了伤眼仪式。说不定，此人还表演过就像景清的故事那样的眼珠痊愈的戏剧。不管怎样，在佛教的放生观传入日本以前，古代人祭的残忍环节早已省略了，剩下的只有前半部分，而正因为如此，与之相关的古代传说反而得到了进一步的夸张。正如我在《若宫部与雷神》①一文中指出，随着时代变迁，越来越多的人为凶残的御灵感到恐惧，使得若宫思想②发生了变化，之后，人们又开始以为御灵社供奉的御灵就是现实中存在过的贵人。此时，纯洁受胎的教义，难免变得淡薄起来，但有幸的是，天目一个神的古老传说告诉我们，所谓御灵原指神之子的灵魂或者其眷属的灵魂。我认为，就像加藤博士那样，粗暴地对待有关天目一个神的资料实在是不该的。

　　我写得已经太冗长了，最后再说几句，以下定结论。后世沦落为妖怪"独目五郎"的独目御灵神与单眼鱼之间存在一定的关系，一个重要证据是世上存在名叫"源五郎"的鲫鱼。今天，鱼牲祭祀在近江湖岸边较为盛行。再看奥州登米郡，这里与近江相隔甚远，当地人却传说过去有人把近江的"锦织源五郎鲫鱼"带到这里。③此外，还有许多单眼鲫鱼生息于全国各地的神池之中。其中流传于上沼村（现宫城县登米市）的传说尤为值得

---

　　① 【原注】载于《民族》第2卷第4号。
　　② 若田，原指主神社或主神殿供奉的神祇之子，他介于神人之间，是一位性情暴烈的御灵。若田后来演变成主要指祭祀御灵的神社或小祠堂，在此意义上的若田宽慰那些死于非命的御灵，让其心情镇静下来，还要请更加强大的神祇管理御灵，以阻止御灵作祟。
　　③ 【原注】见于《登米郡史》。

注意，该村八幡山脚下有一个池沼叫的沼，传说生息于此的鲫鱼都是眇目，因为八幡太郎骑射时弓箭掉进水中，恰好击中了其眼睛，由此变成了单眼鱼。与之相似的传说还流传于日向都万神社，传说是神祇佩戴的玉带掉入水中，伤到了鲫鱼的眼睛。加贺横山村的贺茂神社，也有传说认为河边桃树上的果实落入水中，砸伤了鲫鱼的眼睛。关于这些传说，我曾经在《单眼鱼考》一文中已予以深度阐述，在此不再赘言①。至于各地不少神社佛庙保存的眼部受伤的神像，人们传说这是因为被武士猎人射出的弓箭射中的缘故，或者说是因为被小鸡抓伤了等，这些传说显然不是单独发生的偶然现象。世相一变，这些传说也随之变化，根据传承人的不同偏向，甚至有可能变为惩办恶贼、制伏恶鬼之类的另外一种传说了。这种变迁的历史，正是御灵信仰的千年历史。我们不能再把古代史的解释工作委托给那些缺乏历史性思维的人们了。

（昭和二年十一月 《民族》）

---

① 【原注】见于《乡土研究》第 4 卷 647 页。

鹿耳儿

神　技

　　我不知道那颗石头至今还在不在，真想亲眼看一看。据说，在离南津轻黑石町（现青森县黑石市）不远的一条名叫"鹿个泽"的山路旁边，有一颗五六寻①大的岩石，这颗岩石表面上刻有无数个大小不等的野鹿头像。早在约一百三十年前，我们所敬佩的白井秀雄先生②在旅途中路过此地，并留下了详细的日记与示意图。从这些资料来看，鹿头被雕刻得朴素写实，耳朵偏大，就像老鼠一样，这种表现方式还是十分罕见的。但其脖子的位置安排得又很随意，可

---

　　①　寻，是日本长度单位，1寻等于5~6尺（1.52~1.82米）。

　　②　白井秀雄，即菅江真澄（1754—1829），是博物学家，他生前走遍全国各地，留下众多记录。

见，这无疑是后人陆续加刻而成的。据说，这颗岩石旁边的大树上有个填满小石头的空洞，每个小石头上都刻有野鹿头像。

这里可是寂寞的山中，怎么会有这样的雕刻？一百三十余年前白井先生写日记时，已经无人能够解释清楚。根据当地的传说，这纯粹是神的作为，每逢七月七都会增加两个鹿头。在邻近的村落还有一种习俗，即用来表演"鹿踊"①的面具变旧了，人们就把它埋在这颗岩石周围，至于该习俗的由来已无人知晓。所谓鹿踊是流传于奥州各村都的传统舞蹈，与神道仪式上奉纳神祇的狮子舞十分相似，但奥州人把所谓狮子头称作"权现"，其面具上也有一种由细长的树枝造的犄角，显然是仿造鹿头的。我们不难想象，这一面具与那颗岩石表面上的雕刻之间存在某种关系。

鹿之家

比较起来看，日本的狮子舞和外来的舞狮已经混为一体，这是十分有趣的现象。由于古代日本人称两三种食用兽类为"shishi"（音

---

① 鹿踊，是流传于岩手县、青森县、宫城县、福岛县、爱媛县宇和岛市一带的传统舞蹈。表演者用鹿头面具和细布覆盖上半身，背负一把竹刷子，仿效野鹿的动作跳舞。

同"狮子"），这不但为中式舞狮的普及提供了有利条件，还使之逐渐渗透到日本固有宗教仪式中。"kanoshishi"（鹿）也罢，"inoshishi"（野猪）也罢，古老的"shishi 踊"原来可能都是很简朴的，不像今人所看到的那样精致、复杂。可惜，我们已经难以看出新旧狮子舞的界线，更准确地说，日本的狮子舞可能在很大程度上已经变成中式舞狮了。尽管如此，直到最近，日本狮子舞用的狮子头上面还有两根犄角的痕迹。只要我们细心观察就可以发现，尽管日本狮子舞因深受中式舞狮的影响而改变了原貌，但"shishi 舞"依然把有关狮子舞的古老信仰保留至今。

比如，人们声称狮子舞可以祛除恶魔，因此疫病蔓延时就要边舞边走。今人简单地认为狮子是很可怕的，可以驱赶病魔。其实，祛除恶魔并不是所谓大法会上表演的狮子舞的本来目的。而且狮郎这一行有特殊的地位，也必须具备一定的信仰条件，这仅从佛法上是无法解释清楚的。各地农村的"shishi"一般都是 3 头连耍，其中，中间一头"shishi"要承担最重要的任务。最初一段剧情与能剧《石桥》完全一致，表现出公母两头"shishi"相思互爱，而到了后半部分，却要唱出一段悲哀之情，如母"shishi"走失在山岭的秋雾中，公"shishi"眷念妻子，始终寻觅未果。我们从充满悲情的曲调中可以隐隐约约地感觉到这种舞蹈原来用在古代牲祭之中。过去，"shishi踊"一般都在七月盂兰盆节时表演，这是有理由的。据《新撰陆奥风土记》①记录，牡鹿郡鹿妻村（现宫城县牡鹿郡）的鹿踊，最初是为了供养野鹿。其他地区也存在不少鹿冢，并保留了令人悲伤的歌剧。流传于摄取津国梦野（现兵库县神户市）的野鹿传说②也罢，《万叶集》收录的《乞丐歌》③也罢，《后拾遗和歌集》所记录的和泉式部的传闻④也罢，我国文学从古至今被一种伤感的国民性情绪所约束，我们可以知道这种伤感情绪围绕这些野鹿之死，已经得以萌芽与展现。

在人们模仿异国风耍狮子之前，日本人有一种以鹿头为祭品的习俗。流传于摄津国原田（现大阪府丰中市）的鹿冢传说，也许可以在一定程度上解释前面引用的津轻"鹿个泽"的神奇例子。从前，原

---

① 《新撰陆奥风土记》，刊行于万延元年（1860），是国学家保田光则（1797—1870）撰写的陆奥仙台方志。

② 津国梦野的野鹿传说：从前，梦野有两只野鹿，它们是一对夫妻，但公鹿除了妻子，在淡路野岛上还有个情妇。某日，公鹿梦见自己背上积雪并长出芒草，母鹿做占卜说，此梦暗示着公鹿将被射死并剁成肉酱，据此劝他不要到野岛上去。但公鹿还是要去野岛见情人，过海时果然被人射死。

③ 《乞丐歌》，收录于《万叶集》卷16。这是街上卖艺的民间艺人所唱的一首歌，表现出一只被人食用的野鹿的悲哀。

④ 和泉式部的传闻，见于《古本说话集》"帅宫通和泉式部给事"第6。从前，敦道亲王（981—1007）欲在丹后打猎，准备天亮后出发。但在夜里野鹿叫得凄凉悲哀，好像它知道自己只能活到明天。敦道亲王听了不由心生同情，只得放弃打猎。

田神社是春日大明神的分支神社，每年从奈良请来一名神官行祭祀。春日山的神鹿也随之而来，但有一年不幸在此去世，人们便把神鹿埋在衡门外，建立了小冢。从此以后，人们用一种与神像同材质的木材雕刻成鹿头，自每年九月一日至九日，以此为守护神的十一个村落轮流供奉。或许，古人曾经牵来一只活鹿举行生祭，后来以鹿头像代之作为纪念吧。将来一定有人会从这一角度出发，阐明为什么鹿在春日大社、鹿岛神宫等地被视为神的使者。在春日（现奈良县奈良市），还存在一种专门安葬鹿的圣地。据《谭海》记录，那是离西大寺不远的小山，春日大社专门派人在此行法事。

在京都清水观音境内，也有座鹿问冢，传说是为了一头有功于观音堂建设的野鹿而建的。这一类传说过于零散，彼此之间缺乏统一性，我们难以将其当作学术资料来看。但罗列起来看的话，这些还是可以打消我们的怀疑的。陈旧的狮子头作为一种灵宝被神社和寺庙所保管，人们说它对祈雨，或对求治安很灵验，这似乎反映了日本固有的古老信仰，而且直到今天，这种信仰借助于耍狮子的形式留在人们的记忆之中。在民间的口头传说中，近江膳所中庄（现滋贺县大津市）的狮子森，一方面是牛头天王骑着狮子降临的地方，另一方面又是一只野鹿生活过的地方，据说这只野鹿死后，当地人很悲伤，特意把它葬于此地。在三州伊田（现爱知县冈崎市）的狮子舞冢也存在两种传说：一种传说讲，从前天皇为了祈祷疾病痊愈而把六十六个狮子头分别赠送给六十六个国家，狮子舞冢便是奉纳狮子头的地方；另一种则说道，原来在此奉纳的不是狮子头，而是鹿头，因此这里其实叫作"鹿前冢"。

村落纠纷

对于鹿蹈用的鹿头，奥羽人相信它十分灵验，会赏罚人的善恶。与此同时，这里有不少传说提到几个鹿头曾经打起架来，相互啃咬。比如，秋田县平鹿郡浅舞（现秋田县横手市）的鹿冢，便是一个著名的例子。从前，从大森町那边来了一批鹿蹈队，与当地山田的鹿头交锋而败，这里埋葬了败者的鹿头，故称鹿冢。此外，在平鹿郡的河登部落有一棵树被称为"鹿冢的梨树"，这便是粗约五尺的空洞树，有个鹿头被埋在树下。这里曾经也发生过鹿头之间的打架，已经无人知晓被安葬的是败者还是胜者，不管怎样，此村由此禁止外部的鹿蹈队进入村内。此外，鹿冢也存在于其他众多村落，而且当地流传的起源传说几乎完全一致。只不过，也有些村民对鹿冢的起源有着更合乎情理的理解，他们认为，在一个鹿蹈得以盛行的时代，有人因打架而受伤甚至去世，此人的坟墓就成了鹿冢。这种解释之所以出现，是因为人们已经不了解古时候为什么要造墓安葬舞蹈面具，从中，我们可以感觉到一种信仰所经历的巨大变化，古代已经远离近世。

前面介绍的古老传说被收录于《雪之道奥 雪之出羽路》①，这仍是白井秀雄先生的遗稿。白井先生在文中把"鹿蹈"写成"狮子"，②他大概误以为野鹿不可能如此粗暴，这也是可以理解的。但那些石头上的雕刻有两根壮大犄角，不能不说是野鹿。只要各村的鹿蹈队努力展现其鹿头的能力，就难免会发生冲突以决胜负，更何况鹿舞本来的目的就在于从自己的领地驱赶灾害，这对邻村而言无疑就是侵害。要想给双方的主张找到一个落脚点，那么，即使他们之间的矛盾没有发展到武力冲突，人们也只好把鹿头埋在两个村落的村界处，以驱除外患，解除被侵入的危机。正因如此，这一类传说容易生成，至于真实性，反而成了次要的。事实上，在离东京不远的二合半领户个崎村（现崎玉县三乡市）里，至今流传着如下一则传说。村里自古就有一张面具，被称为"三狮子"，这个三狮子像

----

① 《雪之道奥 雪之出羽路》，成书于享和元年（1801），是菅江真澄从津轻转入出羽地区时所留下的旅行记。文中记录了当地传说、神社缘起、渔民生活、市场盛景等。

② "鹿蹈"和"狮子舞"在日语中都读成"shishiodori"。

越后的狮子①一样大，头上长有两根叉形犄角，以鸡毛装饰。宝永元年(1704)，这里发大洪水，于是，有个善于游泳的人头戴这一面具，乘夜游到对岸，装作大蛇把看守拦河坝的人吓跑。就这样，戴面具的村民成功地打开阀门，把自己的村子从洪水的危机中救了出来。我以为这则传说原来反映的也就是借助于"shishi"驱除外患的思想，至于真实与否是次要的。

耳取暎

有关鹿舞面具的传说在各地流传，但内容大部分都是这样的暧昧不清，我们不可能擘肌分理地对待。在此重要的一点，便是鹿舞面具总是胡乱打架，人们据此认为面具有灵性，遂对其肃然起敬。例如，下总船形村(现千叶县馆山市)的麻贺田神社有个神宝，声称其为飞騨国甚五郎②所做的三副狮子面。人们相信只要把面具的影子倒映在水里，再饮此水，便可以治愈疾病。每年春季的祈祷会上，当地人都要戴面具，鼓舞神祇，祈祷五谷丰收。有趣的是，面

---

① 越后狮子，是起源于越后国西蒲原郡的民间杂技表演，由于表演艺人是一个头戴狮子头的孩子，故此称越后狮子。孩子头上的狮子头并不大，就像是一顶小帽子。

② 飞騨国甚五郎(生卒年不详)，是江户初期的雕刻匠人左甚五郎的别称。

具受损，人们故意不修缮，因为面具看起来越破损，越能证明它很灵验。据说，有一年祭祀结束后，人们正要收起面具时，三副狮子面便打起架来，在盒子里相互啃咬，于是人们只好拔出了面具的舌头。这令人想起巨势金冈①画的骏马每夜跳出画外到皇宫里吃食胡枝子的故事。但问题就是后半部分，人们为什么要拔出狮子的舌头，仅仅因为它们相互啃咬？此外，有一副面具的眼珠破裂，据说这是因为孕妇破禁触碰的缘故。其实，这些起源传说已经超出了现代人所能理解的范畴。

现在，让我们回到奥羽的鹿冢上来。其实，这里存在我们有必要感悟的两个问题：首先，不论其胜负，凡是打架的面具都被安葬，这究竟意味着什么？有些地方竟然把又老又破的面具当成宝贝，故意不修缮，合掌礼拜，而为什么奥羽人把精力充沛的鹿头埋在地下？我以为，冢宅并不意味着生命的归宿，而意味着新的现实的开端；其次，木制的鹿头打架，这又意味着什么？尤其是打架的胜负取决于什么呢？如果这纯属想象，那么，被断定为败者的村落恐怕是难以接受的。

---

① 巨势金冈（生卒年不详），是平安时代前期的宫廷画家，对中式水墨画的日本化产生了极大影响，但巨势的作品都已失传。这里柳田提到的故事见于《古今著闻集》。

在远野地区（现岩手县远野市）也较广泛地存在同样一则传说，对此我在《远野物语》中做过介绍。据说，当菩萨化身的权限神打架时，有一方被咬断耳朵，至今保留着缺了耳朵的面具。我们不能简单笼统地断定这是后人的胡编乱造，难道各村的人们会彼此约好，以假当真并继承下来？其实，人家还有很多方法去宣扬神异，未必依靠这样过于奇特的陈腐解释。我们可以想象，某种无形的原因贯彻其中，即使是一场误会，我们也应该揭开某种共同的误解之谜。当我首次在津轻"鹿个泽"的巨石表面上看到大耳朵的鹿头雕像时，不由得眼前一亮，拍了一下大腿，其原因就在于此。

一只是大耳朵，另一只则是耳朵被咬断，也许有人要问这两种鹿头之间有何关系，这里我不妨先指出一点，即鹿耳在东北地区从来都是被人重视的问题。比如，秋田县仙北郡北楢冈有一则传说：有一年，龙藏权限神的狮子舞与神宫寺八幡宫的狮子头之间发生了冲突，结果神宫寺狮子的耳朵被咬断，故称此地为"耳取桥"。由于对方龙藏权限神的鼻子也给打碎了，当即跳进沼泽里化作精灵，故称这一沼泽为"龙藏泽"。至于那失去耳朵的神宫寺狮子的下落，已无从可知，我个人更多的兴趣便在于耳取桥这一地名。

面对狮子头相互啃咬这样极其荒诞离奇的事件，人们给出了各种各样的解释，没有统一的说法，但令人不可思议的是，"耳取"这一地名较普遍地存在于全国各地，而且似乎多位于部落与部落之间的边界上。比如，在福岛市附近，有一条小溪流经信夫郡矢野目丸子，朝北流向伊达镰田村，再注入八反川，当地人称这一溪流为"耳取川"。镰田村的水云神社位于其水岸边，存在两种不同的说法：一种认为，从前一个神像漂流到此地，村民将其拾起来，并安置在神堂之中，所以这一溪流应该叫"御身取扬川"。另一种则认为，此地曾经有个妖怪，每夜出来摘下过路人的耳朵，于是当地人奉它为神，并把这条河流命名为"耳取"。除了这条溪流，这一地区还有一些带有"耳取"两字的地名，即使是妖怪恐怕也不会如此着迷于摘下耳朵吧。

在离镰田村甚远的三州小豆阪古战场附近（现爱知县冈崎市），也有个地方叫"耳取畷"，而且流传着类似的传说：据说，黄昏之后行人若路过此地，就会有个妖魔鬼怪出现，把行人的耳朵撕下。除此之外，全国还有不少地方带有"耳取"两字，不知道各地是否也流传着类似的传说。也许，直到人们不再认真思考地名所蕴含的意义之后，才没有人去打听其由来。否则，人们一定要自由地发挥想象力，以给出所谓合乎情理的解说，或者以此弥补记忆的不足。在九州，从南端萨摩坊津（现鹿儿岛县南萨摩市）到鹿笼枕崎（鹿儿岛县枕崎市）的山岭边界被称为"耳取峠"，是可以俯瞰开闻岳全景的景点。根据今人的解释，由于冬天狂吹西北风，耳朵和鼻子都被风吹得像刀割一样疼，故此取名为"耳取峠"。这显然不是首个命名此地为"耳取峠"的人的本来意思。但我们也并不认为三河、岩代等地的妖怪故事可以说明全国所有耳取的地名由来，只不过，这些妖怪故事有点历史，而且超出今人的常识，因此它们有可能偶然地给我们以某些暗示。

我们这些人为什么要固执于这么无聊的小问题呢？这些不都是无关紧要的事吗？其实，只要我们给不出明确的解释，我们的前一个时代就多保留了一个没有阐明的空间。长期以来，史学努力把所有可能的办法和资料投入其中，但一切都是徒劳的。无论是神话时代，还是近世，平民在历代史书中都如此的黯淡无光。假如在史书之外存在一些我们应该追溯的足迹，那么，我们除了将其当作线索，还能做什么呢？更何况，地名正是属于国民的有力记录。按理来说，"耳取"不过是两个常用字的组合而已。既然各地的人们不是从各自不同的动机出发完全偶然地想到了同一个地名，那么，我们可以认为全国总有一种普遍的生活条件，导致这样一种地名的产生。现在我们要寻觅这种线索，恐怕不能说是毫无意义的。

祭牲的印迹

当然，光说道理没有见解，那还是没有用的。在我看来，诸如摘下耳朵之类的非凡故事，不会到处偶发的，除非不同地区的人们享有一定的经验基础。即使是一场梦，总会有一些能令人做梦的种子。更何况是误会或者是夸张，正如所有历史都借助于学问变得更加精确、洗练一样，我们早晚会找到某种隐藏在其背后的原始的事实。我们有幸已经发现了若干线索。前面提到，秋田县的耳取桥上被摘下耳朵的，正是祭礼上奉献于神祇的有灵性的鹿头。说不定，生祭习俗被废除之后，其中印象较深刻的部分内容，隐约地留在人们的记忆之中。假如事实就是如此，那么鹿头便是能够反映我们信仰史上曾经出现过的重大变化的痕迹，这无疑就是有必要去认真思考的一个问题了。

今天把鱼、鸟当作祭品的神社数不胜数，诸国历史悠久的旧神社里，以兽类为主要祭牲的例子也并不在少数。例如，在九州阿苏（现熊本县）、东国宇都宫（现栃木县）、信州诹访（现长野县）等地，节日前人们狩猎并把猎物供奉给神祇。其中，野鹿姿态高贵，目光凌厉，因此无疑受到了人们最大的重视。而奈良春日若宫等地的生祭中，泽山的狸、兔、野猪之类的兽类都被拖上了牺牲的祭坛，唯独野鹿没有，因为人们视之为灵兽。由此看来，野鹿与生祭之间的关系似乎不是那么简单，但不管怎样，这仍然可以说明野鹿曾经占据一个突出的地位。所谓牺牲，就是为了祭祀而养活的牲畜。节日前，人们提前一年，或者直到发生某种特殊需要以前，要把祭牲与普通牲畜暂时隔离开，就这样，祭牲的生存被赋予了信仰上的意义。在各地的神社院子里养鹿，恐怕起源于此。再说八幡神社的放生会，这大概也是佛教把古代生祭中一些与其教条不发生冲突的内容保留下来的结果，尽管这种观点恐怕不会得到佛教徒的同意。

有关单眼鱼的传说，倒支持我的如上推测，即那些栖息在神社境内神池中的鱼儿，以某种特征区别于其他常见的食用鱼，而挖去鱼眼似乎就是古代最普遍的标记手法。与之相比，割去耳朵更加简便，而且对牲兽的生活影响较少。就像我们给野马烙下烙印或者剪断猫尾一样，最初古人可能对普通牲口或者俘虏留下某种印迹，以表示其归谁所有。后来，这种标记方法逐渐地被限定于祭祀，随之，远离了普通的世俗生活。

祭牲的头部成为绘画或雕塑的题材，甚至成为一种能够引发人们崇高情感的装饰品，这种现象不仅出现在日本，还存在于古希腊等国。但有一点是不同的，即日本学者从来没有追溯过神乐剧狮子的起源。古时候，割去祭牲的耳朵，并不是罕见的特例。比如，在日本诹访神社流传的七大奇迹中，"耳割鹿"就算一个。每逢三月酉日，诹访神社在前宫举行一种俗称为"御俎揃"的仪式。仪式上，供奉给神祇的祭品包括七十五个饭席、十五樽酒、陈设七十五个鹿头的十五个俎。时代稍后，这些鹿头都由各地的信徒进贡来，但最初还是从神祇领有的山中猎取的。据说，在七十五个鹿头中，一定有一头鹿的左耳是撕裂的。人们传说这只野鹿"曾经被主祭人选中作为祭牲，由神祇的长矛割去耳朵"，还特意将其摆放在单独的俎上。关于御俎揃的细节，《诸国里人谈》①做了稍微不同的记录，说七十五个鹿头中古人单独供奉的是"一个被割断双耳的头"，我们难以判断哪一种说法才是正确的。也许，我们不应该把御俎揃的例子当作直接的证据吧，不管鹿头被割断的耳朵是一只还是两只，隔断耳朵纯粹是神的所作，不是人做的。但至少可以说，御俎揃的例子可以间接地说明，只有"耳割鹿"才能成为最好的祭牲。俗话说："小男鹿，八只耳朵。"意指灵鹿的耳朵往往都是双层的。现在我们终于可

---

① 《诸国里人谈》，刊行于宽保三年（1743），是俳句诗人菊冈沾凉所著的随笔。

以了解这一俗话的真正含义了。

宝马小耳

六百七十年前的《诹访大明神书词》中，记载了如下一段神奇故事，它可以说明当时早已断绝了割去祭牲耳朵的传统，据说：信浓国曾有一名叫和田隐岐前司繁有的人，担任诹访神社的事务负责人。某一年，他需要准备一匹骑射仪式用的马。他的亲戚石见入道在马厩里养匹黑斑马，于是和田隐岐前司繁有想借用这匹马，但他们之间有旧仇宿怨，石见入道始终不肯，让和田隐岐前司繁有的差使吃了闭门羹。到了仪式当天，这匹马突然病倒，濒临死亡，而且其左耳忽然消失，石见入道不禁感到奇怪，左思右想才想到缘由，于是忏悔对神道的不敬，把这匹马奉献给诹访神社。病马立刻得以恢复，石见入道亦改邪归正。随后，这匹马逐渐又长出耳朵来，但最终未能恢复原形，这便是近年在本社里可以看到的名为"小耳"的宝马。从以上传说中不难看出，尽管在六百七十年前割去祭牲耳朵的传统早已消失，但仍然保留了一种传统思想，人们把耳朵的消失视为天意，主动把无耳朵的牲口为神所用。

那么，为什么非要割掉马的耳朵，而不是其他部位？凡是了解马的习性的人们，大概都会想到其理由。马通过耳朵表达情感，那简直是不解之谜。由于马的耳朵平时安静耸立，意外时才摇动，因此海外很多国家、民族都会借此察觉一种来自幽冥世界的力量。在国内，比如在佐佐木喜善君①的故里，由于产妇生孩子时需要请来山神，人们就牵马去迎接山神。直到马停步并晃动耳朵，人们便据此判断无形的神祇已经来临。有些人不得不进山熬夜，也有人出门走几步就掉头归来，这一切都取决于马。或许，古人也是根据耳朵的动作从众多野鹿中选择一只作为祭牲的，直到后来人们需要割去野鹿的某一部位时，长期形成的思维定式令人注意到其耳朵，这可以说是一种自然道理吧。

被取骨用作占卜的鹿，生前也一定经过了某种选定仪式。如果这一仪式，就如我所想象的那样，始终就是一种严肃的祭奠，那么古人割去耳朵或者屠宰野鹿的地方应该是长久纪念其功德的圣地。最初古人给坟冢立石、栽树、封土，为的就是禁止人开垦

---

① 佐佐木喜善(1886—1933)，是岩手县的昔话研究家。佐佐木早年在东京游学时，认识柳田国男。柳田根据由佐佐木提供的岩手县远野地区的传说资料编写了《远野物语》。后来佐佐木回老家，努力收集当地的昔话传说。

此地。各地的人们之所以传说有灵性的狮子头被埋在狮子冢，即便不是误传，那也是因为人们继承了古时候埋葬和纪念那些割耳祭牲（"shishi"）的传统记忆。至于奥羽地区有关鹿舞表演者及其相关的起源故事，似乎立足于新旧传统之间，反映出某种过渡时期的情况。

耳冢之由来

值得一提的是，从这样一种角度看，位于京都大佛前的耳冢未必是近世的史迹了。诚然，丰臣秀吉征伐朝鲜不过就是三四百年前的事情，而京都人的好奇心催生了无数个传说。因此，原来我也以为所谓耳冢只是虚构而已，但是，各地的诸侯家里至今保存了确凿的证文，只不过，这些证文又写道，当时丰臣家臣从朝鲜送来的鲊瓮里面装的却是被盐腌的敌人的鼻子。为什么人们称埋葬敌人鼻子的地方为耳冢，直到今日，这还是一个谜。令人不可思议的是，除了京都以外，全国各地还有不少耳冢，我略查一下，竟能找到数十个。其中，与京都耳冢较为相近的古老耳冢，便是筑前香椎海滨（现福冈县福冈市）的海边。延宝年间（1673—1681），有人挖过这座耳冢，原来里面是三间宽的石室，供奉着一把四尺长的刀剑。

就是这样一座小冢，人们竟敢把它和神功皇后的三韩征讨联系在一起①。至于伊豫新滨（现爱知县松山市）的耳冢山，如今已无人知道耳冢在何处，只流传着一则传说：从前越智益躬②于播州蟹阪诱杀了外来的贼将铁大人，并将其耳朵割了下来，埋在此地。这恐怕不全是历史的写真吧。

由此看来，耳冢并不像大家想象中的那样是为了张扬讨贼的战绩而修建的，修建耳冢的目的似乎在于防备侵犯。据说，在江户上涩谷（现东京都涩谷区）长泉寺境内曾有过耳冢，里面安葬了加藤清正从朝鲜取过来的耳朵，但这样的说法令人难以置信。再看武藏野，在府中的西南的分倍河，原亦有过一座小型的耳冢，今人只会说在其附近有个弘长年间（1261—1263）的古碑，至于耳冢的由来已无人知晓，而且除了耳冢之外，这里还有颈冢、身腰冢等，即使考虑此地曾经是个古战场，也难免有点太离谱了。再看其他地方，比如备前龙个鼻（现冈山县和气

---

① 传说这座耳冢供奉了神功皇后在三韩征伐中获得的新罗人的耳朵。

② 越智益躬，即小千益躬，是以伊予国为据点盛本一世的河野氏的祖先。据说，推古天皇时代，以铁人为大将的三韩（高句丽、百济、新罗）进攻日本，朝廷下令小千益躬去治外敌。小千向守护神三岛大明神祈祷，并按照大明神的神谕用弓箭射中铁人的脚心，成功地击败了对手。后来，小千在兵库县明石市大藏本町建立稻妻神社（现稻爪神社），供奉三岛大明神，他自己又被在附近的八幡神社奉为神。

郡)的耳冢，又如，日向星仓(现宫崎县日南市)的耳田冢，说不定这些都是后人发挥想象而起名的，仅仅因为这些地方曾经是古战场。

在信州有明山脚下的村落里，有一则著名的传说：田村将军①消灭中房山的大魔王"魏石鬼"之后，把魏石鬼的耳朵埋在此地，此村由此取名首冢立足村。这种耳冢传说与地名起源传说的结合，显示出一种十分接近蚩尤传说的姿貌。当然，这则传说在传播范围上无法与京都耳冢相比，但是，仅就宗教影响力而言，似乎足以启发京都耳冢传说。据说"古人把魏石鬼的尸体分别埋在三个或七个坟墓中"的近世人，这种传说一般流传在山地与平野之间或者两个盆地之间的交界处。关于魏石鬼的坟墓位置，密教按照独特的教理指出，这是为了夸耀他无比残酷，借其力量使外侵者永远折服。事实上，这种说法对于享受和平生活而言，是有些实用价值的。我们在土佐本川乡的深山中可以看到，邻接伊豫的地方也有一座耳冢。《土佐州郡志》②写道："曾有数十名豫州人来偷走了木材，人们追捕这些豫州人，并割去他们的耳朵，埋在此地。"

---

① 田村将军，指平安时代的武官坂上田村麻吕(758—811)。
② 《土佐州郡志》，成书于宝永年间(1704—1711)，儒学家绪方宗哲奉土佐藩主山内丰房之命撰写的方志，包括高知、土佐郡、长冈郡、安艺郡的内容。

《寺川乡谈》又写道："过去，村民们削去盗贼的耳朵并装盒送去都城，然后官府下命令将其埋在交界处，其埋葬地由此取名为耳冢。"这些是否就是历史上曾经发生过的真实事件？我以为，正是在真假难辨的地方，才蕴含着深刻的意义。

交界处的屠杀

只不过，仅有这些理由，耳冢这种微不足道的名称是无法单独纪念至今的，还是需要借助于古老神话来实现，如狮子舞面具被咬断耳朵等。而这种口头传说赖以成长的基础，便是人们记忆当中"割去耳朵"一种都是确定界线的重要条件之一。或许，我们据此可以追溯到一个比野鹿更古老的生祭习俗。事实上，我们的祖先所相信的灵魂力量，完全超乎我们今日的想象。比如，即使是自己人，死后其灵魂也有可能作恶；同理，即便是敌人，其怨灵被祭祀后，也会变为可利用资源。尤其位于界线上的山坡或广野，人们往往会把残暴无情的亡灵安置于此，以使之袭击那些不知情的外来人，这可不是发生在离我们甚远的过去的事。此外，为了祈祷成功筑堤，古人把人活埋在水下，事后奉此人为水神等，这种不足凭信的传说在全国各地流传。就像黑岛兵卫①、东寻坊②等恶汉之所以死后受人信仰，恐怕不仅仅是因为古人生怕他们作祟。或许，人类体内原先就有一种可命名为神的部位，古人相信该部位对其安宁的日常生活是必不可少的，因此，特意将其与世俗相隔，并供奉祭祀。按照今天的生死观来看，这种仪式风俗简直令人难以接受，但只有这样设想，我们才能理解"活供品"一词的含义，即人在赴死前的准备阶段里就能够成为活神，由此看来，古人会在祭祀前割去祭牲的耳朵，而野鹿未必就是最初被选定的祭牲。

在众多例子中，古老的民间信仰只把形式保存到今天，至于其本旨，早已烟消云散。散见于近世文学作品中的神怪奇事，大家都以为是诗人想象力的产物，其实不然。经过多年历史的精炼，

---

① 黑岛兵卫，以越后国为中心逞凶肆虐的豪族，传说他是身材巨大的怪人。

② 东寻坊，是平泉寺的僧侣。据说他力大无比，恃强欺弱，肆虐横行，认为人们禁欲修行为的是往生西方净土，但他不愿放弃现世的快乐，于是自称"东寻坊"，意即"宁可背离西方净土，也要寻觅东方极乐"。平泉寺的其他僧人再三忍耐终于忍无可忍了，某年4月初，他们在海边的断崖绝壁上举办酒席，并轮流向东寻坊灌酒。等东寻坊醉睡，服役于平泉寺的武士真柄觉念乘机把他从断崖绝壁上推下去。东寻坊瞬间被滔天巨浪吞没。这时，天空突然黑云滚滚、阴风荡荡，真柄觉念也被卷进海底。此后，每年4月初，这里海面狂风四起，巨浪滔天，从西边下起雷阵雨，黑云飞向东边的平泉寺去。

隐约酝酿的思想在无意识间显露出来。这种传统思想的片断遗留在有些历史悠久的地方节日之中。狮子舞早已成为和平时代的娱乐，而与之有关的传说却杀气腾腾，现在我们也就可以明白其理由了。位于伊势山田的七座神社分别保管着一个狮子头，平时这七个狮子头作为守护神在不同的村落受人祭祀。到了正月十五的夜晚，各村的表演队先在村里表演狮子舞，然后又在山田桥上集合，拔刀表演武打场面，而表演一结束，他们立刻就将狮子头包在舞衣里，分别放回到各自的神社里保管。不管今人对此做出怎样的解释，这肯定不会是后人所能创造的，或者是经过商量而发明出来的娱乐了。

切耳团一

终于，我们要涉及近世口承文艺中最天真又最离谱的部分了。我们这一辈人，小时候都听说过"吃得快，有出息"之类的俗话。过去日本人十分忌讳进餐时间太长，当众多朋友一起吃饭时，每个人吃好了就离开饭桌，而且离开饭桌时，往往都要一把揪住其他还没有吃完的人的耳朵。被揪耳朵的人，耻辱大于疼痛，由此品尝社会辛酸。儿时的我一直不解，为什么要揪耳朵，后来在《嬉游笑览》①第六卷下册的"儿童戏·鬼事"项中看到，过去有一种游戏，孩子们紧紧地抱住柱子，游戏中的"鬼"②边说"不出来就要拉拉耳朵"，边用力拉开抱柱子的人的胳膊。《鹰筑波集》③也收了冢口重和的俳谐："月兔不见出来，应拽拉耳朵。"即拉耳朵这一行为模式早在俳谐连歌的初期，便广为人知。

　　"鬼事"这一名称可以证明，称捉人者为"鬼"的儿戏是基于模仿。过去，诸国的神社每逢春季都要举办"驱鬼节"之类的仪式。有学问的人可能会指出该仪式源自中国，或者说是由佛教制定了其礼法。不管怎样，自古以来，各国神社以稍有变化的形式，在神前认真地表演恶鬼大闹并最终被驱除的剧目。而孩子们尤其注重仪式的前半部分，至今尽情玩耍。"拉拉耳朵"这一套句说不定也继承了仪式的某些祷词，其实，我们已经掌握了一些证据。

---

　　① 《嬉游笑览》，刊行于天保元年（1830），是由江户时代后期的国学家喜多村信节（1784—1856）撰写的随笔，文中记录了江户时代的市民生活、民俗以及歌舞乐曲，共 13 卷（其中 1 卷为附录）。

　　② 捉迷藏等儿戏中的捉人者，在日语中被称"鬼"。

　　③ 《鹰筑波集》，成书于宽永十五年（1638），刊行于宽永十九年（1642），是汇编江户时代前期的诗人松永贞德（1571—1654）门下 300 余名诗人的俳句的作品集，共 5 卷。

大家也许从小泉八云①的怪谈书中首次知道"无耳芳一"②的传说，其实，直到最近，同样的故事仍流传在各地的农村。故事中，受害者一定是盲人，但姓名并不统一。比如，由小泉氏记录的故事中，主人公是下关阿弥陀寺的盲人乐师，名叫芳一。据说，平家亡灵邀请芳一演奏《平家物语》，因为芳一演奏得极好，亡灵为了保证他第二天晚上也过来，便撕下其耳朵作为抵押品。只看这一点，该故事与《宇治拾遗物语》的"摘瘤爷爷"十分接近，至于为什么非要撕下耳朵不可，始终没人能解释清楚。

　　能够化解我们如上疑问的传说，流传在与下关相隔甚远的阿波里浦（现德岛县鸣门市）：从前有一名叫团一的琵琶法师，每晚接到某一贵妇人的邀请，在谋生的村落弹奏琵琶。某天晚上，有位行脚

---

　　① 　小泉八云(1850—1904)，原名 Lafcadio Hearn，是英国文学家、作家。其父为英国人，其母为希腊人，于明治二十三年(1890)来日，同年与小泉节子结婚，6年后取得日本国籍。先后在松江中学校、东京大学、早稻田大学等学校教书，与此同时，小泉八云研究日本文化并向世界介绍日本文化。"无耳芳一"收录于《怪谈》，此书是取材于日本古典民间故事的短篇集，于 1904 年在美国刊行。
　　② 　无耳芳一，是日本妇孺皆知的传说。从前，在祭祀安德天皇和平家一门的阿弥陀寺里，有个盲目琵琶法师，名叫芳一。芳一被平家怨灵缠住，每夜在平家所推崇的安德天皇陵墓前弹奏琵琶。阿弥陀寺的主持在芳一全身写下《般若心经》，却忘了在他的耳朵上也写上经文。夜里，平家怨灵来到寺里，全身写满经文的芳一没有被怨灵发现，只有没有经文的耳朵被怨灵发现了，怨灵无奈，只好摘下一对耳朵带回去了。从此芳一被称为无耳芳一，以琵琶名手闻名于世。

名僧路过坟地，偶然发现有个盲人独自演奏，便问他缘由。得知团一已被鬼魂缠身之后，这位行脚僧给团一身上施巫术，却遗漏了他的耳朵。第二天晚上，贵妇人又来接团一，只好把团一的耳朵带走了。从这则故事中，我们可以知道是女性亡灵摘下了耳朵，而且僧人用法术救了盲人，但"施巫术"的含义还不够明确。

对此加以合理解释的，是《曾吕利物语》①。虽然这是江户时代初期的文学作品，但凡是读过此书的人都可以看出书中记录的故事十分古老，前面介绍的几个异文说不定是该书的套用或模仿。《曾吕利物语》说这是越后国的盲人乐师"割耳云一"的自传。据说，当云一路过善光寺时，顺便看望半年未见的尼姑庆顺，孰料庆顺早在三十天前便已去世。庆顺的幽灵出来挽留云一，要他每晚弹奏琵琶。善光寺的僧人发现此事，便帮云一骑马逃走。庆顺的幽灵紧追其后，云一无奈逃进某一寺院向长老求救。有几位僧人用《尊胜陀罗尼》经文②把云一的身体包上，并让他站在佛坛旁边。庆顺的幽灵进屋，喊声"可怜的云一，竟变成石头"，并抚摸云一全身，终于

①　《曾吕利物语》，刊行于宽文三年（1663），写在书面上题目为《曾吕利快谈话》，《曾吕利物语》便是内封大题，内容是丰臣秀吉的御伽众、被誉为"落语家始祖"的曾吕利新左卫门（？—约1603）口述的怪谈，编著者佚名，共5卷5册。
②　《尊胜陀罗尼》经文，即指《佛顶尊胜陀罗尼经》中的一节。

发现云一的一只耳朵露在经文之外。"这里还剩下一点云一的身体"，庆顺说着，便把云一的耳朵撕下来带走了。就这样，这位盲人乐师就失去了一只耳朵。

我相信各地的读者们都听过类似的故事。在我们的民族早期，不，在我们尚未分裂为多个国家以前，人们就不知多少次地讲述过有关逃过敌人追杀的故事，又在一种连呼吸都困难的紧张气氛中反反复复地聆听。后来，这一故事逐渐显得陈旧，人类的智力又有了发展，难免会有给故事添加一些新意的必要。这时，有关耳朵的奇闻就受到了特殊的关注。在其他故事中，主人公被鬼魂、山中女妖等鬼怪追赶，他们跟云一样，也通过某种偶然而得救；而且故事最后往往都会纪念某些事物，如某人藏身于艾草和鸢尾的草丛中得救，因此每年五月，人们用这两种草来避邪等。这些纪念品仿佛就是令人想起某一古老故事的某种线索，因为古人每次看到嵌套式衣柜、艾草鸢尾等特定事物，心里都会想到与之相关的故事，"盲人乐师"也然。

云游的师傅

可以说，小泉八云氏所关注的无耳芳一传说，不外乎就是他的故国至今珍重的两种故事，即"窜逃型"①与"异乡淹留型"②故事相结合并得以发展的形式。在西方，似乎还没有人正式研究过故事搬运者对故事产生的影响，而有幸的是，在日本，与之相关的证据极其丰富。尤其是由云游的盲人乐师所搬运的故事，可透露出盲人特有的洗练机智。比如，位于江户川左岸的某村流传着如下一则故事。从前，有一个盲人乐师被鬼追赶，鬼未能发现盲人乐师，唯独看到了其耳朵，说"好啊，这里有个木耳"，便把盲人乐师的耳朵撕下来吃掉了。尽管讲得有点过头，但这无疑是只有盲人才能编出的、令人沉闷的笑话。只要细心观察，不难发现类似的例子比比皆是。

事实上，如果盲人乐师仅仅弹奏《平家物语》一个曲子，是无法流浪全国的。在漫漫长夜里，有些闲不住的人们经常把盲人乐师叫来弹奏《平家物语》，但一旦听腻了，就会向乐师问这个问那个。这时，盲人乐师必须以能引起听众兴趣的故事来回答，因此他们一般都要准备各种各样的故事。难道过去确实存在过几位没有耳朵的盲

---

① "窜逃型"，是日本的昔话类型之一，主要内容为被非人缠住的人类以身体的某一部分为代价成功回到现实世界，如"摘瘤爷爷"。

② "异乡淹留型"，是日本的昔话类型之一，即异界访问故事，如"桃花源""浦岛太郎"等。

人乐师，而且有很多机会被人问他缺耳朵的原因？也许是，也许不是。世上有不少人的两只耳朵都不是形状均一的，有的可能压扁，有的可能形状怪异。更何况他们本来就没有眼睛，谈到耳朵的机会也应该不少吧。这样一来，他们总有办法为下面的"切耳团一"故事做一个开场白，如"说起耳朵，我的师傅只有一只耳朵"等。正如上述，他们讲述的"切耳团一"看似很现代，但这现代性的外表下隐藏着一种古老的情趣。现在，我们唯一需要思考的问题，不是该故事的存在，也不是流传范围，而是为什么盲人偏偏想到撕去耳朵的故事，还要将其传播？

换言之，泽山的盲人们怎么会四处奔走，并在诸国特意讲述一个就如自己切身经历一样的鬼故事呢？今天恐怕没有多少人对我的解释感兴趣，更无人提出质疑，但我还是希望解释清楚。首先，盲人乐师渴望展现自己作为天下无双的探险家的一面；其次，想说明他们的演奏技能具有一种惊人的力量；再次，要证实神佛厚待他们；最后，基于如上理由，要求世人善待他们。也就是说他们借用故事传达一种利己的教训。如果有哪一种故事有助于他们达到目的，同时还能让雇主们感到高兴，那么，泽山的盲人们自然会拼命背诵和讲述该故事，这应该说是他们的生活所需。

山神与琵琶

由于村民们都在村内听故事，因而往往以为他们传承下来的故事就是曾经发生在村内的事情。让村民们如此信奉，其实也是盲人乐师的技能所在。盲人乐师离村而去后，村民们认认真真地把故事保存下来，并逐渐取得近邻村落的认可。这样过了几百年，最初盲人乐师带来的故事就在此扎根，最后成为一个土生土长的故事。这些故事在今人看来简直难以置信，但我们绝不能据此判断农民都在撒谎。面对任何一种从古继承下来的东西，不用说农民，谁也不会轻视之。

举一个例子。从羽前米泽（现山形县米泽市）到越后岩船郡（现新潟县岩船郡）之间的大利岭，又称"折岭""蛇骨岭""盲人乐师岭"等，在山顶上，人们供奉着大仓权现。从前有个盲人路经此地，在山岭上住了一宿，因觉得有些寂寞，便弹奏琵琶安慰自己。忽然，出现了一位女人，听了琵琶演奏后感叹不已，道：我是在此山中生活了多年的大蛇，不久将要到大海，等我穿过关谷时，那里立即沉于水底，请师父早点离开村子，也请以生命发誓保密。天亮后，这位盲人下山进村，下定决心泄露此事。盲人当场丧命，大蛇也被村民驱除。有人说山顶上的神祇便是这位盲人，也有人说山顶上祭祀的是恶蛇的灵魂，这两种说法恐怕都是真实的。最近的传说又讲，所谓大仓权现，指的就是盲女小仓的怨灵，据说她是猎人鲭七的妻子，因破禁吃肉而变成大蛇。

此外，另有一位来自米泽（现山形县米泽市）的盲人乐师，向北远行，途中路过一个名叫大石田越的山路，建立了与前面同样的功德，死后也被奉为神。在此地，这位盲人的灵魂被命名为森明神。据说，他曾经在山中遇见一位老翁，并应老翁要求，坐在旁边的石头上用琵琶演奏《地神经》。老翁感叹道：我告诉师父一个秘密作为谢礼，今晚千万不得在大石田越住宿。此后的情节与前面介绍的故事基本相同，村民为了拯救恩人的生命，把他藏在嵌套式衣柜中，但最后打开一看，盲人已经被蛇咬成碎片。

位于越后尚小千谷南边的那须崎（现新潟县尚小千谷市）有座地藏堂，这里也流传着同样一则故事。故事中，盲人把大蛇即将危害此地的消息告诉农民，说完就吐血而死。村里立刻派人去要道关口，把铁桩埋在地下，以防止大蛇出来。对于大蛇而言，铁类金属可是要其命的大毒。在前面介绍的大利峠的蛇精，之所以被人驱除，也是因为它漫不经心地向盲人泄露它最不喜欢铁钉，关谷的村落甚至有过一个铁匠营旧址。在信州，山崩与地陷分别被称为"海螺崩""蛇崩"。在发生"蛇崩"前，山体出现异常的山鸣作为前兆，于是人们立刻把丝柏削成桩子，并将桩子打在山周围。这样，大蛇就出不来了，不久被困死在其中。直到过了多年之后，只有大蛇的骨头才会从地下出现。也有一种说法认为，把蛇骨磨成粉，可以当作抗疟药来服用。这个故事中，大家其实早已知道惩治大蛇的方法，用不着盲人教导。正因如此，即使有人怀疑盲人乐师利用当地说法胡编故事，却难以证明他的故事完全无根无据。

盲目的效用

当然，听众们之所以相信世上可能真有此事，不仅仅是因为盲人具有超群的讲述技巧，这还与盲人自己有关，事实上如今此类故事几乎都由盲人所掌握。全国各地应该都有类似的例子吧，下面举一个我所了解的盘城相马（现福岛县相马市）的例子。从前，一尊池神叫"堂房禅师堂"，它曾经治好了虔诚的盲人，帮他恢复视力。池神说道："我打算在不久的将来把小高的乡村沉于湖底，你千万不要泄密，否则要你的命。"而此人不惜牺牲自己向村民密告此事。小高的领主听了之后，下命令制造出四寸大的泽山铁钉，并在丘陵周围每隔四寸打一颗钉。大蛇果然中铁毒而死，并且其身体被切成碎块，向四周飞散，每块肉掉落在地，成为今天诸如"胴阪""角落村""耳谷"等地名。至于这位终于恢复视力的盲人，却被旋风卷走，从此无人知其下落，如今只留下了一座琵琶冢。又有传闻说，此地好出铁屑，由此看来，这则故事说不定就是盲人乐师与铁匠共同编出来的。

从前，在伊豆三岛的宿驿(现静冈县三岛市)有个盲人按摩店，这里每晚都有个小和尚过来玩。后来小和尚告诉按摩师说："我原来是围绕此山盘绕了七圈半的大蛇。因为每日被人马踩在脚下，我已痛苦不堪，即将离开此地，但离开之前，要降雨把此地变成一片泥海。请您离开此地逃难吧！万一向外泄露，必遭惨杀。"为了救人，盲人密告此事，并吩咐村民在山周围打下铁钉，最后人们成功杀死了大蛇，村落得救了，但盲人却身亡命殒。据说此村把盲人的形象雕刻成石像，多年香火不断，不知现在是否还能看到。由于这则故事的主人公是盲人按摩师，其宗教因素显得十分淡薄，但值得一提的是，该故事中反复出现的"山"指的似乎就是修验道的圣地箱根山，而且佛教中的蛇体水土神最初是一位手持琵琶的女神，她从古就是守护琵琶演奏者的守护神。由盲人乐师弹唱的《地神经》①原来也是歌颂这位女神的神德之歌。过去农民家每到立春、立夏、立秋、立冬前十八天，都要请盲人乐师演奏琵琶，其中最初目的就是请盲人当中介人，讨好水神。因此，不管盲人乐师讲什么故事，村民不得不聆听，更不能提出质疑。

关于盲人乐师的行业史，已有不少研究成果，此处不多赘言，否则我的工作会沦为编辑。我更想了解的是为什么琵琶传到日本后构成了盲人组织的特殊行业，换言之，盲人如何充当了与大蛇神沟通的神职角色？面对如上疑问，切耳团一的传说能为我们带来一个很有利的暗示。按照我的想象，过去人们会把割去耳朵的祭牲供养一段时间，而在一个更古老的时代里，古人基于某种法则要刺瞎祭牲的眼睛，并把它与世俗隔离开。说不定，人们继承了关于琵琶法师的师祖曾经自伤眼睛的朦胧记忆，再给这种记忆穿上浪漫的外套，使得"恶七兵卫景清"成为日向生目八幡神社的祭神。无论如何可以肯定的一点是，盲人乐师之所以受到琵琶神，即水土神的特别呵护，正是因为他眼睛瞎了。

---

① 《地神经》，是盲僧弹唱的琵琶曲名，含有安慰土地神、赞扬佛典之意。

蛇与盲人

听了我这样的大胆假说之后，反对者往往都会拿出"盲人不怕蛇"这一古老俗话来反驳，现在我们应该认真追溯一下这句俗话的渊源了。诚然，视力正常的人也会怕蛇，而且现代科学还不能说明其恐惧的原始机制，但我们不打算探讨这个问题，而只问怕还是不怕，并冷静地聆听这一事实告诉我们些什么。至少可以说，"盲人之所以不怕蛇，是因为他们什么都不知道"这种想法过于简单，正如上述，盲人一直都具有关于蛇的珍贵知识，将来我们说不定还能发现盲人之所以不怕蛇的真正原因。

关于盲人不怕蛇的原因，目前我们已经了解以下几点：首先，诸如琵琶桥、琵琶渊等地名广泛分布在全国各地，当人们用"盲人乐师抱住琵琶跳水而死"之类的传说来解释这些地名时，往往会谈及大蛇的执念或诱惑，即在人们的想象中，盲人具有一种不为人知的优点，能吸引水神①。其次，勇士处治恶蛇的故事中，时而会出

---

① 水神，原文为"闇龗"，是主司雨水、灌溉的神。也许此神通过"闇"字与盲人发生了联系。

现与其角色不相配的盲人帮手。如在九州肥前黑发（位于佐贺县武雄市）就有著名的梅野盲人乐师①的故事，他曾经从源为朝那借用一把短刀，在峡谷刺杀了天堂岩的大蛇，据此功德，领主特别允许他随身携带刀剑。按理来说，除非有什么特殊的理由，人们一般是不会请盲人帮忙的，可见盲人具有一定的神力。

在西国的盲僧们，大多生活在寺庙，并一代代地世袭职务。当父母的，当然希望自家的孩子继承家业，宁可孩子变成瞎子，总比收养别人家的瞎孩子更好一些吧。我根据这种心理基础，想象出一个人们主动弄瞎眼睛以讨好神祇的时代。如果要失去的不是眼睛，而是耳朵，那么对生活的影响会小些，应该更受欢迎了。过去在信仰最为旺盛的时代，有不少人心甘情愿地牺牲自己，以使自己死后能够被奉为神，长久受到祭祀。直到人们开始牵挂现世，不愿丧命之后，人们才原则上同意无限期地放养祭牲，诸如八幡宫的放生会。即使是哪位盲人乐师为了信仰，或者为了生活，经过深思熟虑亲自割去耳朵，这就不足以为奇了。当然，即使他不这样做，切耳团一的故事也是完全能够成立的。

---

① 佐贺县武雄市的黑发山有源为朝处治大蛇的传说，其中梅野村的盲僧立下了很大的功劳。

然而，盲人乐师再具有惊人的机智和叙述技巧，只要听众没有相信他们的心理基础，那么，他也不过是无用的骗子而已。我们似乎遗忘了从遥远时代的古人那里所继承的情感，正因如此，后人选定祭牲时，偏偏就选择耳朵有割伤的野鹿；舞动狮子头，又会看到两个狮子头打架，一方耳朵被咬断。在岩石上刻画野鹿像，就不得不把耳朵刻得大如团扇，每次见到盲人时，都不禁为水土神的威德与凶暴一喜一忧。世上总有一些人能够无意识地、敏锐地领悟到这样一个道理，他们叙述种种歌词，又创造出种种传说习俗，以此引导普通百姓的日常生活。上一个时代未必全部都被今天所淹没，比如，除了本文所提及的例子之外，还有很多例子可以说明，现代生活中存在一些有关耳朵或眼睛的小知识，普通百姓对此深信不疑，也经常挂在嘴边，而连这样小小的常识里面，却也蕴含了日本固有信仰的片断，这些仍然是帮助我们回到上一个时代的"被遗失的锁链"之一。

（昭和二年十一月 《中央公论》）

桥　姬

　　所谓桥姬，是指古时候我们的祖先供奉在街道桥旁的美丽女神。在有些地方，桥姬信仰衰退得较早，于是围绕其旧址产生了种种故事。只要我们把这些故事凑在一起并进行比较，似乎就可以领会古人的心思。为了保持学问的严肃性，我不妨一个个地表明其出处，证明我毫无添加自己的创意，从而给爱学问者以提供参考。

　　在山梨县东山梨郡国里村（现甲府市国玉町）有一座桥梁，俗称"国玉大桥"。虽说是大桥，其实是个很狭小的小石桥，架在一条从甲府市流向西南最终汇入笛吹川的浊川之上。今天，国玉大桥距离国道约半里，但过去这里似乎就是主要街道，也有人称之为"国玉逢桥"，另有别名"行逢桥"。据《甲斐国志》①记载，这里原是山梨、巨摩、八代三郡县的交界，其真实与否已无从可知。成书于一百五六十年前的《里见寒话》②第六卷则写道：凡是有人在这座桥上提及猿桥，定会遇到怪异现象，若有人在猿桥上说到国玉大桥也会发生同样的现象。从前，有个游侠从武藏国（现东京都、埼玉县以及神奈川县的部分地区）来到甲州，走过猿桥时，不经意中说起有关国玉大桥的谣言。忽然，有一位妇人迎面走来，说如果他要到甲府，请把这封信送到国玉逢桥。这位游侠答应了下来，但又觉得有点不对劲，于是在路上悄悄偷看信件，谁知，里面竟写道"必得杀害此人"。他大吃一惊，立刻把这封信改写成"不得杀害此人"。游侠来到国玉大桥，果然在桥上看到了一位女人，她似乎怒火在胸中翻腾，但看了信件后，就变得满面笑容，向游侠道谢，走了。《里见寒话》还特意附加一句：虽然没有太多意义，但国人都在如此传

---

① 《甲斐国志》成书于文化十一年（1814），是甲府勤番松平定能（1758—1831）编纂的地方志，巨摩郡西花轮村长百姓内藤清右卫门、下谷村长百姓森嶋弥十郎、巨摩郡上小河原村神主村松弹正左卫门等人参与了调查与编写工作，共124卷71册。

② 《里见寒话》，由甲府藩勤番野田成方所著，记录了野田自享保九年（1724）到宝历二年（1752）在甲府城工作期间的所见所闻，也涉及甲斐国的各种传奇怪谈及方言，其儿子于宝历三年（1753）整理成书，共7卷（最后1卷为附录）。

说。此外，据同书记录，在这座桥上唱出能剧歌曲《葵上》就会迷路，而唱《三轮》便可找到原路，令人感到十分奇怪。

这则故事还不是纯属虚构，其证据之一便在于不合情理的情节。那位游侠怎么会把改写内容的信件老老实实地递过去？桥姬见信高兴又是为什么呢？这则故事经过长期的流传恐怕发生了变异。《山梨县町村志》出版于明治二十年（1887）前后，其中收录的异文变化更大，写道：不得在这座桥上提及猿桥，或者唱《野宫》，否则必招怪异。至于其原因，已无人知晓。六七年前，由山梨县商业学校的一批学生收集的《甲斐口碑传说》也记载了如下异文：某一天清晨，有人走过国玉大桥时，忽然想起在此唱《野宫》必招怪异，于是试唱几句看看，却未见什么怪事发生。一直走到两三町①远，有一位抱婴儿的美丽女人迎面走来，说道："先生，我要穿好布袜，能否帮我抱一下孩子？"此人回答："那我来帮你穿上好了"，并蹲在女人脚边朝上一看，女人竟变成了一副如鬼似的相貌，令他毛骨悚然。他立刻逃跑回家，尚未进屋，就晕倒在家门口。女人突然叫人抱孩子，那未免……现实了。

现在我们还无法阐释国玉大桥的传说有何来历，但有一个事实

---

① 约219至327米。

便是，类似的传说流传在与甲州相隔甚远的远方，这不太可能是有人模仿或者搬运国玉大桥传说的结果。就请求递信的神秘夫人而言，几年前我发表的《远野物语》中也出现过。据说，陆中远野（现岩手县远野市）的某家主人，从宫古回家的路上路过闭伊川的原台之渊一带，忽见一个女人，拜托他到远野物见山中处池沼拍几下手，等有人出现后把信件递给此人。虽然家主答应了，但心里又觉得不对劲儿，后来在路上碰见了一位云游僧，便说起此事来。云游僧确认信中内容后告诉他："先生不该把这封信递过去，否则必有大难，我帮你改写吧。"主人手持改写的信来到池沼，并拍了拍手。忽然，眼前就出现了一个年轻女人，她从主人手中接过信后，送给他一个小石臼作为答谢。这还是个神奇的石臼，放入一粒大米，便可涌出黄金来，这个家主由此成了大富翁。另外，旅行记《雪之羽后路》第十四卷中也介绍了类似的传说。在羽后平鹿郡大松川（现秋田县横手市）的深处有一个景色佳好的池泽叫黑泽，黑泽上架有一座小桥，传说这里被月光照亮时偶尔会出现一位美丽女神。从前，有个农夫去参拜伊势神社，回家时，在奥州赤泽旁休息。这时，有一位像公主一样高贵的贵妇人走了过来，说："先生回到出羽后，顺便到黑泽帮我递一封信吧。"她还送给他一个礼物，是如饭团那么大的重物，由于用纸包起来，所以农夫不知道里面是什么。农夫路过黑泽附近时，高喊自己来自赤泽那边，是来递信的。话音刚落，出现一个身穿华丽和服的美女，说是那位贵妇人的妹妹，她收到姐姐的信很高兴，也把同样的礼物送给他。农夫打算去市场把这两件礼物卖掉，美女听了之后，说道："你卖了那么多钱你一个人又怎么拿得动，我帮你换成黄金吧。"于是，农夫获得了大如山的黄金，变成了大富翁。

以上都是很有趣的故事，而与之不同的异文流传于备后国芦品郡服部永谷村（现广岛县福山市），这里"读坂"的地名起源传说更接近于国玉大桥传说，令人毛骨悚然。《福山志料》①写道，从前，有个赶马的人干完活带两个空桶回来时，路上遇见一个男人，答应帮这个男人递信。但走了一会儿，赶马的人才记起他忘了问收信人的名字，于是，请一个碰巧遇见的人帮他读一下信封上的名字。由于信封上写的名字十分怪异，此人拆开信封，读信的内容，原来信上写着"敬献带空桶者的肚肠"。于是此人吩咐赶马的人说："这无疑是河童作怪，回家时千万不得走近水边。"多亏此言，赶马的人平安无事地回到家里。从此以后，他们拆开信封读信的地方被命名为

---

① 《福山志料》，成书于文化六年（1809），是福山藩的儒官、儒医、诗人菅茶山（1748—1827）撰写的福山地方志。

"读坂"。在这则故事中，马与空桶似乎没有起到什么作用，其实不然，河童从古就是莫名其妙地针对马搞恶作剧的。比如，六七年前，早稻田大学的五十岚教授①让学生收集全国各地的传说，并把其成果以《趣味的传说》为题出版，其中有一则传说讲道：从前，位于丰后九十九峠②的池子里有一只河童，它看到一位赶马的人就要把他的马拉进河中，结果反而被抓住，而且它头顶碟子里装的水流尽了，便没有力气反抗了。于是河童只好恳求说："求求您放我走吧，我送您宝物来答谢，我家从山顶上的细路再走七八町就是，只要您把这两种东西带到那里，就会有人用宝物来交换。"说完，河童就把一封信和一个空桶送给赶马人。这位赶马的人识字，并且在路上闻到桶中有异味，便拆开信封看信的内容，信上写道："大人所要的一百个活人尻子玉③，现进献九十九个，烦请大人抽取此人的尻子玉，以补不足，奴辈谨上。"记完信后，赶马的人就吓跑了，这里故此取名"九十九峠"。

现在，我要指出一点，即便如此荒诞无稽的故事，也继承了始

---

① 五十岚教授，即五十岚力（1874—1947），是坪内逍遥门下的国文学家，在早稻田大学文学部创立了国文学科。

② "九十九峠"疑为"九人个峠"的笔误。九人个峠位于大分县宇佐市。

③ 尻子玉，又称尻小玉，是位于肛门附近的虚构器官，传说河童喜欢抽取人的尻子玉。

自中古时代以前的传统。比如《今昔物语》第二十七卷收录了如下一则故事。从前,有一位名叫纪远助的美浓国武士,从京都回家时,路过近江势田桥,遇见一个妇人,答应帮她把一个小盒子送到美浓方县郡唐乡段(现岐阜县岐阜市)的桥边去。但远助却忘记此事,拿着小盒子回到家中。当他正想改天再去送时,被妻子看见了,妻子心生妒忌,偷看盒子里面,谁知,里面竟装了人的眼球及其他部位,似乎都是抓来的,甚至有的还带有毛发。两口子大吃一惊,远助立刻把盒子送到唐乡段的桥边去。在桥梁西端果然有个女人正在等他,接到盒子后,说道:"你好像看过里面,真可恨。"说完还以凄凉的表情瞪了他一眼。不久,远助病倒死去。众所周知,这则故事提及的势田桥,从来都是人马来往最频繁的东路要冲,《今昔物语》也多次谈到,这座桥上的西端有个十分恐怖的女鬼,时而危害旅客。另外,神祇们借助人类来通信,这在古文献中仍是较常见的,如《宇治拾遗物语》第十五卷收录的故事:从前有个虔信毗沙门神的越前人,被神秘女人拜托帮她进山递信给一个面孔如鬼的人,结果从它那里获得了永远都吃不完的大米。又如《三国传记》[1]第十

---

[1] 《三国传记》,是室町时代的故事集,沙弥玄栋著,成书于应永十四年(1407),记录了天竺、大明、近江三国的360则故事。

一卷记载，有个比叡山的僧侣，受日吉二宫神社的命，给爱宕（现京都府京都市）的一名叫良胜的仙人递信，最终德到了福报。这一类故事当然不只是流传于日本，比如《酉阳杂俎》第十四卷记载，邵敬伯把吴江神的书信送到济河神那里，获得了一把宝刀。此外，还有不少汉语古籍都记载了类似的故事。

那么，在日本广泛流传的各类故事都来自中国，或者中日两国的故事都来自一个共同的源头，然后在传播的过程中逐渐发生了变迁？我个人无法轻易的说是，即便事实就是如此，我也要重新思考我们的祖先为什么相信并惧怕此类故事。那些受命递信的人们，因此而陷入生命危险，但他们的命运又可能完全被颠覆，转灾为福，获得极端的幸福，我以为这里隐藏着某种特定的背景。今人生活在教育十分普及的世界里，因此，对今人来说，书面文字与口头语言并没有什么轻重之分。而在绝大多数的乡下人还不识字的时代里，书信本身就是一个令人不解的灵物。无论是在中国，还是在日本，人们视若珍宝的护身符或咒文，其实里面写的内容都是在读懂文字的人看来没什么大不了的，正如佛教的陀罗尼或罗马教的祈祷文，一旦经过翻译，就变为极其简单的短文。看到毫无意义的文字罗列，没有文化的文盲可能会以为写的是"要杀死此人"或者是"送给他宝物"。这便是有助于解开此类故事之谜的一把钥匙。不过，在具体讨论这个问题之前我还有些话要说，不妨先将其搁置一边。

今人所收集的国玉桥姬让行路人抱孩子的故事，也有一定的历史在里面。这一类妖怪，在日本从古就被称为"产女"，至今还有不少地方的人们传说，夜间晾晒婴儿的衣服或尿布，产女会过来喷涂鲜血，让孩子夜啼。一般都说产女形如鸟，夜间飞行，但在有些画中，产女又是作为抱婴儿的妇女形象出现的，也有传说讲有人曾经帮她抱孩子，因为太重，仔细一看，原来那不是孩子，而是个地藏石像。《今昔物语》第二十七条也写到，有一名叫平季武的勇士侍从源赖光①，他听说美浓国有关产女的谣言，于是与别人打赌比胆量，竟把产女的孩子抱走了，回来一看，产女的孩子却变成了几片树叶。作者还附加一句："有人说所谓产女其实就是狐狸所变，也有人说是产妇的鬼魂。"如果产女原来就是个妖怪，那当然十分可怕，难怪有些人遇见她后怕得要死，而值得注意的是，有时产女对人类是怀有好意的。例如，《和汉三才图会》②第

---

① 源赖光（948—1021），平安时代中期的武士，他威武勇猛，传说处治了大江山的鬼神酒吞童子。
② 《和汉三才图会》，成书于正德三年（1713），共 105 卷 81 册，是由医师寺岛良安汇编的插图百科事典。

六十七卷和《新编镰仓志》①第七卷提到了一座位于镰仓小町（现神奈川县镰仓市）大巧寺境内的产女塔。据说，某天夜晚，大巧寺第五代住持日栋上人在参拜妙本寺祖师堂的路上，路过夷堂桥边，与产女的幽灵邂逅。产女拜托上人帮她消除死后的痛苦，等上人念完佛，给上人一包金子作为谢礼后便消失了。大巧寺的产女塔，便是上人用这笔钱来建的。大巧寺位于夷堂桥北边，据传在其门前还有一处池塘与桥柱的遗址，长期被认为是产女出现的地方。

另外，加藤咄堂氏所著《日本宗教风俗志》②记载了如下一则故事。上总山武郡大和村（现千叶县东金市）的法光寺有个宝物叫"产玉"，从前，法光寺的住持日行上人在路上遇见一位面容憔悴的女人，他大发慈悲，答应女人的要求替她抱孩子。孩子重如石头，又像冰一样凉。但上人果然是个名僧，毫不动摇地念经。不久，听见女人道："多亏上人帮我摆脱了苦难，这就是我送您的礼物。"上人由此得到了"产玉"，传说这块产玉对顺产显灵，这恐怕意味着产妇将其戴在头上即可减轻产痛。在这个例

---

① 《新编镰仓志》，刊行于贞享二年（1685），是水户藩彰考馆员河井恒久等人根据水户藩主德川光圀于延宝元年（1673）巡游镰仓时的见闻撰写的地方志，共 8 卷 12 册。

② 《日本宗教风俗志》，出版于明治三十五年（1902），由加藤咄堂著，共 3 卷。

子中，讲述人提到产玉，与其说是为了表现产女感激之情，不如说是为了解释神宝的来历，与其他有关佛法功德的描述一样，恐怕是由后世僧徒所加的。只要除去这些描述就会发现，其实这则传说与赤泽黑泽女神的故事非常相似。至少可以说，产女并非是专门出来吓唬人的女妖。由于全国各地流传的许多故事中都有人们向桥神祈求顺产、孩子健康成长的内容，据此，我认为，后人把国玉的桥姬塑造为一个抱孩子的母亲形象，乃是很自然的事。

下面，我对故事中要求不得唱出能剧歌曲的说法做些解释。这一说法在各地较为常见，如《三国名胜图会》①等记载，通向萨摩国山川港（现鹿儿岛县指宿市）的竹乃神社的山路也罢，位于大隅国重富（现鹿儿岛县始良市）的国境"白银坂"也罢，只要有人在这些地方唱出能剧歌曲，就一定会引起一些灵异现象。又如《温故之栞》②第七号也写道，若有人在越后五泉町（现新潟县五泉市）八幡神社境内的神池边唱出能剧歌曲，必定会招来女鬼。此外，津村淙庵著

① 《三国名胜图会》，成书于天保十四年（1843），是萨摩藩第10代藩主岛津齐兴下令编纂的地方志，共60卷。"三国"指萨摩国、大隅国以及日向国。

② 《温故之栞》，即新潟县温故谈话会刊行的地方民俗杂志《越后志料温故之栞》。从明治二十三年至明治二十六年（1890—1893），共刊行了36辑。

《谭海》①第十二卷记载，骏州静冈旧城内（现静冈县静冈市）有一个大杂院叫杜若长屋，人们自古避讳在此唱杜若歌，至于避讳杜若歌的原因，已经无人知晓其详情。当然，有些传说中，人们对避讳的理由做了明确的交待。比如，据今年出版的《名古屋市史·风俗编》②解释，尾张热田（现爱知县名古屋市）的人们之所以避讳唱杨贵妃之歌，是因为这里曾经被称为蓬莱宫，根据这里有过唐代杨贵妃的坟墓。又如《新撰陆奥风土记》第四卷记载，磐城伊具郡尾山村（现宫城县角田市）有一座古寺称东光寺，这里的僧人避讳唱"道成寺"，从越中通往信浓善光寺的上越路上不得唱"山姥歌"，对其原因，我们就不必再说下去了。另外《笈

---

① 《谭海》，成书于宽政七年（1795），由诗人津村淙庵所著，文中记录了津村从安永五年（1776）到宽政七年之间的事情，内容涉及面极广，包括公家武家的逸事、政治、文学、名胜古迹、地方志、土地特产、神社寺庙、天灾、医学、珍物、服装、器物、民俗、怪异等。

② 《名古屋市史·风俗编》，刊行于大正四年至大正五年（1915—1916）名古屋市编。名古屋市于明治四十年（1907）设立市史编纂室，开始编纂《名古屋市史》，明治四十一年（1908）东京帝国大学教授上田万年（1867—1937）就任顾问，自大正四年至大正五年陆续出版了社寺编、政治编（3卷）、学艺编、风俗编、产业编、地理编、地图、索引等10卷，接着，着手编纂人物篇并补修产业编，但产业的补修未能实现，直到昭和九年（1934）刊行人物编（2卷），至此《名古屋市史》共12卷全部出版。《名古屋市史·风俗编》记载了名古屋的方言、传说、音乐、戏剧、市民生活、岁时节日、土产品等。

埃随笔》①第七卷记载，从越中通往信浓善光寺的上越路上不得唱"山姥歌"，对其原因，我们就不必再说下去了。现在，让我们回到前面介绍的几则故事上来，原来《里见寒话》写道，行路人在甲州国玉大桥上唱"葵上"，天空突然涌起一阵乌云，令人迷失方向，而在近代人收录的异文中，要避讳的曲目变成了"野宫"，这究竟是为什么呢？即使是从未听过能剧歌曲的年轻人，只要读过《源氏物语》，就会想到其原因吧。所谓"葵上"唱的是女人的妒忌心，紫式部《源氏物语》写道：葵上和妒忌心极强的六条御息所曾经在贺茂祭上发生过冲突，她因六条御息所的生魂纠缠而身亡。"野宫"也是从《源氏物语》取材的能剧歌曲，以六条御息所的亡灵为主人公描述了其日后谈。由此可见，这座桥上的女神，是不喜欢这些以女人之间的纠纷为内容的歌曲的。至于为什么唱"三轮"乌云就会消散，我们不太了解，只知道这一歌曲唱的是古代史上赫赫有名的三轮明神与某一女人的成婚神话，据说某女追寻一根缝在丈夫衣服上面的线，最终走到神社前的杉木那里才明白丈夫

---

① 《笈埃随笔》，是江户时代中期的旅行家百井塘雨（生卒年不详）撰写的流行记，生前未能脱稿，留下遗稿共12卷。文中记录了百井从日本南端到北端巡游时听说的众多地方传奇。

原来是三轮明神①在其结尾部分，确实也诸如"暗夜难明，现又拨云雾见青天"；"闭居在石屋中，如今亮光划破夜幕"之类的歌词，不管怎样，正如《源氏物语》"桥姬"这一章标题所说明的，桥姬信仰早在这些能剧歌曲未成立之前就已经存在，也远远早于《源氏物语》的成书时代，因此，我们需要思考的便是后人怎么会认为桥姬不喜欢某一特定歌曲这一点。

前面介绍的另一则传说讲，在国玉大桥上说到猿桥必招怪异，在猿桥上提及国玉大桥同样如此，这其实与避讳特定能剧歌曲的故事是表里一体的。这两座桥均位于甲州街道，广为旅人所知。而且在猿桥西边的桥脚上还设有一座神社，供奉着一尊俗称"猿神"的猴子神，深受各地耍猴艺人的崇拜。由于古神大多是所谓地方神，当地人对其信仰极为虔诚，而那些来自远国的旅客却可能会说长说短，因此哪一位神很灵，信息很快就会传播开来。再说，地方神与大神不同，往往具有如人类一般的情感或缺点。恕我冒昧地说，如果地方神是个女性的话，有关其他女神的谣言更容易令她不高兴，地方女神所产生的妒忌心，恐怕远远超过我们从歌曲中可以想象的范围。

---

① 今天表演的能剧"三轮"中，三轮明神是女神，唱的也是女神和一个名叫玄宾的僧人之间的爱情故事。

萨摩池田湖是近于山川港的火山，以低缓的丘陵与外海相隔，风景极为优美、安静，而据《三国名胜图会》记载，若有人在其湖边谈论大海，就会遭受暴风雨侵袭。又如《灯下录》①第十卷所载，阿波国海部川的水源王余鱼泷又称轰泷，这里的神灵最讨厌被人拿来与纪州那智泷相比较，更不用提测量高度了。而从古至今，人们经常不小心触犯这些禁忌，这对略微劣于对方的神灵来说应该是十分恼火的事。富士山与浅间山要比高，这已经成为今天流行于世的俗曲题材，而古时候在关东平野流传的却是富士山和筑波山相争的故事。如《常陆风土记》②就记载了与之相关的祖神巡国神话③，由于筑波山是常陆国的名山，在书中理所当然地胜过了富士山。在羽后，也有传说讲：从前鸟海山与富士山要评比，结果鸟海山在所有方面都比不上富士山，鸟海山的山顶一气跳进大海，这就成了今天的飞岛。

---

① 《灯下录》，成书于文化年间(1804—1818)，是元木卢州撰写的阿波国风物志。

② 《常陆风土记》，成书于养老七年(723)左右，是元明天皇下令编纂的常陆国地方志，里面收集了大量的昔话传说，有关日本武尊的传说尤其多。

③ 祖神巡国神话，见于《常陆风土记》"筑波郡"项。从前，众神的祖先走访各国与各地神灵见面，因为天黑了，祖神向富士神借宿一晚，但此日又正处严谨物忌中，富士神因此没有同意。祖神又走到筑波山，向筑波神借宿一晚，收到了筑波神的款待。从此以后，富士山变成一座寂寞的雪山，筑波山则成为众神和信徒相聚之地，多年香火不绝。

前面引用过的《趣味的传说》中也有记载说，从前加贺白山与富士山要比高，它们在其山顶之间挂上一根长长的檐槽，再看从哪一方流出水来。由于白山比富士山矮一点，因此急忙脱下草鞋，将其垫在檐槽下面，最终二山打成平手。从此以后，登山者必须在白山山顶上脱下一只草鞋再下山。此外，三河本宫山与石卷山的大小完全一致，从古至今无休止地相争，因此，登山者若携带石头上山，就不会感到疲倦；万一把山上的石头带走，就会受到惩罚，再虔诚的朝山都会变成无用功。以上都是属于同一类的大山争比故事。此外，据《越中旧事记》①记载，妇负郡舟仓山（位于富山县富山市）的权现神与能登石动山（位于石川县鹿岛郡一带）的权现神曾经是一对夫妻，二神之间有嫉妒分争，每逢十月十二日的祭日都要互投石子，因此二山之间很少有小石头。去年秋季日本美术院展览会上展出了川端龙子君的代表作品《二荒山缘起》，这也是取材于日光二荒山与上州赤城山的比高传说，这则传说可以说是最显著的例子。据说赤城明神的氏子们至今不能参拜日光神社，十方庵《游历杂记五篇》甚至记载，在幕府时代，牛込边（现东京都新宿区）的部分武士，身为赤城明神的氏子，在受命担任日光官吏时，都要提前参拜赤城明神交待详情，并暂时更换

---

① 《越中旧事记》，是成书于天保年间（1830—1844）的越中国地方志。

氏神，转入筑土八幡神或市谷八幡神的名下求庇佑。

　　类似的例子还有很多，其中较为罕见的例子见于《日次记事·三月》①，据说京都西边的松尾人避讳参拜熊野大社，而熊野人也避讳松尾明神，破禁必招祸患。说起来令人感到非常惶恐，据说在原姓的人们也避讳参拜伊势神宫，正如《伊势物语》所说，这是因为在原姓的祖先在原业平②与侍从伊势神官的巫女发生过男女之情。据《粟田地志漫谈》记载，京都粟田（现京都府东山区）的鸟居小路氏，便是在原业平和伊势神宫的巫女私通生下的高阶师尚的后裔，正因为鸟居氏不能参拜伊势神宫，所以才另建神社，命名为粟田口明神社。又有《山吹日记》③写道，上州群马郡（现群马县高崎市）的和田山极乐院院主的祖先长野右京亮也是在原业平的后裔，因此院主就不再参拜伊势神宫。另外，据《松屋笔记》④第五十卷记载，守屋姓

－－－－－－－－－－

①　《日次记事·三月》，成书于延宝四年（1676），由儒学者、医师黑川道祐（1623—1691）所编，书中详细解释了江户时代前期京都一带的岁时节日，共12卷。

②　在原业平（825—880），平安时代前中期的诗人，六歌仙、三十六歌仙之一，他容貌俊美，放纵不拘，成为《伊势物语》的主人公原型。

③　《山吹日记》，成书于天命六年（1786），是国学者奈佐胜皋（1745—1799）巡游武藏、上野、下野三国时所做的日记体旅行记。

④　《松屋笔记》，刊行于明治四十一年（1908），汇编了国学者小山田与清（1783—1847）自文政元年至弘化二年（1818—1845）年对古今书籍所做的考证及评论，共120卷，现存84卷。

的祖先为物部连守屋①，如果参拜信浓国善光寺就会招灾惹祸；佐野姓则起源于田原藤太②，如果参加神田大明神的祭祀就必招祸患。相马子爵相传为平将门的后裔，据《新治郡案内》③记载，他的祖先从奥州到江户朝觐时，每当经过常陆土浦（现茨城县土浦市），都会遇到暴风雨或其他怪异现象，原因是这里有被平将门谋杀的平国香④的坟墓，并且平国香被奉为国香明神。又如山中共古翁在其笔记中写道，东京西郊的柏木村人是铠大明神的氏子，由于此神社以平将门的铠甲为其崇拜物，因此柏木村人避讳参拜成田山新胜寺，只因为此寺曾经是平将门的死敌田原藤太的守护佛。以上文献记录，个个都像拙劣的历史考试题似的，实际上写的都是同一类故事。近年出版的《奈良县高市郡志料》写道，高市郡真菅村的宗我神

---

① 物部连守屋，即物部守屋（？—587），飞鸟时代的豪族，阵亡于丁未之乱。传说物部守屋死后作祟，后人修建善光寺慰灵镇魂。

② 田原藤太，即藤原秀乡（生卒年不详），平安时代中期的豪族。他在承平天庆之乱中讨伐了平将门。由于平将门的首级多次作祟，后人修建神田大明神神社来祭祀平将门。

③ 《新治郡案内》，刊行于明治四十四年（1911），是郡内举办物产共进会和教育品展览会时，茨城县新治郡协赞会为了方便参观者，汇编的新治郡介绍手册。

④ 平国香（？—935），平安时期中期的武将，就平良将留下的领地，与其侄子平将门发生纠纷，最终被平将门杀害。

社供奉着苏我氏的祖神武内宿祢①，但该神社又封神，俗称入鹿②宫，至今有不少氏子拒绝参拜多武峰，这是因为多武峰有一座祭祀藤原镰足③的庙宇。更值得注意的一点是，从多武峰往东行五里，在大和与伊势的交界线上有座高见山，据传苏我入鹿的首级飞到此地，被当地人封神，高见山神的信徒们不仅避讳参拜多武峰，《即事考》④还写道，甚至有人手持镰刀登山，必然会受伤，或者山体会发出异音。这个例子为阐释二山比高传说与二神争斗神话之间的紧密联系提供了有利的证据。不难想象，由于这一带只有两座高山，其中一座是祭祀藤原镰足的多武峰，于是人们自然把另一座高山命名为入鹿山，并赋予了如上传说。

从《谚语大辞典》⑤看，京都等地有一种说法：若在弘法大师之

---

① 武内宿祢(生卒年不详)，神话中的重臣，第8代孝元天皇的曾孙，传说侍从景行、成务、仲哀、应神、仁德等5代天皇。诸如葛城、巨势、平群、苏我、纪氏等氏族，都把他视为祖神。

② "入鹿"指苏我入鹿(？—645)，他是飞鸟时代的豪族，因滥用权力招人怨恨，被中大兄皇子与藤原镰足暗杀。

③ 藤原镰足(614—669)，飞鸟时代的豪族，他与中大兄皇子共同讨伐苏我氏，推动了政治改革。他本姓为中臣，临死前天智天皇赐他以藤原姓，使之成为藤原氏的始祖。

④ 《即事考》，成书于文政四年(1921)，是竹尾善筑(？—1840)撰写的随笔，共4卷。

⑤ 《谚语大辞典》，不详。可能指有朋堂于明治四十四年(1911)刊行的藤井乙男编的《谚语大辞典》。

日(二十一日)下雨,天神之日(二十五日)必然是晴天;若在弘法大师之日天晴,天神之日则会下雨。同样的说法广泛流传于全国各地,如我家孩子就说,她最近从女佣那里听说,在东京俗说如果金毗罗下雨,水天宫天晴;如果水天宫下雨,金毗罗则天晴。东京的气候起码也有几千年的历史,而无论是位于日本桥蛎壳町的水天宫,还是位于港区虎之门的的金毗罗,都不过是仅在一百年前劝请过来的流行神,这种说法并不意味着弘法大师(空海)与天神(菅原道真)曾经真的发生过什么纠缠,而是通过特殊的语言形式反映了二神之间的妒忌或争斗。同时还要指出的一点就是,关东一带有不少神社祭祀藤原时平①,但关东人和时平又没有什么历史缘由,为什么偏偏要为他修建神社?唯一可能的理由,就是藤原时平与菅原道真分别担任左右大臣,二人一直处于敌对状态。前文所提《谭海》第十卷也写道,在下总国佐仓藩的领土酒酒井(现千叶县印旛郡)一带不存在天满宫,因为守护此地的土地神是由藤原时平手下的大臣演变过来的。又如近年出版的《安苏史》记载,镇守下野下都贺郡小野寺村大字古江(现栃木县栃木市)的守护神是藤原时平,而在其南

---

① 这种说法并不意味着弘法大师(空海)与天神(菅原道真)曾经真的发生过什么纠缠,而是通过特殊的语言形式反映了二神之间的妒忌或争斗。

边的安苏郡犬伏町大字黑袴村（现栃木县佐野市）又把菅原道真奉为镇守神，因此曾有两村村民通婚但婚姻都难以维持长久。说起日本人的婚姻生活，本来就是容易破裂的，更何况有这样一种负面的说法。我们当然可以视之为单纯的迷信，而这种现象究竟为什么会出现呢？首先，藤原时平怎么会成为古江的守护神？这大概是因为相邻的黑袴村开始在其村界祭祀天神菅原道真作为村界的守护神。尽管我们在举例分析之前难以领会古人的本意，但也许可以这样说：镇守于交通要道的神祇从来都是爱生妒忌心的，因此，人们在举行婚礼这样事事都要讨彩头且容易引发妒忌的喜事时，要特意回避此地，这是人之常情。据《人类学》杂志第四十五号记载，在信州下伊那郡的伊贺良村与山本村竹佐之间的交界线上有两座小山叫二山，在其脚下便是县道，人们传说，位于二山南北的这两个村子的男女结婚不会有好结果，久之，通婚关系逐渐消失，直到村民请三州伊良湖的和歌诗人糟谷矶丸作首歌之后，这种祸患才被彻底消解。然而，糟谷矶丸死后刊行的《岐苏古今沿革志》①又写道，二山之一名叫恨山，中间有一条通向饭田城里的古道；二山的大小基本一致，

---

① 《岐苏古今沿革志》，刊行于大正三年（1914），儒学家、教育家武居彪受西筑摩郡长的委托撰写的木曾谷的方志。

位于西边的似乎矮一点，不用说出嫁行列，连搬运嫁妆的马车，都要绕道不走这里，否则婚姻一定会破裂。福岛县信夫郡宫代村的日枝神社境内，存有一块为源赖义的偏房尾上前修建的石碑，据传尾上前追慕源赖义来到此地不幸身亡，而据二十年前出版的《信达二郡村志》①记载，在其附近的屋敷畠另有一座立于弘安三年（1280）的石碑，传说为有来历的贵人之墓，由于村民视之为婚姻的障碍，结婚时都要绕道而行，因此，后人将石碑挪到中村某家内，至于今天怎么样，还有待考证。

再举几个东京附近的例子。镇守于武藏比企郡南吉见村大字江纲（现埼玉县比企郡）的元巢大明神社，婚礼队都要绕道而行。今人解释说这是因为"元巢"（motosu）的读音通"返回原处"（modosu），令人联想到"离婚回娘家"。在位于南足立郡舍人村（现东京都南足立郡）的诹访神社境内有两棵杉树俗称夫妻树，出嫁行列还是要回避此地。今天这两棵杉树都枯萎、消失了，而之所以曾经有过如上说法，是因为距今一百九十年前的享保十三年（1728），为了开发笠原沼，人们在两棵夫妻树之间挖出了一条渠道。这仍是支持我的结

---

① 《信达二郡村志》，成书于明治三十三年（1900），是米沢藩儒学家中川英右编的信夫、伊达二郡的村志，共 28 册（信夫郡 11 册，伊达郡 13 册、附录 4 册）。

论的一个十分重要的例子。在八王子市东南的南多摩郡忠生村南边有一座寺庙，叫大藏院，在其前面是一条名叫釜田坂的坡道，传说凡是结缘的人路过这里都会缘散，最后都要经过这里回娘家。以上三个例子都出自《新编武藏风土记稿》①。此书还记载了十分闻名的下板桥的缘切榎，这棵朴树也生长在一条名收岩坂的破路上，原来是第六天祠管理的神树。今天人们相信，让要分手的对方服用其木屑，即可斩断恶缘，听说最近境内有小店竟出售以背对背的男女为图案的许愿牌。其实这是江户人利用神灵的恶德的结果，原来，下板桥的缘切榎和其他村落的情况应该没有什么两样，不过是出嫁行列必须绕道的交通障碍而已，正因为如此，尽管这里通往中山道，但京都的公主嫁给江户的将军时，却特意另建新道，绕道而走。再说，在东京中心甲武线水道桥的停车场附近，直到最近还存在一座三崎稻荷神社。据《江户志》②记载，该神社又称"缘切神社"，无论是嫁女还是招婿，人们办婚礼都得绕过此地，否则婚姻关系必将破裂。《游历杂记》第二编中卷又记载，婚嫁时，人们都要回避

---

① 《新编武藏风土记稿》，成书于文政十三年（1830），是江户幕府直辖教育机关昌平学问所的地理局编纂的武藏国方志，共 266 卷。

② 《江户志》，即《新编江户志》，成书于宽政年间（1789—1801），近藤义休撰，濑名贞堆校。

王子北部的荒川丰岛渡口，假如两岸之间有人要结亲，必须绕到上流渡口或者到小代河岸那边。据说，过去足立郡的领主宫城有个宰相，他把他家独生女足立姬许嫁给丰岛左卫门，但后来足立姬无辜被赶出丰岛家，在回娘家的路上，经过荒川岸边时，与十二个侍女投身于河中，其怨灵至今仍在作祟。且不管这则传说真实与否，今天此地还保留着那位宰相特意为女儿的出嫁行列架设的桥梁旧址，直到最近还保留着桥杭，这足以让我们想象此地仍属桥姬的势力范围。另外，众所周知，淀桥位于新宿区西部的青梅街道上，这是架在井头用水上的小桥，但作为地名却广为人知。据说，曾经有一位名叫中野长者的人越过此桥，把财宝埋在对岸的地下，事后还杀害随员，以免泄露埋藏地点，此桥的旧称"姿不见桥"由此而来。后来，有将军用鹰猎鸟时，嫌此名不吉利，由于桥梁脚下有个水车小屋，似京都淀川，故将其改名为淀桥。尽管有这样的起源传说，人们仍然相信淀桥妒忌他人相爱结缘，于是连学校刚毕业的年轻女子，出嫁时都要绕道而行，有的绕大弯路，有的甚至穿过田地。大正二年十一月二十一日（我在四年后的同一天撰写此文，这仍是一个神秘巧合），上述水车小屋的所有者、淀桥银行行长浅田先生从东京迎接新娘时，不得不经过此桥，于是他举办了盛大的镇祭仪式，还听说我了解淀桥传说，便特意邀请我参加。仪式于桥梁下游临时搭起的高台上举行，我从未见过如此壮丽的镇祭仪式。无论是神官的祝词，还是来宾名士的演讲，都那么的离奇古怪。仪式结束后的第二天，有几辆护送新娘的轿车连成串儿过桥，蔚为大观。我站在民众心理研究的角度，暗地里关注此后的动静，结果婚礼刚结束不到一年，邻居们就纷纷猜测，如新娘子得病云云，说的都是不吉利的谣言。我已从可靠的信息来源确认这一谣言毫无依据，而如今邻近居民迎亲时是否自由来往于淀桥呢？我猜人家依然照例绕道而走。

也许有些读者已经看腻了，但我还是继续举例说明京都的情况。今天有许多大学老师和学生生活在京都冈崎町池内，过去这里还是僧都俊宽①所居住的法胜寺旧址，还保留了俊宽故居、有王②故居等。尤其是连接满愿寺与法云寺之间的一条路，据《京都坊目志》③记载，就是俊宽被流放于鬼界岛时路过的，因此后人出嫁迎亲便都要绕道而走。《都名所图会》第二卷则写道，在西洞院四条角

---

①　僧都俊宽，即俊宽（1143—约1179），平安时代末期的真言宗僧侣。他曾经和藤原成经、平康赖等人密议平氏讨伐，此事暴露后，被流放于鬼界岛。

②　有王（生卒年不详），他从小侍从俊宽，俊宽死后亲自到鬼界岛拾骨，并将其安葬于高野山。

③　《京都坊目志》，刊行于大正五年（1916），为《京都丛书》所收录，是乡土史家碓井小三郎（1865—1928）受奈良方志《平城坊目考》启发撰写的京都方志。

落的灌溉水道旁曾经有过小野小町的别墅，从此再往北走三间，有一条俗称蓝染川的水沟穿过四条街的房屋门前，最终汇入西洞院川中。传说，曾经有人迷恋小野小町，因无法实现心愿，跳进蓝染川自尽，从此新娘出嫁一定要绕过此桥。话说到小町，她从来都是美女的代名词，说不定真有不少人为她付出过生命。比如《山州名迹志》①第十三、十四卷记载，深草少将每晚从伏见附近的墨染欣净寺走一里，好容易到宇治郡小野村向她求爱，② 此路故此称为"少将的往来路"。这里似乎不存在有关婚嫁的传说和绕路风俗，后人只会说，丰臣秀吉统治时期，人们经过这里到伏见城向丰臣秀吉提起诉愿，但都没有结果，后来这条路上几乎见不到人影了。《出来齐京土产》③第七卷提到，出嫁时不得经过宇治桥的桥姬宫前面。据说，宇治郡与久世郡之间通婚，人们都会划船过桥下，否则会招惹桥姬妒忌，夫妻就不能白头偕老。自古以来，山城宇治的桥姬以

---

① 《山州名迹志》，刊行于正德元年（1711），是国学家坂内直赖（1644—1711）经实地考察编纂的畿内山城国志志，共22卷。

② 这是世阿弥等能剧作家创造的传说。据说，深草少将向小野小町求爱，小町厌烦他，便出了一道考验题：若能连续100天夜访，两人便可结婚。少将把此话当真，每夜前去拜访小野小町，但第99个晚上死于大风雪之中。

③ 《出来齐京土产》，刊行于延宝六年（1678），是江户时代前期的作家、僧人浅井了意（1612？—1691）编著的京都方志，共7册。

"醋坛子"而闻名，其历史也最为古老。据较新的俗说，京都曾经有一个爱吃醋的女子，因丈夫出轨而妒火中烧，于是到贵船神社诅咒丈夫，遵守神谕在宇治桥上成为活鬼。由于女子成鬼后，旅人遭受祸害，因此人们在桥梁南头修建神社并封她为神。而在此之前，已有几部题为《桥姬物语》的古籍。据《镰仓室町时代文学史》①记载，目前唯一现存的《桥姬物语》写道，某一位中将有两位妻子，其中一名叫乔治桥姬。由于桥姬在临产前要五寻长的海带，中将就到伊势海边去，但他受龙王邀请而入海，从此再也没有回来。桥姬抱婴儿在伊势寻觅丈夫，另一个妻子也来寻夫，但两个人都未能找到。《山城名胜志》②引《为家抄》③介绍的桥姬故事中，并不见两位妻子相互计较的情节，故事只说宇治河边有一对夫妻，某日丈夫到龙宫取宝，再也没回来，妻子伤心欲绝，在桥边气绝身亡，其灵魂化作桥守明神。在我看来，这一故事更加古老，前一则故事之所以提到伊势，大概是因为伊势神宫的宇治桥上自古祭祀桥姬。《古今和歌

---

① 《镰仓室町时代文学史》，刊行于大正五年（1916），是东京大学助教授藤冈作太郎（1870—1910）的遗稿。

② 《山城名胜志》，成书于宝永二年（1705），是大岛武好（1633—1704）花费约30年的时间编撰的山城方志，共21卷。

③ 《为家抄》，即《古今为家抄》，是编撰《续古今和歌集》的诗人藤原为家（1198—1275）或其一门对《古今集》全集所做的注释。

集》就收录了两首有关宇治桥姬的诗歌，而这两首诗描述的是男人对女人的爱慕之情，与妒忌无关。显昭为此附加注释，提到了民间流传的一则故事：有一名叫离宫的神祇每晚从宇治桥北端走到南端与桥姬相见。顺便说一句这位显昭便是源平时代的学者。

对传说进行阐释尽管有趣，但有时十分艰难，不得不从自己并不熟识的领域借来许多知识。现在我首先需要思考的，便是"妒忌"这一日语的古老含义。中世以后的学者努力为每一个日语对应一个汉语，并在二者之间建立牢固的关系，以便用汉字来书写日语，而当时的借用词未必都有道理，妒忌一词便是如此。直到日语"妒忌"有了"嫉"或"妬"等借用词之后，才专指一种儿女之情，但从《倭训栞》①等古籍看，该词原有愤怒、嫌恶、拒绝等含义，是确凿无疑的。再说，古人之所以在桥边祭祀这样一种气质的神祇，是因为古人希望让这些神祇充分发挥其特色来对付外来有害物，为此，敌人、鬼魂都可能被封为神。按理说，街道、坡道或桥梁都是行人无所避的地点，正因为如此人们才把守护边界的神祇奉于坡道或桥梁一端，就如古代武士在此展开防御战一样。同时，生活在境内的当

---

① 《倭训栞》，是江户时代中期的国学者谷川士清（1709—1776）编著的日语辞典。谷川死后，从安永六年至明治二十年（1777—1887）陆续出版，共93卷。

地人，平时也尊崇这些神祇，以求平安出行。这样一来，桥姬就有了两种极端的性质，一方面她可能一气之下夺人性命，另一方面高兴时会赐予人们罕见的财宝。再说，二山比高传说另有一种产生原因，即逢桥和猿桥相争的故事也许是随着"妒忌"的含义变迁，与之联系到一起。在信浓，有一条山路开在两座形状相似的小山之间，当地人称这两座小山为恨山，其信仰又蕴含了与妒忌有关的因素，其实这可以说明守护边界的神祇原来是一对男女神。我们知道箱根二子山的古道偏偏开在二山中间；同理，在通往境界的水陆要道两边，往往都有比拟男神和女神的两座丘陵、小山、岩石等，也有些地方把这样的地点直接叫作"丈比（比高之意）"。不过，那些开辟此类道路的古人的想法还是十分单纯的，即一对男女依偎而立的地方，正是最不愿意令人靠近的地方。换言之，这是古代日语所谓"人嫉"的境界，因此，只要这对依偎而立的男女是神祇的话，它们一定会用某种伟大的神力把外侵者撞到一旁。翻阅一部名叫《东山往来》①的古籍就可以了解到，这一信仰的痕迹在足利时代就已经存在，据说古人最忌讳走在并肩而立的夫妻之间或者亲族之间，

---

① 《东山往来》，成书于12世纪初，是俗人擅坛越和京都东山僧侣之间的通信记录。

若有人破禁，从其中间穿过，即为"人分手"；若有野狗从其中穿过，即为"狗分手"，均被视为不吉利。也就是说，古人根据同样的思想在桥梁上祭祀一对男女神，这就成了桥姬的原型，由于男女双性在一起，桥姬又被赋予了主司顺产护儿的职能。从英国贡姆的《英国土俗起源》、弗雷泽的《金枝》等得知，在国外，直到最近人们在桥上或其他境界上杀害年轻男女以制造出此类神祇。而在日本，这种古俗的痕迹隐约地保留在长柄桥人柱①系列传说中，当然，这并不是可以简述的小问题，在此只得省略。据《皇大神宫参诣顺路图会》②记载，到了近世时代，日本出现了一种新的风俗，即新桥开通时让盛装的美女及其丈夫一起参拜桥姬神社。要想解释桥姬的渊源，我们还需要阐释这一开通仪式的含义了。

最后，我劝告所有喜爱传说的人们。我们必须要好好保存传说的一言一语，否则传说立刻就沦落为胡言。因此，讲述传说时，千

---

① "长柄桥人柱"是流传于大阪的著名传说。过去给淀川架设长柄桥时，施工很不顺利，官员们正在发愁，就听到有一个男人说："找一个用白布垫补衣服破洞的人，把他活生生地沉在水中，修桥就会变得很顺利了。"而说这句话的男人穿的裤子恰恰就是用白布垫补破洞的，他立刻被官员们抓住，成为了活供品。男人的妻子痛苦欲绝，也投身于淀川。

② 《皇大神宫参诣顺路图会》，成书于宽政十年（1798），川口好古著，是宽政九年（1797）刊行的薪关月著《伊势参宫名所图会》的补遗。

万不得夸张，不得修饰，至于更改修正不外乎就是一个罪恶。我们必须以一种如同参拜祖坟扫墓的心态，去珍惜祖先的思想片断。我渴望大家都在这一宗旨之下，努力收集更多的传说。

（大正七年一月 《女学世界》）

隐　里

一

　　前不久，理科大学的鸟居龙藏先生①在日本学会上提到了亚细亚诸民族之间的无言贸易，并指出："日本各地至今保留的碗贷传说（意即借碗传说）仍属于一种无言贸易，所谓传说学者把几乎所有的事情当成传说来了解，其实我们应该视借碗为人类学方面的资料。"我不很了解他的意思，如果他认为该传说中被讲述的土俗确实存在，那当然是错误的；如果他要说碗贷传说从某种古老土俗变化而来或者是其痕迹的遗存，恐怕无人否认。不管怎样，鸟居先生没有举例说明，

---

　　①　鸟居龙藏（1870—1953），人类学家、民族学家、考古学家，是首在海外做人类学调查的日本人类学家。鸟居是无学历的"在野"学者，并以此为豪。他在柳田写此文的6年后辞去东京帝国大学理科大学，设立了鸟居人类学研究所。

这为他的学说留下了遗憾。于是，不揣冒昧，向先生伸出援手。在此举例介绍最近刚开始收集的碗贷传说，尽管引用时不打算一一标明出处，但我保证都是从世上广泛普及的书籍中忠实抄录的。

我恐怕算不上是鸟居先生所谓"传说学者"，但碗贷传说这一提法，其实是最近由我们一帮人提出来的。既然全国各地保留着大同小异的内容，没有统一名称是很不方便的，只因为有几个地方存在"碗贷"这一说法，所以我们才临时采用这个并不理想的名称。为了论述方便，本文从此开始谈起。

香川县三丰郡大野原村（现香川县观音寺市）的碗贷冢，便是其中一个例子。传说八幡宫在宽永年间（1624—1645）被劝请到此地，邻近中姬村的人们一向从八幡宫的冢洞中借用餐具并祭祀冢上的祠堂，这个冢洞故此称碗贷冢或碗贷穴。后来，有人把借来的餐具丢失了，从此断绝了这一风俗。直到此风俗断绝之后，人们才开垦大野原并劝请八幡神，据说原来居住在此冢洞中的是一位名叫大子殿的神祇，当地人起名为碗贷纯粹是一场偶然。事实上，同郡财田上村把同类的冢洞称"膳冢"，据说过去某神应求把冢内保管的碗借给村民来使用。

在我老家兵库县神崎郡越知古村南边的山脚下有一个俗称"碗贷渊"的池塘，池塘中央还有一颗巨大的岩石。过去，若有人佃事所需的碗不够，借用的话，就在前一晚到这里拜托神，第二天早晨木碗就摆在岩石上，而且需要多少就有多少。后来，某人把一个边缘已经缺口的木碗放回原处，从此岩石再不答应出借。据说，这一池塘的水底通向龙宫。

在从福井县丸冈通往中川村（现福冈县坂井市）马路右后侧，有一座名叫"碗贷山"的半圆形芝山，当地人又称"碗贷冢"。《越前国名迹考》①抄录《影响录》时提到了下久米田（现福冈县坂井市）的黍冢，如果黍冢指的就是碗贷冢，那么碗贷山在庆长年间（1596—1615）就已经应求把木碗出借给人们。再过七十年左右，到延宝年间（1673—1681）当地人还传说：从此山冒出的河水中，每早都会掺入一些洗米水。

在石川县河北郡（现石川县金泽市）传灯寺村荒馆小字碗贷穴的水田坡岸上有一个二尺七寸宽、三尺高的横洞，今天里面装满了石头，而过去有一只老狐狸居住在这里，把餐具出借给人们。岐阜县飞驒益水的支流、下吕村大字小川（现岐阜县下吕市）也有个池塘，叫"碗贷渊"（wankasebuchi），流传着与播州碗贷渊相似的传说。播州碗贷渊传说中，通向龙宫的洞穴位于水底，而在这里位于岩石

①　《越前国名迹考》，成书于文化十二年（1815），是由福井藩士井上翼章（1753—1820）编写的越前国地方志，共 13 卷。

中间，因此人们都是来此洞求借的。两年前刚出版的《益田郡志》也写道，曾有人把弄坏了的一套餐具直接还给岩石，因此"触怒了龙人，此后人们再怎么乞求都无济于事"。

二

下面介绍的例子，都未提到"碗贷"两字。考察这些资料的异同，首先可以发现这些借碗的地方，就像骏州大野原村的碗贷冢有大子殿一样，都供奉某一神祇。在距静冈县岛田站的上游约一里的笹个窝，曾经有一座小祠堂，由于周围是一片楠木林，故此取名"楠御前"。据说，这座祠堂也有神应求出借餐具，而且还是一套表面涂漆的朱红餐具，这套精致豪华的餐具会在人们不知不觉中摆放于宫前岩石上。返还时，借用人会把两个倒满清酒的竹筒供给此神，尽管谢礼不算多，但这仍是人们交纳租金给神的罕见例子。同县安倍郡安东村的"wanbakosama"供奉于熊野神社东边的小祠堂里，占地只有一坪左右。当地人办事碗不够到这里祈求此神，第二天早晨一定会显灵。这座祠堂原来位于静冈市郊，明治三十年（1897），为了建立练兵场，政府把此神迁移到村落的西谷某一方，并与那里的稻荷神合祭，大大损坏了其信仰的原貌。

所谓"wanbako"大概可以书写成"碗箱"。与讚州的例子相同，这曾经有一座冢，由于周围栽植樱花老树，故此称为"樱冢"。今人很少视坟冢为神的居住地，但在碗贷传说中，神往往都依附于冢，这便是我们应该注意到的第二点。比如飞驒吉城郡国府村大字广濑町（现岐阜县高山市）的龟冢又称碗冢，此外，诸如长野县上伊那郡松岛（现长野县上伊那郡）的龙宫冢、富山县射水郡水户田村大字市井（现富山县射水市）的甲冢、三重县安浓郡曾根村东浦（现三重县津市）的碗冢、德岛县阿波郡西林村（现德岛县阿波市）的箭冢、美马郡郡里村友重（现德岛县美马市）的双冢等地，都保留着类似的传说，结局都是因人变得不诚实，此冢不再出借碗。

我记得，哈特兰德所著的《童话的科学》提到了法国也有一种从坟冢拜托借用厨锅的例子。小矮人帮人锻炼出名刀的故事，似乎也发生在坟冢周围。在我看来，仅就日本的例子而言，所谓碗贷传说之所以依附于古冢，与那些坟冢开口有关。比如在阿波国，有人竟说稍微大一点的冢穴都有此类传说，事实上，据说上述西林村的箭冢在元禄年间（1688—1703）还出借碗，一百余年前的书籍中也见"形如瓢勺，后部有冢穴"一句。因此有些阿波的学者认为，这一类传说反映了古时候那些纯朴的村民会偶尔借用古墓中陪葬的各类土器遗物，此说令人觉得似乎有点道理。

三

在碗贷传说的流传地，往往都存在某一旧家从老一辈继承下来的单人餐具，并相信这就是从坟冢借来却至今未还的餐具。听说，这些餐具一般都是表面画有精致花纹的漆器。有的可能不是那么豪华，但基本上都是木制的。只有在德岛县的碗贷传说中，人们借用的是茶碗或餐碟，也可能指的是瓦器。飞驒的学者也指出，由于古人把故人爱用的厨具当成陪葬品，所以才出现了此类传说。但这些说法似乎有点可疑，因为我们祖先使用的从来都是木制餐具，任何一种木制餐具在土中都是容易腐烂的。而更有力的反证便是，出借餐具的地点未必都是古墓。事实上，在阿波，不少碗贷传说发生在利用天然洞穴的石屋，且被称为"餐具岩屋"。即使不是天然石屋，全国有不少碗贷传说依附于非古墓的人工石屋。

比如，位于淡路三原郡下内膳村先山（现兵库县南淡路市）的某一寺庙，就像上州馆林的文福茶釜①一样，每当有客来，僧人都到

---

① 文福茶釜，是日本昔话，主要内容为：为了报恩，狸子化作各种东西，令恩人富裕起来。群马县馆林茂林寺的文福茶釜，便是家喻户晓的故事。

一个名叫"天之岩户"的洞窟借碗及其他餐具。用完后，只要将餐具清洗并放回原处，这些餐具就会在人们不经意时消失。据说，距今一百六十年以前的宽延年间（1748—1751），这里还出借餐具。据山中共古翁报告，骏州吉原在（现静冈县富士市）也存在两个借碗的地方，一个是位于传法村字膳棚的耕地中的小石冢，另一个则是位于石坂的岩洞。又如，美浓稻叶郡古津村的坊洞位于村后山底下，这一岩穴别名又称"藏碗洞"，此外武仪郡西神野村（现岐阜县关市）的八神山半腰处还有个洞窟，对于以上两个洞穴我在后面讨论水神时会详谈。越后国北蒲原郡加治山脉有一个叫要害山的山峰半腰处有个洞窟，俗称"藏间屋"，据说至距今九十年前的文政年间（1818—1831）这里还可以借碗。这意味着，当葛饰北斋画出有趣的《北斋漫画》①来逗乐时，这一风俗还十分盛行。据说，每逢正月初一凌晨，藏间屋都会发生震动，山下居民便占卜今年庄稼丰收与否，这又可以说明碗贷传说与村落的信仰生活之间有密切关系。能登和越中冰见郡之间（现石川县与富山县冰见市之间）的边界上也有个不知多深的洞窟向附近居民出借餐具，此地旧称滩之南村，指的

---

① 《北斋漫画》是江户时代后期的浮世绘画家葛饰北斋（约1760—1849）的绘画教材，从文化十一年（1814）开始出版，于明治十一年（1878）全部刊完。

是今天的哪个村已经不可考。

在越中西砺波郡西五位村大字鸟仓（现富山县高冈市），还有一个稍微奇妙的例子。该村山上有个向人们出借已经不可考的深洞，此山有"tokari 山""katakari 山""motodori 山"等俗称（借用、赚回之意）。过去，某一农夫为借来的豪华餐具所着迷，一直没有归还。后来，农夫家生了个男孩，年到十五还站不起来，夫妻为此而苦恼。某一年秋收时，儿子依靠米袋第一次站了起来。夫妻高兴过了头，试着让他肩扛一个米袋，而儿子竟然肩扛米袋大步流星地走去。夫妻追踪其后，可惜未追赶上，儿子失踪于洞穴之中。夫妻目瞪口呆地站在洞口，忽然从洞穴深处传来说话声，一人说：贷出的东西收回来了没？另一个则回答说：先把本钱赚回来了。从此，人们开始称此山为"motodori 山"。

四

而对碗贷源自古墓陪葬品之说，我们还有一个不能成立的理由，即某些地方的人们竟从水底下借碗。这些地方一般都没有"碗贷渊"之类的地名，却也流传着碗贷传说。比如，位于越中蓑谷山（位于现富山县南砺市）山顶上的绳池又称"借家具之池"，这里的主神为灵蛇，每逢七月十五，化作美女在池水上游玩。某日，有一个穷人因家里没有接待用的餐具而发愁时，忽然从水底浮现出十套漆器。从此，其他村民仿效之，每当需要餐具都到这里来。但某一尼姑借用三套漆器后没有按期归还，过了十天，还弄坏了两个盘。她不顾整套餐具数量不全，就这么放回原处，结果池水顿时响声大作，下起了大雨。尼姑刚回到家就断了气，这场异象才平息下来。所谓尼姑受神罚，是属于立山或白山的登宇吕老婆子传说系列的古老传说，尽管这些传说来历有趣，因篇幅有限，在此只得省略。

此外，武藏的碗箱泽，位于今天埼玉县比企郡北吉见村大字一木（现埼玉县比企郡）的中心地区，也许因为该池泽形状细长，故又俗称宫川。过去，农家接待客人时，也到此地借碗，但与前面几个碗贷传说不同，这里的农民还需要把请求的内容写在信中，并将其投入水中。又如，在山梨县南都留郡郡东桂村（现山梨县都留市）的鹿留川，也流传着类似的传说。此地称"御南渊"，也许就是从女渊演变过来的（"御南"音通"女"）。村民把写有所需餐具数量的信纸放置在附近的岩石上，并念叨拜托显灵。第二天早晨，岩石上果然如数摆好了人们所需要的餐具。用完后，人们一定要把餐具还到原处，而有一次，有人擅自把其中的一套餐具留了下来，从此御南渊再不出借餐具了，而村民们把这套餐具视如村宝，传承了下来。同县西八代郡鸭狩津向村(现山梨县西八代郡)广前寺的竹林中有个洞穴，尽管不在水中，但人们传说此洞通向龙宫，可以借餐具。在这里借餐具，人们还是需要把写有所用物品及其数量的纸条投入洞穴。再说，位于群马县榛名南边室田(现群马县高崎市)的长念寺境内有个无底井，据传这里也通向龙宫，每逢寺庙接待客人时都可以借餐具。只要人在用餐具的前一天把请求信放入井中，夜间他们所需要的物品就会被送到井口边。今天，长念寺和无底井依然存在，只可惜，据说古人还是让物主生了气，从而造成了这一风俗的断绝。

老一辈学者往往都有一种"怪癖"，即看了如上这些特殊例子之后，仅仅认可其中与自己的学说不发生冲突的那一部分，而会说发生冲突的那一部分是误传，或者说是仿效失败的结果。鸟居氏却与我们同样，思想进步，他的回答会更稳健一些。我很想问他，前面列举的碗贷传说是从怎样的角度来说明日本的无言贸易土俗的？关于无言贸易，我并不是很了解，只是读过格里尔森的《无言贸易论》，好像指两个民族的居住地被山野荒原分隔开，因为彼此不愿接触，所以交易时，一方把交换物品放于指定的地方；另一方过来将其取走，并留下其他物品作为酬谢。的确，直至十年前，在土佐国的巡礼路等地还存在一些无人商店，日本人称之为"无人生意"。鸟居氏把这些商店都算作无言贸易，是不是定义太广？我们在土佐看到的是，诸如草鞋、年糕、水果等物品被摆在路旁的桌子上，旁边还插根木棒，上面吊挂一个放钱的竹筒，下面则摆放了三文或五文的货币图像。与市中心不同，这一街道上的茶棚不多，当地人不能为挣点钱就整天待在店铺里。有幸的是，路过此地的都是很守信用的旅客，正因为当地人信赖他人才会做这样的无人买卖。我以为，这种无人商店与所谓无言贸易在其动机上存在根本的差异。

五

另外，在诸国的山坡路上，往往都存在"中宿"。直到近年，人们还会从两边的山脚村子拿来物品放置于此，一方把来自另一方的物品捎回去并送到收件人那里。这一风俗，在鸟居氏看来也许仍属于无言贸易，但这显然是为了省力而出现的文明运输契约。曾经有过"中宿"的地方很多，比如在秋田县，人们称"中宿"为"易荷"。我曾经听登山者说，从砂子泽通向大杉汤高台（现秋田县秋田市）的山路上，或者从生保内（现秋田县仙北市）通往岩手县桥场（现秋田县仙北市）的山坡上，曾经都设有专门的小屋，人们把行李放在这里走，不仅如此，屋里还准备了一整套餐具。此外，从小安村通达仙台（现秋田县汤泽市）领地的路上，也存在过"中宿"。在关东地区，野州日光町（现栃木县日光市）的人们向栗山方面的山民送去咸酱、油等，同时从山民那里捎来木制什器、木鞋材料，他们的物物交换还是采用了如上的中转站方式，直到最近人们还安全地进行交易。另外，一百年前，位于甲州东山梨郡的偏僻山中与北都留郡小菅村（现山梨县甲州市与北都留郡之间）之间的上下八里坡，或者位于多摩川的水源日原与秩父大宫之间（现东京都西多摩郡与埼玉县秩父市之间）的六十里越，半路上都有此类"中宿"。也许是为了利用人们心中的信仰来压制邪念，后者的"中宿"实际上是道祖神宫，人们把行李放置于此，前者亦有由两个村落共同祭祀的两座妙见大菩萨殿，这里的山坡故此被称为大菩萨阪。可见，交易的双方甚至连信仰都相互分享，显然不能将其与无言贸易等同。

还有众多例子可以说明，在"中宿"里备有各类餐具为人所用。比如，从会津通往越后国蒲原的六十里越、八十里越，直到最近还存在这样的"中宿"。听登山者说，所谓日本阿尔卑斯的有些山中小屋也备有一整套餐具。离丹后田边（现京都府舞鹤市）海上三里远的御岛、北海道的奥尻岛等地的"中宿"，除了餐具，还备有一些大米，同样无人管理。这是在入港避风的渔民之间存在的一种旧俗，在丹后的"中宿"

前还设有一座不知其名的神社，餐具和大米都是被放在其中的。

也就是说，有些地方的人们出于某种实际需要将通常被人管理的交易行为完全交给对方，放任对方做主，若将这视如未开化民族的奇妙土俗，不能不说是过于轻率的。当然，追溯其渊源，鸟居氏的假说未必是完全立不住脚的，后人所做的无人生意说不定就是仿效了那些避免相互接触的不同民族之间的贸易方式。只不过，现在还缺乏证明这一点的证据。而且我还得继续说明，那些散落在全国各地的所谓碗贷传说，不能对此假说给予一点点支持。鸟居氏根据那样不可靠的两个材料来断定日本曾经存在过无言贸易，而且令人误以为这两个证据足以证明这是毋庸置疑的事实，我以为，他这样做是不对的。

那些以借碗为内容的诸传说最为显著的共同点，是缺少对报酬的描述。正如上述，唯一的例外就是流传在骏州大井川楠御前的传说，即便如此，那装满神酒的竹筒也只是表达了谢意，难以视之为租金。或者说，借碗纯属恩惠，而不是平等交易。其次，我们需要注意到有些例子中出现了借贷文件。近年来小学教育水平有所提高，平民之间会日常通信，而在大部分农民都不识字的前一个时代里，文件的存在意味着某一智力高者介于中间，而且收信人同样是识字的能人或者就是神祇。换言之，与今人相比，更加相信此类传说的旧日农民，视这种神奇现象为信仰，或者视之为巫术所致。稍后会再谈到，有关餐具的物主的传说有很多，这些物主与无言贸易的交易方之间存在巨大的鸿沟。水神也罢，龙宫也罢，似乎在偶然中透露了此类传说的成立背景及其演变过程。

六

山中共古翁有关碗贷传说的解释，是值得聆听的。他指出，过去有不少村落佛堂保存了餐具。这些都是该村落的共同财产，最初是与信仰紧密联系在一起的，比如举办"庚申待"①时，人们从庚申堂的柜子里拿出餐具来用。直到后来，餐具散失了，人们的记忆也就发生了变化，并导致了碗贷传说的产生。与借用古墓的陪葬品之说相比，中共古翁的说法似乎更接近事实。过去，位于漫长山路途中的小屋也出借餐具，有些地方完全有可能把餐具放置于岩洞之中。不知其真实性可靠与否，在幕府时代，加州侯家为了来往于加州与江户之间，在信浓飞驒的深山中开拓了一条路。据说，这条路上的每个驿站都设有一座神社或佛堂，而且里面都藏有一整套餐具及烹饪工具。此外，位于滋贺县犬上郡的五僧越附近的河内村（现

---

① 庚申待，是庚申时通宵彻夜祭祀神佛的民间信仰。

滋贺县犬上郡)还流传着一个更加传说化的资料。据说，这里的深山中有一块恐怕会令任何高僧都踌躇不前的巨石，称天狗谷，在其上面自然摆好了一整套佛具，仿佛是有人在此修念佛三昧之法，当地人视之为山神所为。又如，在泉州槙尾山（现大阪府和泉市）深处，据传也有个"佛具岩"，平常可以听到佛具触碰的声音。以上这些传说，说不定都是由特定的器具保管方法而产生的。只不过，人们从洞穴或石冢借贷的不仅仅是餐具或佛具，因此，仅从器具保管方法的角度，还是难以解释众多类似的例子的。

比如，前面提到的飞騨国府的龟冢，还有另一则传说。从前，国府山的领主经常把书简放入冢口，凭此借用种种器物，一次他借贷紫系縅盔甲没有还，从此冢口再也没有打开，其领地也逐渐衰落。据说，该盔甲作为国宝保存于飞騨一宫水无神社。更神奇的例子，存在于美浓加纳领地（现岐阜县岐阜市加纳）的某一村落。据说，村民把请求信放入村内的洞穴中，过了一段时间，信上写了治口病的处方。不过，听人说，这是灵狐作怪，它与当地某一位姑娘之间曾经有过一段故事。除了治病处方，灵狐还给祈祷者写过信，有不少邻近乡民保存了灵狐留下的笔迹。

在三重县伊贺岛个原站附近（现三重县伊贺市岛个原），有一颗俗称"三升出岩"的岩石。据说，若信仰此石，每天就会有三升大米从中涌出，因此路过此地的行人常把五谷棉麻等供给此石。在栃木县盐谷郡佐贯村（栃木县盐谷郡）鬼怒川边的绝壁中央有个岩洞，洞里有一座传说为弘法大师亲手安置在其中的金佛观音，称岩户观音。每隔三十三年，人们从山顶上挂下长型棉布，并顺着棉布进入此洞取出种种宝物，称之为"岩拜"。同县上都贺郡上永野（现栃木县鹿沼市）的百目冢原高七尺，后变为平地，现只有一座石碑来标明此地曾经为坟冢。据说，这里藏有村内熊野神社的宝物，也有传说讲，若有人把一文钱供给此冢，日后可以得到一百倍的钱，故此冢称为百目冢。曾经有一个贪婪的急性子竟把数百文钱供给百目冢，结果不仅没见效果，反而失去了本钱，他怪罪于百目冢，怒而挖宝，最终招致大祸。如今百目冢也不再给予恩惠了。

这则传说，早就成为说唱艺人的陈旧题材，今人听起来可能会觉其庸俗平凡，没有什么特别。然而，我们回过头来考虑一下其他类似信仰，包括让大阪商人疯狂一时的泉州水间寺①观音的"赛钱拜借"，还有看似同"赛钱拜借"同型的隐歧烧火山云上寺的"钱壶

---

① 泉州水间寺，是位于大阪府贝冢市水间的天台宗寺院。所谓"赛钱拜借"是流传于该寺的特殊习俗，即人们从油钱箱借来一些钱（称"利生钱"），第二年再把多两倍的钱投入油钱箱里，这样可以得到佛的保佑庇护。据说水间寺的三重塔就是由一位借了利生钱的江户人修建的。后来井原西鹤根据这位江户人的故事，撰写了《日本永代藏》卷一《初午》篇。

信仰"等，从中似乎可以了解"借用"这一行为与"领受"相比更能让古人感激，所谓碗贷传说，仅从实用主义的立场来解释是不可能解释清楚的。关于关西地区的信仰我不敢多说什么，但至少在日本东部最普遍的民间信仰，就是牙疼时从神佛祭坛上借用筷子或牙签，或者是小孩患百日咳时借用勺子，或者是生育孩子时借用枕头或小石头，直到愿望实现之后，许愿人以借用物品的数倍数额来还愿，因此往往有一大堆同样物品堆积在灵验的神社寺庙中。也许，所谓碗贷传说具有同样的含义，我们是否应该从这样一种角度追溯其渊源呢？

七

我并不是乱拉长话的闲人，读者大概从前面焦急的论述中已经看出我的脾气了。只不过，由于问题复杂，我不得不再从其他方面做一下交代。为了考察碗贷与无言贸易之间的关系，有必要检讨一下各地有关出借人的种种传说。据说，从前有一个异人居住在爱媛县温泉郡味生村大字北齐院（现爱媛县松山市）的岩子山山脚的洞穴中，他一向出借碗给村民。与前面的例子相同，村民提前一天到洞口，采用口头方式或者书面方式请求借用，第二天早晨，饭碗就会如数摆齐。但某一懒人未按时归还，从此，任何人去借碗都没有了。异人一词令人联想到白发翁，而在其他地方，包括越中国的家具池等地，同类传说中经常出借碗的都是美丽的女神。比如，信州木曾山口村（现岐阜县中津川市）的龙个岩，耸立于木曾川中间，顶部有松树生长，形状极其古怪。《吉苏志略》①写道："土人传说从前有个龙女住在岩石下面，向祈祷即可借饭碗，后来有人丢失了借来的木碗，从此龙女不再出借，这一传说与浓州神野山及吉津岩的传说颇为相似，由此看来这似乎就是基于风土之说。"所谓吉津岩，现称坊洞或藏碗洞，位于岐阜县稻叶郡长良村大字古津。据《浓阳志略》②记载，过去村民需要借用餐具时，水神都应，后来有个"老油条"偷看水神并乘机大喊大叫，水神立刻消失在水中，再也没有出现。又说神野山，就是位于岐阜县武仪郡富野村大字西神野（现岐阜县关市）的八神山。据《浓阳志略》记载，此山半腰处有块名叫"户立石"的巨石，下面有个洞，从中涌出水来，与来自小野洞的清水汇合，涌入津保河。此地曾有一位神女出借饭碗，但有一

---

① 《吉苏志略》，成书于宝历七年（1757），是尾张藩儒学者松平君山（1697—1783）撰写的木曾谷方志。

② 《浓阳志略》，成书于宝历六年（1756），是尾张藩儒学者松平君山（1697—1783）撰写的浓阳方志。

次，某一山中修行的僧侣借碗给人时窥视神女，从此神女不再出现。据说，在九州宫崎县东臼杵郡北方村字荒谷有一河沟，称"百碗轰"，这里的水潭中冒出了一只美丽的女人上臂，向人出借一百个木碗。人们传说这水潭通向龙宫。但某一天，有个愚蠢的人过来借碗，竟然使劲拉这只胳膊，从此这里也没有木碗再出借，不仅如此，从那以后，若有人在此洗净污秽，必遭报应。

此类资料与已故的坪井先生①所珍重的北方小矮人传说有些相似，即有个阿伊努族男人把从窗缝里伸进来的小矮人少女的手拉住，导致小矮人和阿伊努族之间的关系断绝。此地与阿伊努族断绝了交流。其实，日本人自古以来广泛地相信水神为女神，而且，无论从《浦岛子专》②或者更古老的神话看，还是从外来的佛教思想及中国思想看，龙宫都是如意宝国，只有最虔诚且最幸运的人才能到达，人们正是据此想象出了某种有利于人类一方的通往龙宫的道路在各地的水边存在。如果我们将其想象为虾夷国的小矮人，即使是思想最先进、最前卫的现代人，恐怕也会用守旧的话来教训我们。

---

① 坪井先生，指人类学家坪井正五郎（1863—1913）。
② 《浦岛子专》，成书于平安中期，作者不详。

八

除了上面几个例子以外，还有不少例子把出借碗的洞穴视如龙宫的办事处。前提信州上那伊郡松岛村的龙宫冢便是其中一个例子。与同郡胜间村的布引严一样，当地人照例把书信或求签纸塞入洞穴中，并借用各类餐具，直到后来有人未按时归还，这一出借行为才被中止。事实上，村里的藤泽某家保留了一个古老的端盆，据说就是来自龙宫。又如，据《浓阳志略》记载，爱知县三州凤来寺的山脚下有一个地方叫泷川（现爱知县新城市），过去当地人经常从龙宫借用各类餐具，但有一次有人借了一套漆碗后弄丢了其中一个，从此龙宫不再出借餐具了。还有不少碗贷传说分布在利根川流域，如位于利根川上流的上州利根郡东村大字追贝有一个瀑布称"吹割泷"，传说这里的瀑潭通向龙宫，当地人曾经也在此祈求龙宫的水神给他们借餐具。到了第二天早晨，巨石上就摆好了人们想要的餐具，今天我们在瀑潭上面还能看到这块巨石。由于龙宫的乙姬居住在这里，而且还守护着村民，万一她不肯出借婚礼上用的餐具，人们就据此判断这次婚姻不合神意，从而取消。故此年轻男女还特意来到此地祈求良缘得成。

不过，龙神的美丽姑娘竟然居住在如此寂寞的深山潭水中，这种想象无疑来自地下水这一自然现象。人们相信，就如天神乘风云而行一样，水神通行于地底水道，可以到达任何地点。从深山里或者从岩石下，不断地涌出清洁且新鲜的泉水，这对于早晚取水或用水灌溉农田的人们来说，不外乎就是赐福之神、施惠之神。所有碗贷传说会因人类欠考虑的行为而告终，这反映了对神德的赞扬，其起源可以追溯到那些说明神人难以长久相处之类的神话群里，包括鹈户窟的古老神话等。至于某些世家一代代传承下来的朱漆碗，可以说是夏娃劝亚当偷吃的禁果。

那些隐身于坟冢地下或洞穴深处、乐于助人的神灵，不仅仅是水神，还有其他神灵。正如上述，居住在加贺的碗贷穴里出借木碗的是老狐狸，而到了佐渡二岩又换成了团三郎狸，这令我感到有点意外。二岩位于相川深山中的旧杂太郡下户村（现为新潟县佐渡市相川下户村）内，又称二山。岩石深部有个洞穴，曾经有狸子的一大家族居住于此，所谓团三郎便是这群狸子的头领。由于它时常化作人在街上出没，有时还把人骗走，于是岛民一般都不敢靠近这里，但这位团三郎曾经是出借过饭碗给人的。有一种说法认为，它最初大方借钱给岛民，由于太多人借钱不还，后来只出借饭碗，但还是有人一再拖欠，最终它就什么都不借了。可见，团三郎是极其富裕的狸子。佐渡国原本十分珍重狸子，俗话说"江户的狐狸，佐渡的狸子"，这里每年都会购买一百只狸子皮来制作金山用的风箱，这对狸子们来说未必那么光荣，但它们生前似乎也很受重视，这里至今流传着撒沙狸子的传说①。据说上述团三郎在二岩的金矿开采正盛行时化作日工下矿坑挖金子攒钱，积累万贯财富，而且它很大方，贷款从来都不要利息。位于越后古志郡六日市村（1661—1672）的净土宗法藏寺，后来迁到长冈城领土，而在寺庙旧址的后山中有一个天文时代（1532—1555）的古迹，传说为团三郎的居处。据说，它曾经欺骗一名叫众徒瑞端的人，但其恶事败露后，法藏寺住持劝服它离开此地搬到佐渡。也有一种说法认为，直到宽文年间（1661—1672）团三郎一直居住在越后国。此外，由龙昌寺管辖的山中也有一个被视为团三郎居处的洞穴。据说，由于团三郎反复做坏事，村长野上久兵卫门与村民商量，把青杉树叶塞进洞穴中，企图把它杀死。团三郎化作一位身穿红色法衣的和尚为自己犯下的种种罪行向人们谢罪，并在当天夜晚就迁到佐渡。从此该洞穴变成一个空洞，里面只有一套团三郎曾经使用过的茶壶、木制方盘之类的小

---

① 撒沙狸子是流传在新潟县佐渡郡赤泊村一带的传说：夜间路过辻堂坂，忽闻好似撒沙子的声音，据说狸子妖怪从树上向人撒沙子。

餐具，据说有的人将团三郎遗留下来的物品平分了，其中一些还保留至今。

在春秋季的晴朗的傍晚，站在自越后国寺泊延伸至出云崎的海岸上（现新潟县长冈市和三岛郡之间），偶尔可以看见一股蓝黑烟雾自佐渡岛二山边升起，形如一座城堡，楼阁、城郭、大杂院、走廊、院墙、城墙皆有，俗说这就是二山团三郎的所为。曾经，有些人在相川町遇见团三郎并跟随它进入洞穴，无一不惊讶于洞里如同王宫一样豪华，家人皆鲜衣美食。还有一则传说：夜里某一医生被请去山中诊视急病，心想山里不应该有这样的豪宅，直到回家后才想明白原来那就是二岩狸子的洞穴。此外，也有诸如洞穴里三天等于人世的三年此类的"浦岛太郎式"传说。也有传说讲，有人从其洞穴带回一百文钱，花了其中九十九文，剩下的一文钱在夜间又变成了一百文，此人一生都用不完。狸子作为主人公的形象使故事显得有些特殊，其实这则故事在情节上与其他民间故事之间存在许多共同点，讲的是富翁的福德圆满。也许是因为故事情节有些不合狸子精做事风格的缘故，讲述人又加了一些令人恐惧的条件，如进洞者一旦把他洞里所见告诉别人，就会立即丧命等，但正如上述，洞穴中的情况已广为人知，这样附加说明也就没有什么意思了。

九

日本富翁传说往往包含了"福分可以继承"这一思想，即故事前半部分是富翁因缘尽而没落，其房宅杂草<u>丛生</u>，只剩下井口；而到了故事的后半部分，是有人偶然在此挖掘到某些宝物，从而成为富翁，或者众人多年挖刨探宝，立志成为下一个富翁，一则富翁故事由此链接到另一则传说，甚至链接到现实生活。尤其是黄金鸡之类的宝物，人们视之为某种灵物，认为凡是得到此物的人一定会走运，即使得不到，仅仅听到地下的鸡叫声都可以飞黄腾达。由此联想，所谓二岩团三郎虽是一只狸子，但本质上它就是过去的富翁。就是由这样的狸子借出的餐具，人们当然想要保留到后世，这可谓是人之常情。不难想象，飞驒国丹生川盐屋村（现岐阜县高山市）的借碗的旧址之所以被称为"富翁仓"；伊势国九冢等附带碗贷传说的坟冢之所以偏偏建立在富翁旧居，不仅是因为人们要暂时借碗，他们似乎早有预谋夺占饭碗（财富），并将其永远为己所有。

值得注意的是，借食器之风曾经在围绕千叶县印旛沼的丘陵地带（包括千叶县北西部、印西市、佐仓市、成田市、印旛郡、八千代市）十分盛行。尤为引人注目的洞窟，就在于从印旛郡八生村大竹(现千叶县印幡郡)通往丰住村南羽鸟(现千叶县成田市)的路上有个山洞,入口处还设一石头门,有一丈高,洞里有七八块草席面积那么大、掺有牡蛎壳的石头,堆积如山。据《里老传常陆地理志》①记录,过去有一土匪头子定居在此,只要村民在洞口求借接待客人用的餐具,他都会让手下从洞中送去。据说,邻接大竹的福田村至今还保留了从土匪那里借来的一整套餐具。此外,茨城县真壁郡关本町大字船玉(现茨城县筑西市)的八幡宫位于鬼怒川岸边的丘陵上,在其石阶右手方向有一古老石窟,有四尺四方大的平石围住洞口,里面比上述土匪居住的洞穴大几倍。据说,过去洞窟深处还有一口井,有一位被称为隐人的人生活在此地,并无私贷出(现茨城县筑西市),该地至今流传着与其他地方一样的碗贷传说。

只说土匪、隐人,还是看不清其真面目。同县关宿附近的长须村(现千叶县野田市)还有个被称为"隐居盲人乐师之洞"(kakureza-tounoana)的洞窟,流传这里的碗贷传说与其他地方基本相同,即村民提前一天求借餐具,第二天早晨从洞里贷出,最后因某一村民的

---

① 《里老传常陆地理志》,成书于天保三年(1932),是水户藩士雨宫端亭(1780—1832)在宽政年间所写的方志。

违约而告终。《弘贤随笔》①记录这则传说时，明确表明这是作者从两位报告人那里听来的。据《谚语大辞典》载，所谓隐居盲人乐师是微小昆虫的别名，另外还有一种谚语讲到，傍晚玩捉迷藏就会出现隐居盲人乐师，这里指的是一种妖怪。翻阅菅江真澄写于文化年间（1804—1807）的旅行记，里面可以看到与前面决然不同的说法。据说，北海道渡岛江差（现北海道桧山郡）附近海岸有一洞窟，称黑岩，洞里安置了圆空上人手刻的地藏，患眼病者供米求治病即可见效，同时文中还记录了当地孩童的说法，即某一隐居盲人乐师定居在洞里，把宝物赐给善人。高田与清的旅行记《相马日记》②成书于同一个时代，记录了流传于当地的如下谣言：下总印旙郡松崎村（现千叶县印旙郡）附近有三个大洞，被称为"隐居盲人乐师"的妖怪居住在其中。尽管如此，松崎本身是上述八生村所管辖的大字③，而且与八生村的洞窟相似，这里也有一棵大松树生长在洞外，据此可以认为这三个大洞，指的就是当地人相信土匪出借餐具

---

① 《弘贤随笔》，由江户时代后期的国学家、藏书家屋代弘贤（1758—1841）等人著。弘贤及其知友们每月 15 日举办"三五会"，聚于一堂发表各自的文章。《弘贤随笔》便是汇编这些文章的杂文集。

② 《相马日记》，刊行于文政元年（1818），是江户时代后期的国学家小山田与清（1783—1847）在江户、千叶、茨城等地游玩 10 天的记录。

③ 大字，是日本市町村内的行政区划单位。

的那个八生郡大竹的洞窟。此外，还有一两部书籍称此洞为"隐里"。我们不难理解，所谓隐居盲人乐师的新兴怪物，不过就是"隐里"的误传而已。

从"隐里"借用餐具的例子还有很多，如津村涼庵在其《谭海》第四卷中提到了离下总成田不远的龙光寺村，其实这是印旛郡安食町大字龙角寺的笔误，其实指的就是土匪或者隐居盲人乐师所居住的那个洞穴。这一洞穴位于大冢之下，此冢用非当地生产的石材建造，而且有多种贝壳附在其表面上。文中记载："村民称其神人的居住地为隐里，神人拥有许多好餐具，村民到此任意把日常用品拿走，或者家中来客时从此借用餐具，也有人始终没有归还，把擅自留下的食器传承至今。"《谭海》的成书时间稍早于《相马日记》。此外，在从同郡和田村大字下胜田前往直弥（现千叶县佐仓市）的路上、朝向田地的山崖半腰处有一个洞窟，同样被称为"隐里"，曾经把各种物品出借给村民。据说，过去夜间还从此洞中传出捣米的声音。明治三十四至三十五年（1901—1902）施行土木工程时，从该洞中竟然出土了一把生锈的刀剑、两三个日常用品以及两个人的尸骨，当时被断定为平将门之乱中战败逃走的武士。另外，在同郡酒酒井北部的一座祭祀弁天神的丘陵背面，也有一个洞窟保留了碗贷传说，当地人称之为"严岛山的隐里"。此洞之所以另有"啃啃石房"（kankanmuro）这样一种别称，是因为敲洞中的地面会发出如同碰撞金属的声音。自明治维新以来，土匪、狐狸均在此地居住过，如今其确切位置已无人知晓。

《利根川图志》第二卷记录了流传于下总猿岛五霞村大字川（现茨城县猿岛郡）的隐里故事。当该村名主藤沼太郎兵卫的祖先从下野国迁来开拓此地时，村落里有一"隐里"，接待客人时碗不够可以求借饭碗。由于某些原因，他把十套餐具留了下来，至今还保留了一两个未还的餐具，据说是极其罕见的旧式漆器。《弘贤随笔》所写的盲人乐师隐居的洞穴离这里不远。这个洞穴和"隐里"说不定指的是同一个洞穴也未可知。前面我提到了常州真壁郡船玉的隐人之洞，《茨城名胜志》称之为隐里。位于同郡上妻村大字尻手（现茨城县下妻市）的文珠院保留了大小两个木碗，传说是从此洞借来后未还的。两个漆碗外表涂一层黑墨，画有绘制朱色云彩，并用金箔绘制菊花和四眼花纹。对我们来说，这四眼花纹可是一个很重要的线索。有一部《越之下草》①的著作者，把越中市井（现富山县射水市）的冢冢写成"冢冢的隐里"。既然这座坟冢早在一百五十年以前就变

---

① 《越之下草》，成书于天明六年（1786）左右，是江户时代中后期的农学家宫永正运（1732—1803）撰写的越中地方志，记录了越中各地的地名由来、名胜古迹、神社寺庙缘由、特产品、自然景观、传说奇谈等，共6卷（普及版为3卷）。

成了一个田地里的小土堆，如今应该没有留下任何痕迹吧。正如上述，其他例子中村民在前一天求借，等到第二天早晨才能借到餐具，而此地的碗贷传说稍有不同，据说人们求借后回一趟家，过一会儿再去看，冢前就已经摆好了他们所需要的餐具。

一〇

那些出借餐具的洞穴，要是近于水边，人们就会将其与龙宫、乙姬相联系，要是位于山中，人们又会提及隐里乃至隐居盲人乐师，这在我看来是很自然的。龙宫也罢，隐里也罢，都是富贵、自在的乐园，凡尘俗人本来是遥不可及的。对于那些乐园，受苦受难的众生自然梦想着去看一看，走一走，如果可能的话再带点什么回来。在这一点上，水边的龙宫和山中的隐里之间没有什么两样，龙宫本身不外乎就是一种位于水中的隐里。我已经写得太冗长了，但还是要说明这一点。

离三河渥美半岛福江町不远的山田（现爱知县田原市）有块岩石，称鹦鹉石。据说此石曾经出借过木碗，与其他例子一样，这一行为因某一人的缺德行为而告终。鹦鹉石之名取意于它会仿效人类语言，这种传说本身在全国各地并不罕见，但据我所知，唯独这里的鹦鹉石才同时出借木碗。大家较熟悉的鹦鹉石，大概是因伊藤东涯①翁的随笔而有名的伊势度会郡市之濑的石头。它是位于三重县度会郡南中村地区山中的岩壁，高30米，宽60米，人在这块岩壁前说话，其声音在岩壁中回荡，仿佛鹦鹉模仿人的声音，故此，这块岩壁称鹦鹉石。伊藤东涯于亨保十五年（1730）作诗给一个当导游的村民，第112代灵元皇帝看了之后很喜欢，就叫宫廷画师宗仙给屏风画一幅鹦鹉石的画，再让东亚在其上面写下序文。后来竹田出运以此为题材，写了一部净琉璃，鹦鹉石由此出名。其实，在此周围还有同名的岩石，包括江州蒲生郡（滋贺县蒲生郡）、越前敦贺的常宫浦（福井县敦贺市），以及东方的伊豆丹那村（现静冈县田方郡）、武州御岳山中（东京都青梅市）等。另外，飞骅国高原乡（现岐阜县北西部）的鸣石、信州伊那（现长野县伊那市）的市之濑、信州更级姨舍山（长野县千曲市）的木魂石、福岛县白河附近的小田仓村（现高知县长冈郡）的呼叫石、南津轻相泽村（现青森县青森市）的咻咻石以及西部的土佐穴内（现高知县长冈郡）的物言石、散落在备后安艺（现高知县安艺市）山中的诸如呼石、语言石、答复石、回三声石等，均属于同类石头。也许，最初人们把石头回响理解为鬼

---

① 伊藤东涯（1670—1736），即伊藤长胤，江户时代中期的儒学家。

神作怪，正如相信回声为山鸣谷应即树木精灵所为一样，直到后来，人们才得知石头回响并不是什么怪事，于是有意增加一些特殊现象以保持其神秘性，如这不是石头回声而是石头回答，又如人呼叫一次，石头连叫三次等。据《和汉三才图会》记载，位于会津若松城堡内的镇守诹访神社的神石甚至在八月二十七日的祭祀当天，听人们说一句"敬拜"，便回答道"让我看看"，人们就把香酒和芒草穗供给它。

这种鹦鹉石后来还出借餐具。与其他碗贷的石房不同，鹦鹉石恐怕不会有一个通向地下乃至水底的洞口，因而人们难以将其联系到诸如小矮人、土蜘蛛等。《白山游览图记》①引用《异考记》②写道，于六百八十余年前的宽喜二年(1230)，六月下雪并七天不融化，导致国内严重歉收，此时白山的祝卜部良畅为了拯救受苦大众，上山断食，并把币帛进献给宝藏石祈祷，第三天终于出现一位白衣玉带的神人，手持笏敲打此石，石门忽开，里面竟是桂宫柏寝。从宫殿中顿时就有一股白烟升起，飘向山脚，让各村的庄稼未收，当地人由此摆脱了饥荒。这一"隐里"传说的收录时间与《一千

---

① 《白山游览图记》，成书于天明五年(1785)，由金子有甲斐(生卒年不详)著。

② 《异考记》，不详。

零一夜》的成书时间较为接近，是一则值得注意的奇谈。我想继续介绍上州利根的瀑布，这一瀑布称为吹割泷，是传说中的龙宫办事处，曾经也出借过餐具。也许，这意味着一种相隔仙境与世俗的"水墙"，偶尔也会打开。此外，广岛县山县郡都志见（现冈山县山县郡）的龙水山有一个名叫驹个泷的大瀑布，高十二丈，上宽三丈，由于有一座观音石像安置在后面的窟洞里，因而驹个泷又称观音泷。站在瀑布前，飞溅如雨，无法靠近，一旦有阵凉风吹来掀开水帘，即可任意进洞拜佛。据说当地人视之为山神所为。就像日光的裹见泷这样的瀑布，在十余年前尚未发生水灾时，其背后还有个洞窟，这应该属于同类"水墙"。阿弥陀泷位于美浓长良川的水源地，我曾经见过它垂下水帘。如果仿效《图版西游记》来对其加以夸张表现的话，那不外乎是只有少数有缘者才被允许到达的一种隐里。事实上，《今昔物语》记载了飞驒的别有洞天，但这里饱受猴神的折磨，甚至需要请俗世勇士来除恶，就这样一种世外桃源，还是用瀑布与世隔绝，俗人只有仙人引路才能入境。

考虑以上几点，人们坚信碗贷传说必须发生在一个洞穴或开口的坟冢中，而且认为某人在其中管理餐具，这种思想本身也许就是信仰衰颓之后的产物。而鸟居先生视之为是不为人知的蛮族直到元和宽永时代存在的证据，恐怕是考虑不周的。

———

　　我们难以一一列举隐里以阐释其分布问题，即便如此，还是需要指出如下一点，即日本西部的隐里更多偏重于幻想因素，而越靠近东北，越增加现实性。举几个例子，如《萨藩旧传记》①收录了无房富翁故事，据说萨摩有一武士名叫有马，他曾经进入鹿笼山，偶然发现四面岩壁环绕，状如屏风，遂独居于此。这里冬天不见积雪，黑夜中有光芒，原来四周的岩壁都是黄金。又如，在日向雾岛山（位于现鹿儿岛县雾岛市）中，当地人偶尔能遇见"隐国"。在一片清净的土地上建有私家园林，橘子之类的果树果实累累，还有佳人来往，时而还传来音乐，然而，一旦人们离开此地，日后欲想重访，却再也找不到路。另外，过去有一位仙人在肥后国旧合志郡油古闲（现熊本县合志市）的群冢周围落户安家，至今留下了一口井，称为仙人井。如今，元旦日出时从阿苏山顶远望此地，有一座玉堂浮现在云霞之中。该故事与佐渡二山的传说极为相似。

　　在能登有一座较有名的隐里，就像盐津村的隐船或隐人这样的

————————

　　① 《萨藩旧传记》，不详，疑为《萨州旧传记》的笔误。

说法，也许是依附于看不清内部的幽静山影而产生的，而在同国其他隐里，如小木三船山，据说每走一步，地面都能发出响声，整座山就像是空洞一般，曾经有一位游僧进入山洞里，看到一座宫殿楼阁。我们在最近出版的《名古屋市史》中很意外地发现文中竟然提到了尾张名古屋的隐里，而《沙汰无草》①也有记载，一名叫高木某的年轻武士于安永三年（1744）用鹰捕鸟时见过隐里。《神都名胜志》②引康永年间（1342—1345）成书的《参诣记》③写道，位于伊势山田（现三重县伊势市）的高仓山山洞中存在过一座隐里。此外，据《势阳杂记》记载，多气郡齐宫村的齐宫森（现三重县多气郡）有一种除夕用匾额卜卦次年丰收的风俗，这与京都东寺的御影供一样，过去都是从隐里拿来的。另外，位于近江犬上郡（现滋贺县犬上郡）长寺的茶臼冢还流传着"老鼠隐里"的民间故事。京都东山（现京都市东山区）的灵山大门前的田地也被称为鼠户豪宅，当地人传说曾经有

---

①　《沙汰无草》，是宽延元年至宽政十一年（1748—1799）之间的名古屋见闻录，高力种信编《诸家随笔集》所收录。

②　《神都名胜志》，成书于明治二十八年（1895），东吉贞编，河崎维吉等校，是记录上代神领饭野、多气、度会三郡的详细地方志，附图说明了名胜古迹、仪式、地图、古器物、古籍画卷，共6卷。

③　《参诣记》，即《伊势太神宫参诣记》，是医官坂十佛于康永元年（1342）参拜伊势神宫时所做的记录。

人从老鼠隐里带回财物，此人由此被称为鼠户富翁，其居住的宅子被称为鼠户豪宅。在因幡国岩美郡大路村（现鸟取县岩美郡）也保留一个叫鼠仓的地名，据说此地是建立于山中水岸边的老鼠的隐里，《因幡民谈》①写道："从前有一群老鼠来此集居，它们分贵贱，因尊卑地位不同而规定主从关系，雌雄拜堂成亲，还建造屋宅加盖仓房，摆放财宝，学习世俗做买卖。"

为什么唯独老鼠才会有这样一种净土？老鼠的隐里与佐渡团三郎狸子有何关系？对此，我还不能做出充分的解释，尽管有些不太甘心。只不过，可以说，所谓"鼠仓"或者富翁仓房的"仓"原来是意为岩窟的古语，因此这些故事可以证明隐里正如全国各地的碗贷传说所说的那样，存在于洞中或者存在于地下。据《摄阳群谈》记载，大阪府境内至少存在过一个隐里，那就是位于丰能郡池田之北、细川村大字木部之南（现大阪府池田市），从前此地有一位豪富长者，拥有花不完的金银财宝、享不尽的荣华富贵，但最终衰落，如今只保留了隐里这一地名。今天在此捡到东西，必获幸福。离神户不远的武库郡打出（现兵库县西宫市）也有一则传说，据说从前有

---

① 《因幡民谈》，即《因幡民谈记》，成书于元禄元年（1688），是目前最古老的因幡国方志，其中收录了鸟取藩的医官小泉友贤（1622—1691）花费 20 年的时间收集的当地古文献、传闻等，共 10 卷。

人在此捡过一个万宝槌，今天趴伏在地还可以听到觥筹交错的声音。随着时代推移，隐里逐渐远离人间，这仍是一件自然的事。过去，古人多在元旦、除夕等严肃时刻听到某种神秘声音，故将自身的幸福托付于此，如骏州大井川的笹个窝曾经出借过漆器，据说在享保时代初期(1716—1736)的某一下雨的夜晚，有个农民在此听过一种好似四五个人捣麦子的声音，但天亮后向附近居民打听，却无人知道此事。某一僧人说道，这声音传自隐里，是吉兆，前几年在三河也有人听过同样的声音，他家果然兴旺发财，最后竟然成了年产千石的农民。如今在有些儿童故事中，有个男人在听到传自老鼠净土的歌曲后发出猫叫声来吓跑老鼠，结果招来现世报。在我看来，这种说法与碗贷传说中偷碗招怒的结尾似乎有异曲同工之妙。

一二

播州书写山(位于兵库县姬路市)的登山路上，有一种说法，袖振山的北端神社为隐里，其山腰部的大岩洞是古时候老鼠捣米的旧址。除此之外，日本东部也有不少洞穴被称为隐里，包括江户学者在其随笔中经常提到的越后蒲原的奥寇佩(okoppei)之洞、羽后男鹿半岛寒风山(位于秋田县男鹿市)的隐里、陆中小友(现岩手县远野市）的土室神社等，但这些隐里未必都有如上隐里那样的传说故事。至于我在下面列举的几个地名，尽管带有隐里两个字，但不太可能是隐里传说的旧址。这些地点恐怕就是一种邈若山河、与世隔绝的小盆地，除了租额较少，往往都没有什么特点可谈。

相模中郡吾妻村二宫字隐里

常陆那珂郡隆乡村高部字隐里

陆前远田郡成泽村字隐里

陆奥下北郡川内村字隐里

羽前东田川郡横川村字隐里

羽后雄胜郡轻井泽村字隐里

众所周知，近世的各类记录收录了关于隐里发现者的实例报告。比如在九州有肥后的五个庄（现熊本县八代市）、日向的奈须（现宫崎县东臼杵郡）及米良（现宫崎县儿汤郡），今人仍然以好奇的目光来看待这些隐里，又如周防都浓须须万村的日比生（现山口县周南市），传说是某一猎人于天文时代（1532—1555）发现的隐里。但更多的隐里还是集中于日本东部，包括：位于羽前和越后边界的三面（现新潟县村上市）、岩代信夫郡的水原（现福岛县福岛市）、岩代伊达郡的茂庭（现福岛县伊达郡）等。其中，水原是古人根据从溪流上游漂来的稻草而发现的，当初故称为水藁。所谓茂庭大概就是阿伊努语，据说某一官吏第一次来到这里的时候，村长头戴黑漆礼帽。今年冬天，茂庭有一村民把当兵的孩子送到东京，但回家时，他乘坐的电车与一辆货车相撞，这位隐里人不幸死于东京中心。又如，位于会津和越后之间大沼郡本名村的有一个部落叫三条，这里的人们唯独与越后往来，福岛县的人们对其存在一无所知，直到明治九年（1876）实施地租改正时，三条人才办理了户口。三条方言的语音与会津式的鼻音绝然不同，因而被戏称为"三条的黄莺语"。甚至离江户不远的武州秩父，也有元文年间（1736—1741）才被发现的一个村落。下雨后从溪流上游漂来的一个木碗使之被世人所知，这仍是值得关注的奇谈。除此之外，还有个隐里的居民耐不住寂寞，不知从何时起进入村庄，使隐里的存在为世人所知。拿地方官吏所使用的术语来说，这些居民便是"隐田百姓"。这种隐田百姓最初躲避乱世而隐居下来，在山岳地区似乎不在少数。

有个村落声称是平家残兵败将的后裔并自报姓名为小松，也有村落把关于平重盛的姨母妙云尼公的信仰故事流传了下来，这些村落均位于偏远地，大概都是从如上隐里发展而来的。此外还有地方自称为同属平门一家的平将门之后裔，如所谓"三浦氏败将"①，散见于信州，就像御岳南岭泷越这样的部落也是其中之一。此地地名"miura"，意为水上，与三浦（日语读音为 miura）无关，由此看来，该地名难以证明此地为相模平家之后裔居住地。从会津南部到下野、越后一带，处处都存在高仓宫以仁王的潜行故址。与之相关的传说还无一遗漏地谈到了诸如渡边唱、渡边竞、猪早太等源赖政手下的有名猛将。说起来感到非常惶恐，有些地方甚至言及高仓天皇的陵墓。这种现象好比日本西部的几个府县仅就平家谷这一地名主张此地为安德天皇二位尼（即平时子）所隐居之地。也许，诸位历史学家为此感到困扰吧。事实上，连宫内厅都把诸如"陵墓参考地"之类的不确定的导示牌设置在几十个地方。《兼葭堂杂录》②竟列举了七八个"安德帝御故址"，今天还有所增加。对此，我个人还有些意见，但考虑到有关人士的心思，还是难以彻底辩论。因而，在此，我只是谈一谈有关平氏后裔的传说与隐里、借碗有关的内容，至于其他问题，今后找一个平静的地方发表我个人见解。

---

① 三浦氏是平姓的直系氏族。

② 《兼葭堂杂录》，刊行于安政六年（1859），木村兼葭堂著，晓钟成编。在大阪经营造酒业的木村兼葭堂（1736—1802），利用业余时间对各神庙收藏的书画器物、各地的稀罕动植物加以考证，并记录了当时流传于世的传奇。兼葭堂死后，受其子孙的委托，大阪的著作家晓钟成对其遗稿加以整理，出版了此书，共 5 卷。

一三

福井县大野郡的山村，保留了不少平家谷传说。其中，下昧见村大字赤谷（现福井县福井市）的平家堂是位于山崖半山腰的岩洞，每边宽二尺，洞里便是古坟。当地人对此极其尊崇，每逢二月十九举办祭奠。这一岩洞的石门光凭人力是无法推开的，当世上发生某些大事时，它会自然开启，村民称之为"平家大师驾临"。据说，该石门在甲午中日战争、日俄战争期间一直开启着，村中百姓无人不晓。告诉我此事的报告人，既是我的熟人，也是该村村民。我十分了解他质朴的为人，而且他所报告的内容本身就是有传统的。在奥羽地方，这种洞穴被称为"阿倍城"，人们往往根据石门的开启声来占卜次日早晨的天气。在中部亦称"鬼个城"，有不少传说认为山中女妖在此晒布，村民就此领会神意。追溯渊源，这则传说大概与山姬、佐保姬织锦布的口承传统有关系。尽管如此，如果所谓"平家大师"之说，就是指屋岛之战和坛浦的平家残兵败将，那么他们受村民如此崇敬，就有点太过分了。我以为，由于东北地区与安德天皇毫无缘分，就拿出妙云尼公、高仓宫以仁王等平家一门的名人来，以此弥补遗憾。然而，无论过去还是现在，农民是不会讹言谎语的。不仅如此，别人说什么，农民也最容易相信什么。既然如此，最初由谁把有关平家谷的众多散布于全国各地的？在我看来，这便是平家谷传说与碗贷传说之间的唯一的交叉点，也是判断鸟居氏的无言贸易之说正确与否的重要材料。

如果鸟居氏在充分考虑这种含有地方性差异的传说之后得出如此见解，那么，即使我们的观察结果在细节问题上有所分歧，我也不会发表傲慢无礼的批判文章了。因为，包括碗贷传说在内的任何一种传说，其起源都是复杂的，而且随时代变化而不断变化或与新的因素相结合，这种现象已经屡见不鲜。即使最初诸如富翁、百宝魔锤、古坟、水神信仰等共同构成了洞穴交通这一奇谈的基础，但在另外一次机会中或者出自某种需要，人们有关"鬼市"或"默市"土俗的记忆可能又被编入其中，对此我们不能决然否认。尽管有些遗憾，考虑今天民俗学的实际发展现状，我们还无法得出一个消极的或积极的结论。

前面我重点说明的一点，就是没有任何痕迹可以说明餐具的物主或出借人是阿伊努族或者其他民族。此外，我以为还存在一些有特色的线索，比如绝大多数的餐具传说讲：第二天凌晨在特定地方摆好了村民在前一天求借的餐具，可见物主或出租人是在夜间行动的。更重要的一点，就是除了少数例外，借出的物品均是木碗等木制品。隐里应该还有许多更好的东西，但从此出借的偏偏就是在水中或者在土中最不适宜长期保藏的木制品，这里应该存在某种特别的理由。在陆中远野，作为仙境的隐里被称为"迷梦之家"（mayoiga），据说从此地带回某些物品即可发财致富。再看我自己收集的相关资料，仍有一个例子中主人公因得到隐里的木碗而发财享福。在高知县长冈郡樫野谷有一风俗，每逢正月初一村民到村内的池塘取水。万一村里出现不祥之兆，就会从水底传来按弦拉弓的声音，时而还有一个朱碗漂浮在水面上。连这样的场合都离不开木碗，究竟意味着什么呢？

一四

伊势龟山的邻村阿野田（现三重县龟山市）有个名叫碗久冢的坟冢，据说此地在贞享年间（1684—1688）还出借过木碗。据当地人讲，这一冢名与卖碗的久右卫门或久兵卫有关。这位碗久与大阪的另一位碗久①同样，是生活在某一时代的富翁，他饲养多头牛，对陡峭的山路施工以便于用牛运粮送货，此地至今保留了"下牛坡"这一地名。碗久虽是农民出身，却又雇用众多工匠，把他们造出来的

① 大阪的另一位碗久，指江户时代前期的一位富商（生卒年不详），他主要贩卖木碗之类的餐具。他大方、放纵，甚至疯狂的性格及其生平，吸引了不少江户作家们。其中，井原西鹤把碗久做原型，撰写了净琉璃《碗久一世之物语》。

碗、盆等什器送到在都城诸州贩卖，由此享受了繁荣和富裕。其家断绝后，人们在其旧地建冢并命名为碗久冢。为了接待客人或者为了其他理由出现冢中食器不够用的情况时，村民就提前一天来到冢前求借食器。要想解释这则传说，我们首先必须要理解涂漆师极其重视用来晾干漆器的土房；其次还需要关注那些木工们的本源地便是近江爱知郡东小椋村（现滋贺县东近江市）。过去人们从龟山这边翻山出行，其目的地一般都是近江南部的山村。东小椋村大字中君个畑、蛭谷均是具有几百年历史的木工村。有些人知道，由于中世以来缺乏原料，这里的木匠们争先恐后地离开故里，此后的二三十年间在诸国山中巡游，在每个逗留地靠木工手艺维生。正因如此，至今诸国还有不少木匠自报姓名为"小椋"或者"小仓"（读音同"小椋"）。虽然他们走遍了全日本，但伊势与东小椋村山地邻接，似乎是他们最容易到达的地方，如今从南伊势到纪州一带，小椋姓的木匠较为常见。他们保藏了各类古书抄本，并在深山中建立了同族部落，似乎还保留了稍微特殊的某些风俗习惯。六七年前，我在《文章世界》杂志上发表过一篇有关手工艺的文章，最近又想继续发表一些研究成果。我以为，近江桧物庄的来历，或者在中世十分盛行的日野桧木碗或日野桧木制方盘的生产等，都与之有关，可惜至今没有找到一个有关东小椋村的确凿证据。

在伊势安浓部郡曾根村字东浦(现三重县津市)的野地里有一个丘陵名叫碗冢。该冢东西有十五间宽，南北有十间宽，还有一棵大松树生长在其顶部。尽管此地没有流传碗贷传说，但在当地的传说中仍是专门烹饪供品的神宫厨房所在地。从前有一位名叫秋叶重俊的近江人来到此地，于文历元年(1234)就任判官。此后，当片田重时担任刑部尉职务时，此地的神宫厨房毁于兵乱，迁到别处。这时，诸如大刀、神镜、神舆以及所有烹饪用品埋藏在碗冢内。我这里有一点点资料可以证明如上传说出自碗久血统的人们的口中。不知什么缘故，从古至今一些历史上不见其名的大人物经常被东小椋村村民引以为例。诸国的所有木匠把众多古文献传承至今，今天君个畑、蛭谷二村也把同样的古文献好好地珍藏着，除此之外，旧时的地方志及神社寺庙的由来簿等保存的都完好。就这些古文献资料本身，我不打算在报刊上做出任何批判，以示对保管者真挚态度的敬意。这里只想说，据东小椋村人的传说，清和天皇之兄、小野宫惟乔亲王曾经离开都城来到此地山中躲藏隐居，还教会山民如何造出木制品。如今祭祀惟乔亲王的大皇器地祖神社，已经成为全国木匠工的祖师爷。在一些古文献中，如写于仁和五年(859)酉五月六日的神社由来簿，诸如大仓大臣惟仲、小椋大臣实秀等跟随惟乔亲王来到此地的人们留下了署名。这位实秀又称太政大臣，是今天小椋姓的祖先。有一种说法认为，小椋信浓守久良、小椋伯耆守光吉等人最初都是跟惟乔亲王学过此艺的。再看作州苫田郡阿波村的木匠于承久二年(1220)庚辰九月十三日写的记录，其中亦可看到大仓卿雅仲、民部卿赖贞等人的署名。除此之外，就像伊势多气郡的藤小屋村等地，以旋制长柄勺谋生，此地仍有传说认为惟乔亲王曾经带领仓桥左大臣到这里隐居，并把旋制技术传授给当地土人。再看近江北部、吉野、纪州、飞骅等地，人们都坚信惟乔亲王曾经来巡游过。这种传说的存在令人称奇，只不过，田中长岭①早在明治三十一年(1898)写成《小野宫御迹考》共3卷，文中全面承认了东小椋村的旧时记录，而且诸如本居丰颖、栗田土满等国学大师为此书作序、写题词，这样我就难以再说些什么了。读者中若有感兴趣的，建议对此书的详细内容加以思考。

一五

那些离开近江东小椋村到诸国深山中建立新隐里的人们，就如

---

① 田中长岭(1849—1922)，是明治、大正时代的香菇栽培法、制炭技术的指导者。《小野宫御迹考》刊行于明治三十三年，对惟乔亲王的传说、遗物、故址、古文献等做了记录，共3卷。

美国实现独立时一样，时而会背离故乡神社寺庙的起源传说而擅自创造自身的来历。例如，东北会津地区的木匠人数尤为集中，归根结底，最初该地新领主蒲生氏从故里近江带来了几位木匠。这些木匠长期居无定所，为寻求原料木材而处处漂泊，当地人称之为"跳"（tobi）。关于以上内容，可详见《新编风土记》。

另一方面，自会津到越后的山村地区流传着有关高仓宫的种种古老传说，这些传说也提到了多位从臣的姓名，他们往往与猪早太等人争功，还在各地留下子孙，如今成了世家先祖。其中也见小椋少将之名，今天位于越后东浦原郡上条谷的高仓天皇陵墓被当地人称为"小椋岭"。另外，山下的中山村十三户人家皆为清野姓，他们还是高仓天皇第四皇子尊成亲王的从臣、名叫清银太郎的勇士的后裔。

关于后南朝时代小仓宫在大和吉野的事迹，林水月先生[①]于明治四十四年（1911）撰写《吉野名胜志》[②]做过评论。在此，我只附加以下两点：首先，该山村保存的众多旧文只有二百年来的历史；其次，小仓宫之名应该与洛西嵯峨的小仓这一地名有关，但他在一段

[①] 林水月（？—1935），名海音，号水月，从明治时代中后期先后在奈良县吉野郡上北山村西原的宝泉寺、小椽的龙川寺等地当主持。他热衷于南朝研究，自称为"南朝狂夫"。

[②] 《吉野名胜志》，即林水月著《南朝遗迹吉野名胜志》，吉川弘文馆，1911 年。

时期到东小椋村君个畑的某一土豪家里隐居，并把该家女儿当成侍女，还生了一个王子。

且不论如上事例，现在我是这样认为的。木匠一般都有学问，至少比起不识外面世界的农民来说，他们的见识更为丰富。由木匠们造出来的长柄勺、旋制木器，是任何农民都需要的。尤其是长柄勺，与山中的山神信仰、乡村的农家神（oshiragami）信仰有着密不可分的关系。为了顺利进入由陌生村落管辖的山中，并与村民交换各类日常用品，那些他乡漂泊的木匠们还是有必要想方设法来赢得一定的尊敬与亲密的。无疑，他们与村民之间的关系没有恶化到要靠无言贸易的程度，但木匠们若无任何交流技巧，也是难以入村的。让我再发挥下想象力，说不定木匠们常从岩洞里或从土房深处拿出一些色彩鲜美的餐具，并向"愚民"讲解家藏此餐具即可招财纳福，通过赠送行为卖人情。我们应该注意到，由常州真壁的隐里出借的木碗在其表面上用金箔绘制四眼花纹，而四眼花纹正是近江某一名门大族的家徽。当然，我并不是因为尚未抓住确凿证据才主张这么个假说的。我只想指出，即使木匠与农民之间存在过某种类似于无言贸易的交流行为，但更高明的谋略者一定是前者，而鸟居先生说交流双方的文明水平差异云云，好像主次颠倒了，这难免有些滑稽。

不用说，普通百姓最近才开始使用白瓷碗，之前他们用的应该是木器，至少可以说，朱漆木碗一般人还是买不起的。我并不认为，朱漆木碗在古时候就已经简化工程进入量产阶段。凡是研究漆器发展史的人，都需要把我们的隐里传说当作一个基础。另外，那位净琉璃中的著名风流男子即多情多恨的碗久，他是否就是小椋姓，他后来的商号是否就叫"伊势屋"？这便是京阪地区的学者应该要回答的问题了。

（大正七年二月至三月 《东京日日新闻》）

放流王

　　有一位名门大族的户主，通过修验道的实践，侍奉武藏国丽本乡（现埼玉县日高市）的白须神社。他本人也留了白胡子，近年改姓为高丽。他家里有本历经数代传承下来的家谱，看过后人都惊叹，这些是否都是事实？关于武藏国的高丽氏正史有两个记载：一是距今约一千二百年前，归化日本并散居在日本东部地区的一千八百名高丽人搬移到武藏国（现东京都、埼玉县、神奈川县的部分地区）；二是家世显赫的高丽氏曾经担任过武藏守，他因此把户口迁到此地。尽管历史学是一门以想象的自由为基础的学问，但如此明确的两个证据还是不可忽略的。当然，如上两种史实与我们之间存在时间鸿沟，时隔一千余年，我们若寻找有历史记录的高丽氏与那位白须高丽先生之间的来龙去脉，则可能是永远到达不了的海市蜃楼。如果有必要确定世家高丽氏与白须高丽先生之间的关系，那么必须认真考证。

我试图讨论的，是这个问题的一小部分，即我们是否能够把自称"白须神"的、又称高丽神社的新堀村大宫明神理解为祭祀高丽王族的神社①，以供地方传说研究者做参考。

古老的证据未必属实，有一个例子就是家谱。说它古老，也难以置信后无篡改。当然，最近刚修的家谱也不能令人放心，其源头还是靠不住的。无论是旧的还是新的，所有家谱在接缝上都会遇到难题。我们无法想象一个家谱能够延续一千年之久。即使古代存在纸笔、文字，但能撰写家谱的人物或家族却难以存续。首先，传承家谱的动机因时代而异，有时可能为了统帅或代表部民，有时可能为了证明领土的继承权，有时可能为了解释信仰的由来，也有时为的就是给家世增添光辉的一笔。传承家谱意味着，一个家族每次都面临诸如此类的需要来续写家谱，中间没有没落也没有断绝后代，平安无事地存续了下来，而且后来的每一代户主都具备一定的编辑能力。即使后世的户主缅怀先人，编修家谱，但如果盲目记录旧时

---

① 新堀村大宫明神，位于埼玉县日高市新堀。据历史记载，天智天皇七年（668），朝廷把逃亡到日本的高丽人迁居到此地。其中，一名叫高丽若光的人，由朝廷授予王姓，并受命建立了高丽乡。据传，今天该神社供奉的就是这位高丽若光。过去，大宫明神又称高丽神社、高丽大宫大明神、白须大明神等，直到明治时代才统一为高丽神社。

传说，反而会致误谬、令人难以理解。假如高丽乡的家谱就是个例外，其世序年代十分正确、自然的话，这恐怕是因为高丽氏从武藏七党①繁荣的时代到今天一贯坚持一个思想，那也是以春日、阿苏为首的旧神社都在遵守的信条，即神孙侍奉神祇。正如最近所谓武藏野研究者们一哄而上要给白须神增光添色一样，而与之类似的外部影响说不定在几百年间就是这样影响一代代的传说的。高里乡从来都不是孤立的。围绕其周围的武藏国土经历了种种历史风波。每一个名门大族都有盛衰兴废，而且盲人乐师常来常往，街上还有流浪的失业武士游荡。也许我们还用不着想象出这样的情况，因为白须神这一神名本身就足以说明高丽乡与外部世界之间的交流。白须神的传说几乎遍及半个日本列岛，武藏国不能说是其发源地，而且使白须神得以流行的信仰样式并不是在外籍人士归化十分盛行的时代。因此，我们还是难以相信高丽氏的家谱古今如出一辙。

尽管如此，人们坚信与否和事物的真实与否是未必相符的。同理，简单地怀疑某事，还不能被称为学问。所以我往前走一小步，试从另一个角度去思考如上新现象意味着什么。首先可以注意到，

---

① 武藏七党，指从平安时代后期到室町时代，以武藏国为中心，势力扩大到下野、上野、相模等地的同族武士群体。七党的所指有不同的说法，一般包括横山党、猪俣党、儿玉党、村山党、野与党、丹党(丹治党)、西党(西野党)、缀党、私市党。

白须明神的祭神，不仅是神职家族的始祖，而且在人们口中他是个来自异国的国王。尽管很少有人提及，其实在武藏国境内、邻近东京的新座郡（现埼玉县和光市）上新仓存在一处新罗王故居。据说古时候新罗国的王子从都城迁到此地，此地牛莠山村的山田、上原、大熊三姓均是其从臣的后裔（《新编武藏国风土记稿》四四）①。不难看出，过去只说"王"或"王子"，后来地名改称为"新座郡"，亦随之改称为"新罗王"。按照常理，一个外国人来到日本后自报姓名为新罗王，其真实身份还是十分可疑的。更令人诧异的是，有一位新罗王于天文元年（1532）在佐渡二见港（现新潟县佐渡市）登陆过。据说，叫玉井的井口就是由这位新罗王下命令挖出来的，此外他每天书写大字，但每次写好字，他都嫌墨色不够深，统统作废（《佐渡土产》中卷）。相川的高木氏自称是其后裔，并取商号为"新罗屋"②。在佐渡岛上还保留了署名为新罗王的多幅书法作品（《乡土研究》第二卷第六号）。只看如上资料，我们是难以断定所谓新罗王之说不过是古人的误传、轻信的。不但如此，在距离此地甚远的常陆太田（现茨城县常陆太田市）附近，也有不少人保存了签有新罗王

---

① 《新编武藏国风土记稿》，成书于文政十三年（1830），是由昌平坂学问所地理局编撰的武藏国方志，共266卷。

② "新罗屋"，音译，日语为 shiyiraya，原记述为日语平假名，音同"新罗"。

之名的书法作品。据当地人说，这位新罗王好似狂人，在不很遥远的过去坐船来到此地，他书写的文字似乎是朝鲜文字，当地没有人能看懂（《枫轩偶记》三）①。如果他是个四处漂泊旅游的朝鲜人，也许他能书写文字送给当地村民，即便如此，他又出自何种动机自称新罗王呢？这就是一个谜。

在长门秋吉村（现山口县美祢市）有一座八幡宫，传说是漂到此地的百济国王劝请来的，境内的古坟是其及其从臣的。这种祭祀方式本身属于八幡信仰的常见形态，由此看来，之所以提到百济国王之名，大概是因为日本对岸有个百济国（《长门风土记》②）。像佐渡国和常陆国的新罗王这样的说法，可能是此类旧闻和后世的漂流故事相结合的产物。另外，如狭远敷郡椎崎（现福井县小宾市）的御垣大明神又称御垣山王，是一位山神，而神社一侧有座坟冢叫王冢，传说古时候像"国王的人"自异国坐船来到此地落户，死后被当地人

---

① 《枫轩偶记》，成书于文化四年（1807），是江户时代后期的儒学家小宫山枫轩（1764—1840）的随笔，共 6 卷。

② 《长门风土记》，作者不详，由国立公文书馆内阁文库收藏，分为《奥阿武郡宰判长门国阿武郡风土记》19 卷、《美弥郡宰判长门国美弥郡风土记》12 卷、《船木宰判长门国厚狭郡风土记》31 卷、《吉田宰判长门国厚狭郡风土记》16 卷、《先大津宰判长门国大津郡丰浦郡风土记》13 卷、《前大津宰判长门国大津郡风土记》18 卷、《当嶋宰判长门国阿武郡风土记》12 卷，共 121 卷。

埋葬于此处，这里曾经还有利用其船篷制作的神驾。通常情况下，人们听到这种形迹可见的传说之后，只是停留在"不能说绝无此事"，而不会去探究一番。然而，无论是国王，还是王子，都不太可能如此频繁地漂到邻国，他们也更难以成为异国的信仰对象。我们还是有必要思考，此类传说之所以依附于诸如坟冢、神驾等旧物而存在，应该是有一定的理由的。靠海的村庄往往把神社建立在海角的山上，并在海滩上设置休息亭。连离海滩有一定距离的村庄，每逢节日也举办下滨仪式。尤其在日本西部，称海岸的某一地点为宫浦，视作神祇最初登陆的地方。由于近世的日本人倾向于认为神祇其实就是现实的历史人物，于是在地方传说中，被封为天神的菅原道真和神功皇后，生前左迁时的航路往往都要绕远道，或者到处停泊逗留。既然日本是个天神崇拜的岛国，那么这种现象并不稀奇。从海岸上举目远望，大海边缘便是一片天空，这种景象完全有可能出现诸如天磐船、天鸟船此类的神话。再看日本东部，在上古时代，大汝、少彦名二神降临于常陆国①。

---

① 大国主和少彦名，是日本神话中造出日本国土的大神。《日本书纪》、《古事记》等写道，完成造国之后，前者供奉于出云大社，后者则消失于大海另一边。而常陆国的人们认为二神在完成造国之后，又降临于常陆国鹿岛郡大洗矶前。今天大洗矶前神社就祭祀这两尊神。

这些神祇依附于巫师传达神意，信徒们便相信了。而在三韩对岸的几个地方，从巫师的口中出来的神名完全有可能是新罗王或百济王。我曾经听说过两个有关高丽神漂到日本的神话。首先是伊豆山的所谓"走汤显灵"，据说高丽神所乘坐的神船最初到相州中心的山顶，并坐镇于高丽寺山(《关东兵乱记》①)。这有可能是后人因其地名而创造出来的，但越中砺波郡(现富山县南砺市)的高濑神社，在毫无关系的情况下也自称是来自高丽的神祇。当地人还明确说明此神于七月四日初到日本，设有休息亭的旅川便是他当初洗净布袜的古迹(《越中国神社志料》②)。我们应该想到所谓客神外神的起源，除了地名因素，可能还有其他因素在里面。

关于异国神迁来之说，历史再悠久，也难以视之为史实。还有许多冠以"王子"之名的神，如《长宽勘文》③所记载的熊野王子，又如出自播州广峰(现兵库县姬路市)的牛头天王王子神，还有大隅正

---

① 《关东兵乱记》，又称《相州兵乱记》，作者不详，关于成书年代存在不同的说法，《群书解题》认为是安土桃山时代，《国史丛书》则认为是江户时代。书中记录了自永享八年至永禄七年(1436—1564)以小田原北条氏为中心的战乱。

② 《越中国神社志料》，是神职、神道学家佐伯有义(1867—1945)编写的越中国的神社志，由明治四十一年(1908)出版的皇典讲究所编《神祇全书》收录。

③ 《长宽勘文》，成书于长宽年间(1163—1164)，汇编了藤原范兼、中原师光、藤原永范、藤原长光、藤原伊通、清原赖业等贵族或学者围绕伊势神宫与熊野本宫大社的关系问题向朝廷提交的报告书。

八幡供奉的七岁王子①等，这些王子信仰及其神话，只能说明，我们日本人古来把突然显现或作祟的灵威旺盛之神理解为从远国迁来的外来神。这些神祇之所以被称"王子"不是因为古人追溯其源或者对此加以现代式的考证的结果，假如有哪个起源神话断言某一历史人物的灵魂，那么这不是后人创造的就是伪作。陆前千贯松山（现岩手县胆泽郡）的有关东平王坟址的故事，正因为古老，内容十分散乱，反而引起我们巨大的兴趣。成书于五百余年前的《宗久纪行》②记载，在此地附近的路旁有一座唐人游客的古冢，这位唐人名叫"touheiou"（音通东平王）。古代学者做了这样一段的记录，当地可能没有人惦记着此事，与之相关的传说早已失传，唯独现代学者才念念不忘。不过，这本身有点像是猜谜。说不定，在思乡未归的旅人坟上生长出来的几棵松树毫无例外地朝向西方，有人看了之后，就联想到了《文选》（卷四三）所收的名诗中"冀东平之树，望咸阳而西靡"一句，时间长了，此地就开始被说成是东平王的坟冢。再过一段时间，连坟冢的旧址都部门明确了，而千贯松山的千贯松

① 传说，震旦国（即中国）陈大王的女儿7岁时梦见太阳升起，因此而怀孕并生下一个王子。陈大王一气之下强迫母子俩坐船，让海浪冲走。这只船后来飘到大隅海滩，当地人就把孩子及其母亲供奉于鹿儿岛县的大隅正八幡宫。

② 《宗久纪行》，是释宗久（生卒年不详）在观应年间（1350—1352）游玩关东、东北地区时所做的旅行记。

因受东风的影响而朝西生长，于是千贯松山在后人的推测中也就成了东平王坟冢的所在。甚至有人曾经做过一些考证，说日本的东平王其实指的是大野东人①，或是惠美朝獦②云云（《地名辞书》③四〇七五页）。由于前代好事家给出的名字易解起源，东平王的坟址才没有被编入史迹的行列，但只要人们把冢神当作远道而来的灵魂，那么这位冢神在当地的传说中自然就变为一个四处流浪后有缘迁居于此的贵人。至于冢上的古树朝故乡的方向生长，这本来就是在日本东部和西部都十分常见的传说，西行法师的回头松就是一个著名的例子。

《吾妻昔物语》④成书于江户时代初期，大概是出自僧徒笔下的一部南部岭旧闻集，书中记载了如下一段故事：不知何时，一位叫"放流王"的贵人来到稗贯郡鸟谷个崎（现岩手县花卷市）的瑞兴寺，登上佛坛与主佛并肩而坐，说道："朕原是四海之主，因不得与凡夫同居才端坐

---

① 大野东人（？—742），奈良时代的武将。
② 惠美朝獦（？—764），奈良时代的高官。
③ 《地名辞书》，即《大日本地名辞书》，成书于明治四十年（1907），是民间历史学家吉田东伍（1864—1918）花费 13 年的时间个人编辑的日本首部全国方志。此书不仅记载了地名的由来及其演变，还言及地形、历史、诗歌以及风俗等，至今仍然被视为日本历史地理学的基础资料。
④ 《吾妻昔物语》，又称《东奥古传》，成书于元禄年间，是画家松井道圆编的故事集，共 3 卷。

于此。"该寺庙住持劝止，此人一句话没说，走出寺门，向寺林村的光林寺而去。但走到北野君个泽附近，他举手一指南边，转眼之间瑞兴寺化为寒烟。然后他又从寺林村进入不来方（现岩手县盛冈市）的福士氏家中，说他要看津轻（现青森县津轻市）一眼，让福士赶快送他去。大概是因为难以做到，福士氏故意走错路，送他去了比爪（现岩手现紫波郡）。谁知，此人一看道祖神旁边的大榉树就说道："这是朕不来方之路，福士竟敢欺骗朕，不会有好下场。"后来，福士氏的子孙果然坑家败业并男系绝嗣。《吾妻昔物语》的作者最后还推测，这位放流王指的就是吉野的长庆院①。此书的撰写内容以天和年间（1681—1684）为限，我还未查清当时津轻浪冈城的旧史志是否已经编完，但不管怎样，从文中可以了解到，连在西海尽头都有传说留下，可见早在那时就已经把东北地区人民仰慕之情集于一身。如果要讨论的问题仅仅是贵人路过某地的传说，我有办法为自己的假说给出合理的解释。而那些渴望能有确凿证据的，可能在听到传说为长庆院陵墓的古坟不止一处时，会为此吃惊，甚至嘲笑。但我们还是要静下来心来思考一下，就像靠日本海的地方流传着有关三韩国王的漂流传说一样，中世以后的所有皇族里，经历过一场无目的之旅的，只有长庆院一人，当地人把无

---

① 长庆院（1343—1394），第98代天皇。

名贵人想象为长庆院，也是很自然的事情。

　　有关王神王冢的传说在诸国各地广泛普及，其数量之多，足以令后代《本朝皇胤绍运录》①的作者感到震撼。越是古老的传说，越能够令人信服，但在有些人而言，会坚信专名即历史，单说皇子就不足信。因而在丹马，说是日下部氏始祖的孝德天皇之子表米亲王，在其东邻丹，又说是圣德太子的弟弟金磨亲王。也有些地方人们尽可能地从后世史书中找一个贵人芳名来加以推崇，这显然是直到日本人开始把神祇理解为历史人物的灵魂之后才产生的说法。例如，会津越后的山村流传一些互相矛盾的有关高仓宫以仁王②事迹的旧闻。细读《玉叶》③等古籍，以仁王曾有一段时间下落不明、生死未知，正因为如此，他才能长期隐身于乡下人的传说之中。

　　历史上，曾经有一部分盲信家不满足于一位皇族，甚至说到高仓天皇驾临，但如今他们还是做出了最大限度的让步，把种种旧闻

----

　　①　《本朝皇胤绍运录》，成书于应永三十三年（1426），是内大臣洞院满季（1390—?）奉后小松上皇的敕命编写的天皇及皇族的系谱。其书名袭用了宋本《历代帝王绍运图》。
　　②　高仓宫以仁王（1151—1180），平安时代末期的皇族，后白河天皇的第3皇子。
　　③　《玉叶》，是镰仓时代的政治家九条兼实（1149—1207）的日记，原文已散失，现只有从长宽二年至建仁二年（1164—1202）部分的手抄本。文中详细记录了当时的政治、社会、朝廷、风俗等，共66卷。

统一在高仓宫以仁王身上。即便如此，还有一些古老传说，会搅乱旧闻与历史之间的协调关系。举几个最显著的例子。在甲州西山即南巨摩郡（现山梨县南巨摩郡）的奈良田附近，人们不知从何时起，传说此地存在孝谦天皇①的遗迹。这是因为孝谦天皇为了治病在奈良田逗留八年之久，故此又称为"奈良神"，尽管另外还有一个理由，但我还是避讳一下吧②。在其他地方，也有与夭折的文武天皇③有关的遗址。在我看来，这无疑就是人们把文武天皇误传为大宝天王的结果，而大宝天王其实是今天仍有信徒的大梵天王的讹音。在上总君津郡（现千叶县君津市）的俵田及其周围一带的村庄，存在与弘文天皇④有关的古迹，不仅如此，今天此地还考证出了据说为弘文天皇陵墓的古坟，已经难以一笑置之。这与所谓"红胡子巴巴罗萨其实未死"的传说稍有不同，其中包含了诸如"天皇作为天神的正统后裔，他驾崩不可能像俗人凡夫一样"之类朴实无华、含蓄内敛的春秋式逻辑。以上传说本身值得珍重，更值得研究的是为什么这类传说仅在日本东部的边界地区得到了如此的发展。我们不应该用

---

① 孝谦天皇（718—770），第 46 代天皇，圣武天皇的皇女。
② 据传孝谦天皇宠爱僧人道镜，这里柳田说的可能是与情爱有关的当地传说。
③ 文武天皇（683—707），第 42 代天皇。其陵墓位于奈良县明日香村。
④ 弘文天皇（648—672），第 39 代天皇。

"无法相信"来应对。值得注意的是，这一地区流传的所谓大友皇子神话一定附带苏我氏之名，此外，苏我氏还出现于田神祭奠的起源传说中。苏我本来是上总地区的古乡名字，但到了君津郡俵田又成了皇子的从臣"苏我大炊"。也有传说他曾经在插秧时把西落的太阳叫回来，据此俵田人把五月初七(也有些村庄把四月十六或五月初一)称为"苏我插秧日"。由此看来，苏我似乎是历史更为悠久的专名，王子的神名是后来才有的。村冈氏[1]解释说，大伴氏族在此繁衍后代，他们的后裔开始把大伴氏的祖先同天皇穿凿附会在一起，日语"大伴"音通"大友"，此说很有道理。据日吉神社的起源传说，近江湖南(现滋贺县湖南市)的大友与多王曾经割出庄房田地创建过神社，为了祭祀其父弘文天皇(即大友皇子)连吉田博士[2]这样的人都相信此说，仅仅因为近江湖南距离近汇大津宫宫址、大友皇子驾崩之地很近。其实，古人从来都避讳直称贵人的真名，由此可以认为这些传说是较新的后人附会。

同理，位于名古屋市橦木町(现爱知县名古屋市)的 otomo 冢，因为 otomo 音通"大友"，有人便推测为大友皇子之古坟(《名古屋市

---

① 村冈氏，即村冈良弼(1845—1917)，法学家、地理学家。
② 吉田东伍(1864—1918)，历史学家、地理学家。

史地理编》六四七页），其实附会古坟的传说并无太长的历史。而且，otomo 一词似乎蕴含了某些与信仰或仪式有关的内涵，令人觉得大友皇子的传说因受宗教因素的影响才得到了发展。再看四国，据说，王子吉良喜命曾经陪伴夫人来到伊豫喜多郡（现爱媛县大洲市），并在栗津森神社奉祀牛头大王，后来自身也被奉祀于此。王子吉良喜命，一名大伴吉良喜，古人又将他与大友皇子穿凿附会在一起，在古籍中被记载是大友皇子的第十代孙（《明治神社志料》），但说他是第十代孙，也有点太谦逊了。在九州南端的大隅、萨摩两国，也存在几座祭祀大友皇子的神社，是因为这些神社的主神为天智天皇，所以才出现了天智天皇之子、大友皇子之名，正如八幡神社祭祀应神天皇，八幡若宫故此祭祀应神天皇之子仁德天皇和菟道稚郎子一样。说起天智天皇，他曾经暂住在筑后川右岸的朝仓（现福冈县朝仓市），如今同名的土佐朝仓（现高知县高知市朝仓）也主张有天智天皇的古迹在，至于鹿儿岛县的古迹大概另有起因，尽管有一位国学家断定是彦火火出见尊的误传，但这种说法不过是一种妥协。

我一直希望找个机会指出一个问题，那就是如上传说几乎都没有被国学家们正确对待。这些那些都是流传在乡村的天真的旧闻，一旦误出界限就会立刻被排斥，但另一方面，若有人持中立立场试做合理的解释，又受到如同史书逸文一般的重视。而且，从乡亲父

老的心情上而言，二者根本就没有什么差异。用明天皇化名吹奏
"草刈笛"的故事见于近松门左卫门的《用明天皇职人鉴》①一剧，或
见于《舞本·乌帽子折》②，但故事讲述的内容并非是一位文人所能
想到的。但我们又想，古人为什么宁可违背正史去传说天皇潜行的
故事？于是可以了解到，所谓无缪其实也是有一定的路径的，如祭
祀用明天皇的神社，成摄州玉造（现大阪府大阪市）的森之宫（《笈
乃若叶》③卷二上）。另外，《延喜式神名帐》记录其名的磐城刈田郡
（现宫城县苅田郡）苅田岭神社（旧称为白鸟大明神）祭祀的是用明
皇后，其神名与丰后国的真名野富翁传说同样叫玉世姬。此地还流
传一个传说：用明天皇来到此地并与玉世姬下了一个皇子。近世
的学者曾经主张此地的白鸟信仰是日本武藏神话的误传，但此类改
订工作并没有取得成功（《神社核录》④卷三三）。我个人以为，之所

---

　　① 《用明天皇职人鉴》，是人偶净琉璃剧作家近松门左卫门（1653—1725）创
作的人偶净琉璃作品，于宝永二年（1705）首次表演。近松门左卫门采用民间说法，
描述（般若姬）之间的爱情故事，并说明他们之间的私生子成为后来的圣德太子。
　　② 《舞本·乌帽子折》中提到了如下一段故事：从前用明天皇渴望娶丰后国
富翁之女玉世姬为妻，但富翁却不肯。用明天皇竟化名为山路，在富翁家当个放牛
娃。但他又不会割草喂牛，只好骑在牛背上吹笛，其他放牛娃都听得入迷，都愿意
带他割草。用明天皇为一份恋情吹奏的笛子故此称为"草刈笛"。
　　③ 《笈乃若叶》，成书于正德五年（1715），是诗人云铃（？—1717）的俳句集，共2卷。
　　④ 《神社核录》，成书于明治三年（1870），是神官、国学家铃鹿连胤（1795—
1871）引用古文献对著名神社的名称、祭神、镇守地等进行考证的记录，共75卷。

以提及用明天皇的大名，原因是很单纯的，由于古人称神祇的第一王子为太子，故此把神的父亲理解为日本最著名的圣德太子之父。尤其在丰后流传的真野富翁传说里，富翁家闺女是天赐的孩子，因神谕举办宇佐八幡放生会的骑射仪式时，得知她家男佣其实就是微服的用明天皇，这一传说又与姬岳①的起源传说相结合（《丰后遗事》②卷上），由此看来，以大物神为祖神的巫师家族、大神氏的古老传说在姬岳到宇佐一带广泛流传。在日本东部，陆中鹿角郡小豆泽（现秋田县鹿角市）的五宫权现神社祭祀继体天皇的第五王子，传说中他娶富翁的闺女为皇后，与丰后的例子极其相似。另外，五宫权现神社的起源传说还讲，金丸兄弟拉马请继体天皇登上东岳，这一情节最接近于甲斐黑驹传说③，由此可知京都周围的寺庙从古珍惜的与圣德太子有关的起源传说，其实是从一个更古老的传说中派生而成的。这位金丸在丹后又被称为金磨亲王或圣德太子的弟弟碗

---

① 姬岳，是位于大分县臼杵市的山。据传，真野富翁的女儿和用明天皇往京都出发时，富翁夫妇从山顶上目送女儿离去。这座山故此取名姬见个岳，后来转化为姬岳。

② 《丰后遗事》，刊行于明治二十年（1887），是教育家加藤贤成所编的丰后国方志，共 2 卷。

③ 圣德太子于推古天皇六年(598)，让诸国进贡良马，并从数百匹良马中看出了一匹神马，这批神马躯体乌黑，白脚，称甲斐黑驹。太子骑上这匹神马，神马就飞上天空，一转眼到了东国，然后跳过富士山，到达信浓国，仅仅在 3 天内又回到了京都。

子亲王，这可以说是传说中的有些专名并非纯粹虚构的一个证据。

在萨摩、大隅两国被祭祀的天智天皇，也被附会了一个好似丰后玉世姬的羽依姬传说。同时，主祭王子神的神社中，牛根乡居世（现鹿儿岛县岛垂水市）的神社称王子为钦明天皇①的第一皇子（《地理纂考》②卷二一），佐多乡（现鹿儿岛县肝属郡）十三所大明神则称忍熊王子，这两位王子都被附会上了神船漂流的传说，与北部海岸边有关三韩半岛国王的传说（《三国神社传记》③卷中）十分接近。在越前丹生郡（现福井县丹生郡）也有祭祀忍熊王子的神社，而同样祭祀忍熊王子的"十三所"大明神提示该信仰源自熊野权现④。不仅是熊野权现，诸如越前气闭白山（现福井县丹生郡）、东国香取鹿岛（现千叶市香取市）、西州阿苏或宇佐等地，那些用双手都数不完的王子神即苗裔神都有来巡游过，不用说三轮、贺茂，还有播磨的荒田里（现兵库县多可郡一带）、常陆的哺时卧山、美浓的伊那波

---

① 钦明天皇（约509—约571），第29代天皇。

② 《地理纂考》，即《萨隅日地理纂考》，成书于明治四年（1871），刊行于明治三十一年（1898），是鹿儿岛县私立教育会编的鹿儿岛县方志。

③ 《三国神社传记》，成书于应永十四年（1407），是国学家大河平隆栋编撰的故事集，共3卷。

④ 熊野权现神社一般祭祀12尊神，通称熊野十二所权现，其中5尊神是王子神，日本许多王子神社就是从熊野权现神社劝请而成的分支神社。佐多乡的十三所权现之说法，似乎把熊野十二所权现作为底本。

神社(现岐阜县岐阜市)、上总的玉前神社(现千叶县长生郡)等地，都有神人结婚生子的传说流传，这些神祇又因其神德而长久受到后人的景仰和崇拜，这几乎可谓是日本国教的最大特征。既然这种思想特征渗透民心，后世传到日本的佛教当然对其无法忽视。再虔诚的念佛圣①流派，都有无名皇族的传说。今天，我们在偏僻乡村的寺庙中意外发现，连这样的地方都有"放流王"传说。我当然不是要说《古风土记》所记录的世代天皇的遗址，乃至给国史添加色彩的英迈皇子的事迹，不过是我们祖先因信仰而幻想的一场美梦。但是，至少面对令我们迷惑不解的平家谷、小松寺、平维盛后裔之类的旧闻时，还是需要从这种立场出发，做出详细的比较研究，以确认这些资料在何等意义上可以成为我们的史料。通过一番努力，若能抵制、改善今天学界的一股歪风，包括置之不理令世人遗忘，或者在极少数人之间暗地里否定等等，这正是武州的那位高丽王等人在无意识中为后世留下的宝贵财富。

（大正九年七月 《史林》）

---

① 念佛圣，是指不在寺庙定居而巡游日本各地的半僧半俗的修道者。

鱼王行乞谈

一

在江户音羽町，曾经有一位卖麦饭、奈良茶等的茶馆老板，他着迷于洞钓鳗鱼，喜欢垂下钓钩度过每一天。某日，有一位客人来到茶馆，边吃麦饭边聊天，随口劝道：人人都在钓鱼，但有些人竟把躲藏在石缝泥洞之中的鳗鱼钓出来，罪孽深重，看来老板也爱好钓鱼，各类工具十分齐全，但切忌探穴送饵钓鳗。这位客人走了之后又下起了大雨，天气正适合钓鳗鱼，这对钓鱼上瘾的人来说可是一个绝好的机会，于是老板无暇顾及是非，从己所好，准备工具在桥上垂下钓钩。终于，一条巨大鳗鱼上钩了。老板高兴地带鳗鱼回茶馆，在其腹部划了一刀，谁知竟然从鳗鱼腹部露出来未消化的麦饭。

以上作为当时流传的一个故事，被收录于根岸肥前守守信撰写的《耳囊》①卷一之中。《耳囊》成书于一百二十年前的江户，是一部汇编各类日常杂谈的有趣作品。与之类似的书籍还有不少，难道那个时代的江户就是经常发生一连串奇闻逸事的地方？还是因为当时有很多好动笔的人恰恰集中在江户，所以才留下了这么多同类书籍？之前或之后的江户，或者江户以外的其他地方是否也有众多奇闻异事？不管怎样，我认为这是一个值得思考的问题。我们的文艺长期受到旧闻实录传统的限制，无法拓展想象力。即使有人的笔墨在好似无根草一般相对自由的境界游走，但稍后又被现实中各自的微小经验所拘束。说到底，对于这一岛国之民而言，"空想"是应该在铁笼中打扑翅膀，还是应该得以培养却至今未能实现？日本的所谓浪漫主义文学是否有未来？为了回答这些问题，我们还是有必要再向前踏一步，观察我们民间文艺的来龙去脉。《耳囊》的作者在前面鳗鱼的传说之后，接着介绍了如下一则传说。

从前，虎门（现东京都港区）的护城河要实施清淤，工头在打盹时梦见一个男人。工头以为此人是参加这次工程的众多工人之一，于是坐起身来，与其随意聊天，还谈论护城河的清淤一事。一通沉

---

① 《耳囊》，成书于文化十一年，是南町奉行根岸镇卫（1737—1815）花费30余年编撰的随笔，书中记载了根岸亲自收集的传说，讲述人多为同行、古老、医师、剑士等，其中有姓名记载的约120名，共10卷，1 000篇。

默之后，这个男人说道：清淤护城河，必有许多鳗鱼出现，其中有一条长三尺、躯体肥胖的大鳗鱼，你千万不得伤害它，其他鳗鱼也不要杀生太多。老工头欣然承诺，请他吃点现成的麦饭，分手时还约好明天再见。然而，这位老头工因有事，次日中午才到护城河，忽想起与男人的约定，向众人问有没有捕捉鳗鱼或其他大鱼。有人告诉他，抓到了一条巨大鳗鱼，简直大得惊人，只可惜已被工人们打死了，并且用刀剖开其腹部时，还看到了麦饭在里面，老工头恍然大悟，那个男人就是这条鳗鱼，从此他避讳吃鳗鱼。引用以上两则传说后，《耳囊》的作者根岸氏写道：这两件奇事的内容相同，也不知道哪个是真的，哪个是假的。

二

也就是说，当时的人已经认为这两种传说中至少一个是有变化的。事实上，这个时代，似乎存在一些靠传播谣言谋生的江户人。比如，《兔园小说》①或其他随笔经常提及的常陆国藤代村（现茨城

---

① 《兔园小说》，成书于文政八年（1825）。文政八年，曲亭马琴（1767—1848）、山崎美成（1796—1856）等人主导成立了由 12 名好事家组成的故事会"兔园会"，《兔园小说》汇集了兔园会上好事家们介绍的约 300 个传说。

县取手市)的某一少女八岁生子的故事,纯属虚构。据铃木桃野①的《反古的证据》,该地领主曾经特意派出家臣做过调查,结果连该少女的家都没有。此外,这部著作还写道,某一夜晚作者在二十骑町(现东京都新宿区二十骑町)大道上遇见两位打扮得好似救火员的男人手提灯笼边走边谈某女人头的事。听这两位男人说,刚才有人用围裙裹住人头过来要遗弃在市个谷(现东京都新宿区市谷本村町)烧饼坂上,因看门人盘问而匆匆离去,附近居民自是不愿在自家门前看到人头的,于是各家派人巡逻。辻番所②的官吏听说此事,彻夜值巡,而第二天问询那两位男人,才知道一切都是假的。这一虚假事件竟然在一夜之间,从小石川巢鸭本乡(现东京府丰岛区东部)传播到浅草、千住、王子(东京都台东区、足立区、北区)一带。据说,有一位名叫板谷桂意③的画师,一直想要印证谣言的传播。他曾经从某人处收到一盆梅花,两三年后要移栽时,在其根部看到了一块五寸大的漆黑土块。土块形如鱼儿,仔细一看还有些动静,逐渐地,诸如眼睛、嘴、胡须等部位开始明显起来,板谷把它放在水

---

① 铃木桃野(1800—1852),江户时代后期的儒学家,曾任昌平坂学问所教授。

② 辻番所,是江户时代,幕府或大名、旗本等武士阶层,在江户的十字路口,以自卫目的建立的岗哨。

③ 板谷桂意(1760—1814),是幕府专属画家板谷一族的第四代。

中，变成了一条鲤鱼。他声称这条鲤鱼已在樱田那边的护城河放生，还用自身拿手的本领来绘制示意图，这幅示意图反复被摹画，如他所愿传播到各地。这可以说是一个成功的例子，但板谷的想法本身是不足为奇的。比如，某人在盆栽植物的根部发现某一珍宝埋在其中，于是装出看好植物的样子与卖花人谈价钱，并说好明天交货；卖花人对珍宝一无所知，因而把植株移出花盆，移栽到另一个花盆中；第二天此人问原来的盆土到哪里去了，卖花人则回答说在别的地方全部倒出来了；此人听了之后满心悔恨，说我想要的其实就是埋在盆土中的东西，而你竟然把稀世之珍给毁掉了。在日本，这类故事被称为"长崎鱼石故事"，在各地广泛流传，最近，石田干之助先生①对此进行了详细的研究，发现其本该属于极为古老的昔话体系。过去，有一位江户的天才落语艺人花费心思，使之夺胎换骨，创造出了猴子和南蛮铁的故事。从前有一只难看的猴子被系在海边茶棚的支柱上，有人发现猴子脖子上的三四尺长的铁链是由南蛮铁做的，于是心生一计，连同猴子一起杀价购买。有时，讲述人添加一些细节来逗笑，如此人流泪诉说这只猴子是他亡母的转世，

① 石田干之助(1891—1974)，历史学家。这里柳田所说的，便是石田干之助著《长安之春》，创元社，1941。

或者说猴子与他夭折的儿子长得很像。最后，他看到茶棚老板把新的绳子重新系在猴子脖子上，不禁问道为什么要换铁链。老板则回答说，他要用这一条铁链拴住下一只猴子来卖。而有些人听了这则故事，竟然会相信当时在藤泽小田原（现神奈川县藤泽市、小田原市）一带的松林荫道上真有此事。

新创日常杂谈，确实是一件令人愉快的事，但更引人深思的是有一种无形的传统力量在引导后人创作。如果要捏造、虚构，那么提出全新的方案应该可以拥有更大的创造空间，而人们为什么如此执着于前代的滑稽故事，忠实地维护这么一个故事的种子？难道古人才有足够的耐心去创造新作，而后人的技能仅仅局限于沿用旧例？或者，我们应该满足于追溯渊源，感谢某一种族集团的特殊才华吗？或者说，捏造虚假也是有规则，甚至说有真理的，有些故事正因为严格遵守这一规律，所以才能如此长久以来成功地欺骗我们？面对这一连串疑问，我们必须加以解释，否则是根本不可能预测我们未来的文学的。虽有些不可思议，但一个事实是，那些我们所珍藏的故事或者偶尔拿出来令人吃惊的故事，多与鱼有关。上述"长崎鱼石故事"是其中之一，此外还有一则有名的故事，讲述的是会说话的鱼。通过比较发现，这则故事似乎属于加布纳提斯（Gubernatis）尤为关注的"会笑的鱼"系列，但由于篇幅所限，另找机会再讨论吧。本文中，我将集中介绍"吃饭回家的鱼"一类传说的例子。尽管我手中的资料还甚少，但坚信会有些读者受此启发，继续收集、探究。

三

在江户得以流传之前，蒲生飞驒守秀行①统治会津时期，也存在过另一个内容相似、官方因素更明显的传说。据宽保二年作序的《老温茶话》②记载，庆长十六年（1611）辛亥七月，领主打算倒毒物入河捕鱼，③命令各户把柿油、蒜苗和山椒皮磨成粉向领主进献。某一傍晚，一名游僧来到名叫藤的山村借宿，向户主谈起这次领主捕鱼一事来，道："世上万物，无一不惜生命，听说此地领主明天将'毒物'倒入河中，为何？后果不堪设想！请户主向领主大人传达此话以阻止他下手，这即是莫大善行。领主看了鱼龟尸体也不会感

---

① 蒲生秀行（1583—1612），江户时代初期的大名，会津若松城城主，于文禄四年（1595）继承亡父的领土，成为统治会津的飞驒守。

② 《老温茶话》，刊行于宽保二年（1742），是会津藩士三坂春（1704—1765）编著的会津地区的怪谈集。

③ 原文为"流毒"，这里的毒指的是某些天然的神经性物质。流毒捕鱼是日本传统渔法，现在基本上已被禁止。

到欣慰，实在不应该。"游僧哀叹不已，户主为他的真诚深受感动，答曰："师傅说的，句句是金玉良言，可惜明天就是领主大人捕鱼的日子，像我这样的下贱老头说什么都没有用。听说以前也有几个家臣向领大人主进言，领主大人都不曾采纳。"户主把栗子饭盛在柏树树叶上，说道："如您所见，我是个穷人，没有什么东西可以送给您的，如果不嫌粗茶淡饭，请您吃一份吧。"第二天，这位游僧无奈而憔悴地离去了。后来，村里的人们把家中的"毒粉"拿来，将其从上游投入河中。不久，无数只鱼儿乌龟漂浮到水面上。其中有一条大鳗鱼，头有一丈四五尺长，腹部很粗，人们剖开一看，里面竟装满了栗子饭。那位户主便前来说明此前的经过，这下明白了那位僧人就是这只大鳗鱼的化身。

这则传说还有若干的日后谈。同年八月二十一日，此地发生大地震，引发的山崩导致会津川下游阻塞，一股洪水冲击周围四郡田地，蒲生氏家臣町野、冈野等人①立即召集众人疏通河道，好容易渡过了这一难关。据说，山崎的湖水是由此出现的。此外，在这次地震中诸如柳津虚空藏的舞台、金塔山惠隆寺的观音堂、新宫熊野神社的拜殿等，几乎全部倒塌，到了次年五月，太守秀行不幸早

---

① 蒲生氏家臣町野、冈野，即指町野左近、冈野半兵卫。

逝。众人双股战栗，背后议论这一切就是因为河伯龙神作祟。这一大事件自发生到成书，中间约有一百三十年之久。众所周知，柳津虚空藏的佛堂前有一个曾经用作放生的池塘，当人们参拜佛堂并从那儿俯瞰，却只见川河不见游鱼时，这则故事大概都会浮现在心中吧。而且在历史上，这则故事应该多次被添加进悲剧性文字。那个名叫"藤"的地方距离这里并不远。总括上述，这一传说可以说是发生在虚空藏菩萨信仰圈内部的。

在东北地区一带，当地人尊信某种生物为神佛使者。诸如八幡的鸽子、辩才女神的蛇等说法在众多地方皆有，但在奥州还有与鱼有关的种种禁忌。据说，在祭祀虚空藏的两三个村落里，信徒们忌讳鳗鱼，不但不吃，一旦鳗鱼上钩，还要立即将其放生，这不是偶然的。在上述江户的传说里，两个普通男人都是由吃下麦饭的大鳗鱼变的，而鳗鱼化作僧人之说或许属于更古老的形式。最近佐佐木喜善君采录了岩手县的一个例子，以《听耳草纸》为题发表于《三田评论》，其中鳗鱼化身的仍是僧人。据说，七月盂兰盆节的时候，在距离盛冈（现岩手县盛冈市）不远的龙泽村，有几个年轻人把山椒树皮捣碎，忽见一个外表简陋的游僧走了过来。游僧问，弄这么多山椒树皮干什么用？年轻人回答说，在细谷地的池塘上撒"毒"打鱼。听了之后，游僧面带愁容地说："是吗，池塘里的大鱼小鱼都逃不过这把'毒粉'，必定会中'毒'而死，但小鱼又没什么可吃的，你们还是别这样做了。"但年轻人不肯听，说："你这个托钵僧胡说什么呀，不过今天是盂兰盆十三日，给你施舍一点红豆饭，吃了就快滚吧。"游僧无言以对，吃完饭就走了。年轻人把树皮放入池塘里，并在水中揉搓数次，不久，众多鱼儿尸体漂浮在水面，其中有一条大鳗鱼，躯体已经破烂不堪。年轻人把这条鳗鱼切成大块，准备在锅里煮，谁知从鳗鱼腹部出来了一把红豆饭。这个年轻人才得知刚才的那位游僧原来是这条鳗鱼的化身。这一日后并没有与鳗鱼作祟有关的传说，由此看来，人们应该为这位池塘之主祭奠过。回过头来看此传说，年轻人的话语中似乎蕴含了诸如"应尊重僧宾"此类的教训。过去，东北地区的传说故事主要由云游四方的盲人法师、"bosama"来传播，他们留下来的故事中最常见的内容就是因鄙视乃至虐待 bosama 而受惩罚。bosama 发科打趣，但讲的却是如此内容，有时他们也应该认真讲述各种因缘故事吧。从此推测，我猜鳗鱼化作游僧的故事也暗示着这种外表普通、衣着简陋的游僧曾经来过此地。

四

据说，在美浓惠那郡(现岐阜县中津川市)的川上、付知、加子母等三村，或者武仪郡（现位于岐阜县关市）板取川的峡谷间，有传说认为白点鲑会化作和尚。事实上，此地曾经确实有过几个实例。从前，在惠那的山村有一批靠山谋生的年轻人，发现山中小溪里有一群鱼。他们商量后，早上捣药，中午休息时间打鱼，晚上做点下酒菜一起喝酒。在这一地区用的"毒"是"羊皮"，当地方言中意为山椒树皮。据说，把羊皮和石灰、木炭等熬煮，揉成团后放入水中，仅用两三粒，水中的鱼儿就会死去，也有人说把小便混入其中，会使毒性顿时消失。让我们回到故事中来，当大家做好毒药，一起吃午饭时，不知从何处来了一个游僧，说，听说你们要"下毒"打鱼，这可是蛮不讲理的，用其他钓法还行，"下毒"打鱼千万做不得。年轻人回答说，如您所说，这样打鱼恐怕是不应该的，以后我们再不做了。但游僧再三地教训他们，水中"下毒"，鱼儿都逃不过，这是连根除掉鱼儿的罪行，罪孽深重，可别再做了。听了这番话，年轻人不禁生畏，答应他绝不再做，年轻人进餐时，这位游僧一直站在旁边不走。于是他们请游僧吃点团子，游僧很高兴地吃下去了。由于带来的主食、汤汁还剩下很多，又请他吃泡饭，这下游僧有点勉强地吞下去了。等游僧走了之后，大家面面相觑，谈论他是谁。在这样一个深山穷谷里，出家人是不会来的，难道山神过来劝告，或者他就是弘法大师？年轻人之间也有人提意要中止打鱼，但几个好强的人不肯，说：若是怕山神天狗，可别在山里干活了，有我们几个人就行，才不管胆小鬼会不会来呢。于是，两三个身强力壮的人带头将"毒药"抛入河中，结果打上来了好多鱼，其中竟有一条白点鲑，六尺余长。他们欢天喜地，说，要是听从和尚的胡说八道，就不会得到这样的大家伙了。但当他们回村在众人面前剖开白点鲑的腹部时，从中出来了他们中午请游僧吃过的团子和泡饭。看了之后，再好强的男人也觉得胆怯，村里无人敢吃。

尾张的旅行家三好想山①，从长居在惠那山村的好友中川某那里听说此事并写道：从古传说白点鲑化作人身，今天我才得知这种古老说法并不是凭空捏造的。后来他每次到了一个新的地方都特意打听有无同样的说法。文政三年(1820)夏，在信州木曾奈良井薮原(现长野县盐尻市)一带，三好想山终于遇见了知道白点鲑化作和尚的传说的两位工人。美浓惠那和奈良井薮原分别位于御岳山山脚的正面和背面，从前也有人在后者附近的溪流中抛入"毒药"打到了几条大白点鲑。其中有一条有五尺余长，其余的也五尺长，均从腹部剖出了团子。据说这些团子原来是打鱼之前人们请和尚吃的，大家

---

① 三好想山(？—1850)，江户时代后期的随笔家，尾张名古屋藩士。他在尾张地区、江户等地收集 57 个奇谈，于嘉永三年(1850)刊行了《想山著闻奇集》(共 5 卷)。

大吃一惊。"确实听说过人人都怕招来祸端，但那里离我村稍远一点，所以没有亲眼看到这条巨鱼"，这便是那两位工人所说的话。

当然，问题不在于人们是否亲眼看见了鱼腹中的团子，对我们而言更重要的是，究竟从什么时候开始、有多少人就像三好想山那样接受此事？如果从今天的生物学的角度看，我们也许 3 只需要讨论人们的误传和捏造在世上传播的速度，或者这些误传和捏造得以移植、繁殖的条件即可。然而，我们原始的自然知识中有一种浓厚且精致的、有系统又有错误的东西，过去的文化受其引导，最终成长为如今所看到的姿态。如果这些神奇传说的残片有助于我们更深刻地了解这种力量，我们就不能一笑了之。尤其是诸如巨大鳗鱼或白点鲑化作人身，此类的信仰从古就有，而正因为存在这种信仰，从鱼腹看到红豆饭或团子这一奇闻才容易被人接受，这对日本人来说就是一个美好的纪念。如果真的有人相信这奇瑞，那么他必然是居住于海边或者来往于大湖两岸之间的种族，而直到他进入深山中并在溪流水源附近定居下来之后，仍在梦幻中惦记着有六尺长的白点鲑或一丈半长的鳗鱼，这可谓是一个意义深长的现象。

佛教正式传到日本后，日本人的佛教研究有了飞速进步，但在这个日本列岛上只有日本式佛教才取得了发展。诸如地藏、阎魔、马头观音，乃至弘法大师巡游村庄之类的传说，比比皆是，是任何一部佛教经典的任何一条教义都无法解释清楚的，但这些传说又让信仰在众多的民众心中扎下了根。因此我无法像所谓传播论者那样简单地认为两种不同的种族通过相互接触把一方的东西搬运到另一方那里。关于这一点，我们尤其需要划清说书和传说之间的界限。说书是一种文艺，只要有趣人们都会学习模仿；而传说毕竟是一种信仰，我还是难以相信众人都上了当或都被迫去以旧换新。外来宗教为了让众人接受，从传说中吸收了众多营养和日光，同理，正因为事先就有一种接受和支持它的内在力量，传说才得到了如此发展。

五

不过，身为国民，能够将这一点理解到何种程度，这又是另一个问题了。有些人可能真的以为自己经历了前所未有的事情，甚至有些人可能完全吹牛编出故事来，但只要这样编造出来的故事与国民一直渴望的行为相吻合，就可以由一种意料不到的力量得以保存和传承。其实，在每个时代都有许多这样的例子。面对无名氏对传说所做的部分改订，或者是传说为了使旧闻与风土、历史相调和而进行改头换面，就像隔代遗传似的在各地分布的状态，只有承认日本人有藏在心中的偏好或鉴别标准，才可以解释得通。至于人们偏偏从文明黎明前的阴影之中找出故事，又不顾暴露真相的危险，津津有味地讲给同一代人，即使不能算作国风，但至少是近世日本的一个时代潮流吧。我不知道中国的情况如何，但其他许多文明民族类似的情况恐怕不是很多。前面引用的木曾和惠那的白点鲑传说中，都是通过一个人的视角——作为山中干活的大伙儿共同经历的事实来讲述的。下面引用的山口县丰浦郡（现山口县下关市）泷部村的例子，被视作近年刚发生的事情而讲述。某年夏天在泷部村发生了非常严重的旱灾，村民经商量决定到村内栗野川的水源——骨个渊挑水给稻田灌水。于是全村出动一起汲取骨个渊的地下水，而到了中午吃饭时，有一个陌生的和尚走了过来，恳求村民不要再取水了。但村民面临生死存亡的紧要关头，无人答应。有一个人分出他从自家带来的红豆饭请和尚一起吃，和尚默不作声地吃饭，吃完饭后突然跳进水中，再也不见其踪影。大家觉得很奇怪，但时间紧迫，下午继续在骨个渊取水。随着水位降低，水面浮出了不少河鱼，但最终没有找到那位和尚。后来，村民用捕到的鱼儿做饭，发现其中有一条大得惊人的鳗鱼，剖开鳗鱼腹部，竟出现了中午请和尚的红豆饭。这下大家才明白这条大鳗鱼是骨个渊之主，那位和尚是它的化身。

也有些民族因嫌鳗鱼形状古怪而避讳食用，最近我还听说过中国台湾红头屿（现兰屿）的例子。这里的岛民之所以避讳食用鳗鱼，不仅因为鳗鱼形如蛇，又有黏糊糊的表皮，似乎还与当地人经仔细观察鳗鱼习性而得出的某种复杂的俗信有关。但我掌握的信息还不足以下结论，还是不要乱得罪烤鳗店老板吧。日本人爱吃鳗鱼，唯独出群的那一条，会被视为灵物成为神奇传说的题材。例如，流传于丰后由布院的传说中，神骑鳗鱼每年降临一次人间。也常听说上了年纪的大鳗鱼会长出耳朵云云，这是否可以从生物学角度解释？长期在日本从事学术工作的尼古拉·涅夫斯基君曾经到南海诸岛游行，回来后做了如下报告：古代中国人从彩虹联想到龙、蛇；而在日本各地人们发出的"彩虹"（音译）一词，在语音上最接近于鳗鱼。如羽后部分地区称彩虹为 nogi，琉球中央地区称之为 nude、noji，琉球边缘诸岛则称之为 nogi、noki、mogi，与意为鳗鱼的 unaji 或 unagi 较为相似，而蛇在本州岛的古语中称 noroshi 或 nafusa。涅夫斯基君据此认为，尽管蛇与鳗鱼之间的区别在古时候可能不是那么严格，但古人把藏身于水底的"主"（nushi）想象为似蛇非蛇的另一种灵物，这种想象力大概以鳗鱼为基础。如今无人否认星鳗与鳗鱼在古时候是一个词，我还了解宫城县的部分海边地区称海曼为 ana-go（即星鳗），又称星鳗为 hamo（即海鳗）。不管怎样，当我们的祖先尚未迁居到池沼湖泽边耕耘插秧时，一种带有 N、G 等子音的水中灵物的存在，便广为人所知，而今天这一灵物又化作和尚回到我们面前了。

　　与鳗鱼不同，白点鲑未必栖息于阴森的池沼水底，时而还会出现在浅滩，但它动作猛捷，尤其是上了年纪的老白点鲑目光凶狠，人们对此另眼相看。与鸟兽相比，鱼的个体差异较大，这也许是大鱼受人敬畏的原因，但巨大的老白点鲑还是极少见的，于是人们才想象它平时藏身于深泽水底的龙宫之中。畏惧构成了水神信仰的基调，古人在理解和享受池沼湖泽的恩惠之前，已经饱尝了它所带来的各种灾害。最早的水灾也是一种掠夺，尤其在水灾夺取生命之后，古人是否是把某些出现在水难事故现场的动物视为水的威力之化身呢？可以确定的是，从古至今日本人感到敬畏的不是水本身，而是水中的某些东西，尤其是古人所能想象出的最巨大或最强壮的常见动物。

　　赤点马苏大马哈鱼与白点鲑相似，是喜欢群游的河鱼，纪州人称之为"小雨"。在以大蛇闻名的日高川水域，也流传着不少有关小雨化作和尚的传说，可惜我把参考书借给别人，现在无法引用了。在纪乃川的分流野上川汇合之处也存在类似的传说，但其主人公是鲤鱼。传说的前半部分内容较接近会津只见川的传说，但其情节发生在端午节，与盂兰盆节无关。端午节当天，纪州的领主欲在野上川打鱼，而到了打鱼的前一天晚上，有一个白衣老翁来到武官住宿的旅馆里，说，我是山崎渊之主，这次打鱼，鱼儿都逃不过领主大人的渔网，但愿您放过我同族小鱼们。武官说，为什么不在夜间乘机离开这里逃难？老翁答曰：我逃走了，其他小鱼都会被抓捕。可见，老翁的这种回答已经把近世的道德规范包含在其中了。武官遵守古风，老翁走时照样请他吃点包萝唆糕（音译，Borosomochi）。所谓包萝唆糕指具有地方特色的五月端午节庆食物，是把蒸熟未脱壳的小麦揉成圆球的一种团子。第二天领主打鱼时，连一条小鱼都没有打到，但最后在野上川的山崎渊打上来了一条六尺余长的大鲤鱼，有人剖开其腹部，从中出现了昨晚的包萝唆糕。这则传说，我是从城龙吉先生的报告中得知的。如今在位于山崎渊上游的小仓村里还有一个小神社称"鲤鱼森"，据说是过去有人为这一奇谈深受感动特意为山崎渊之主修建的，此事由此成为一个明确的传说而保存了下来。

六

文章的开头引用了江户的两个故事，其中讲述人简单地提及麦饭，其实这未必是用来证明大鱼和大鱼化作的人之间的一致关系的材料。古人是否认为，这种重要事件一定发生在做些诸如团子、红豆饭等特殊食物和大家一起聚餐的日子，亦即发生在一个古人称为"节供"的严肃的日子呢？如果是，那么古人每逢佳节看到节庆食物时都会想到这一传说吧。可惜本文没有那么多篇幅去说明这一点，但我还是要强调，我们的祖先对古老纪念物是十分虔诚的。而不幸的是，正因为我们的祖先持有虔诚的态度，才导致后人误会我们的祖先善于捏造"骗人的故事"，并顽固地坚持这种故事。每每情动于中，古人无法雇用文人用文字记录下来，他们就在家里或在村里指定一个可长久保存的地点或土生土长的某些东西，在规定的日子里相聚追念当年，以重温内心的激动。我相信这就是所谓祭日这一公共行为之开端。至少每个灵地各有传说，或者说，有传说流传就是某地成为灵地的条件之一。但是，人的一生并不是简单的血脉链接，既有晴朗灿烂，也有风雨交加。在发生饥荒、动乱时，人们的记忆往往中断。从外部来的新的传说自然会在此扎根，而且，过去有许多人从事"搬运"传说的工作。巫师、游僧等人的妄谈未必都可信。唯独土著根据周围发生的事件或凭借内心无法表达的感觉，接受并相信应当如此的某些东西时，才能根深叶茂。我们说唱文艺的发展史中，就有文字表述的一部分，研究日本文学的学者先生都有所了解。最初此类文字资料都很单纯，只是土生土长的各种知识经验无意识地组合为一体；随着时代的推移，资料来源变得复杂起来，大多难以视之为亘古不变的传说，人们也不会如海绵吸水一样自然而然地接受。尽管如此，人们仍然需要补充缺漏，于是历经历史的风风雨雨，有些相对容易保留的传说才保留至今。当然，即使某些外国故事传到日本，从都城传播到各地，如今在某地成为当地人深信的地方传说，我们也不能据此证明上古时代不同种族之间的亲近关系，但又不应该视之为一种偶然的讹传。这种现象仿佛是磁石吸来铁片，尽管物种来自外部，移根接叶的力量却潜在于内心。为了检验这一点，我们有必要观察外国故事到了日本后，是通过何种方法变得更加易懂、好记的。仅仅对国内外故事的主要情节加以比较并指出其一致性，反而令人迷失方向，导致学术的混乱，我们是从过去的"天鹅处女"或"蛇郎"故事研究中吸取过教训的。

中古以后传到日本的有些外国故事，因没有完全脱胎换骨，容易看出它在日本所发生的变迁，如东北地区的蚕神信仰，其起源传说谈及一匹名马与美丽公主的婚姻，便是一个例子。本文探讨的大鱼吃饭的传说也包含了与之类似的色彩。将外来故事与当地固有的约定规范相联结，并按照一种适合当地人内在感觉的形式进行修订，这本来不是那么容易的事情。幸好听众多为粗心大意者，正如早期的基督教徒在欧洲取得成功一样，那些佛教传教士在日本乡下巡游，通过曼陀罗或三十番神①等古老思想，或者通过严肃的汉文缘起书，最终达到了目的。这对今人来说是有些难以理解的。如以解释神佛缘起、神社由来为主要内容的说唱本，讲述的却是毫无根据的外国式奇谈，只不过最终加一句：此人即后来的某某明神，他原来是某某如来的化身，为众生显示物盛则衰的人世常理云云。这样的做法也可以算敷衍了事了，但其生命还是短暂的。此类传说很快被人遗忘，或者转化为普普通通的昔话，或者成了伪文人的小说题材。然而，应该还有一部分外来故事，逐渐沉淀下来，与日本本土的"土壤"浑然一体、笼而统之。下面我将介绍各地的若干例子，目的就是要了解外国故事到了日本后保留了什么因素，因不合国情又有哪些因素必定消逝。

位于三河宝饭郡（现爱知县丰川市）长泽村的泉龙院境内有一座鳗冢，据说此地埋葬的大鳗鱼曾经化作僧人，最终被田村将军②射死。尽管此地的传说中已经没有鳗鱼吃饭这一段情节，但又说凡在

---

① 三十番神，是指日本 30 位神明。一个月 30 日，每日轮番守护。

② 田村将军，即坂上田村麻吕（758—811）。他于延历十三年（794）讨伐虾夷，同十六年（797）被封为征夷大将军，后来修建胆泽城堡，为平定虾夷做出了贡献，传说他还是京都清水寺的创建人。

大鳗鱼生前栖息的池塘取水会得疫病，可见人们认为杀死鳗鱼是个应当忏悔的罪恶。与众多处治毒蛇传说一样，鳗鱼吃饭的传说逐渐朝向英雄事迹或神佛功德的方向发展。事实上，剖开鱼腹查明事实这一情节，在晚期的猎奇小说派看来没什么大不了，但对于普普通通的古人来说还是会成为心理负担的。又如，就像我的同行铃木文四郎君①等人通过比较了解到，下总铫子（现千叶县铫子市）白纸明神的缘起传说中出现鲑鱼和荞麦面，而这些在富翁没落故事中仅仅是故事背景。据说，在现称为松岸烟花巷的垣根地区有一个富翁，他是在利根川上设置鱼梁打鱼而富裕起来的。某日，有个僧人过来劝告他不要再杀生，富翁却不肯，只施舍给僧人荞麦面，便打发他走了。后来富翁打到了一条大鲑鱼，从其腹部剖出来一碗荞麦面。再后来，富翁遭报应，他最疼爱的女儿延命姬生下来就是满头白发。长大后，延命姬爱上了暂居于此地的安倍晴明云云，接下来的内容与日高川那边的同属一类。安倍晴明把玉带挂在带挂松树枝上，又在某某海滩上脱下鞋子，假装跳海自尽，成功瞒过了延命姬的眼睛。延命姬悲叹不已，追随安倍入水自尽，后来她的尸体被冲

---

① 铃木文四郎（1890—1951），东京朝日新闻记者，第二次世界大战结束后进入政界，成为参议院议员。

上了这里的海岸。如此细致的悲剧故事，艺伎们不可能放过，谁也不可否认，乐师、艺伎都在这个异文的产生过程中挑起了大梁。这一段故事还包含了她们想不到的历史根源。我们相信未经文字记录的民间口承文艺仍有一些后人应该探究的有趣沿革。更直率地说，有些人根据今日所能看到的少数文本来解释一国的文学史，这种做法是会被人嘲笑的。

七

由于篇幅有限，我只得省略后面的讨论。我希望说明的一点，就是一个国家国民的文艺技术始终在书卷之外得以发展。书籍不过是记录的媒介而已。当我们再没有其他途径探本溯源时，才能求助于书籍。"话"（hanashi，说话、故事之意）这一日语在古代词典中是没有的，这似乎意味着古人讲故事或说书的样式与现在大有不同。直到兵革互兴的时代，能言善辩的人们才活跃于世。诸如"咄""噺"（hanashi，同"话"）等新字出现并流行的时代，可以说是讲说技巧取得迅速发展的一个时代。当然，技术进步了，内容还是需要靠外部的自然供应，即人变得会讲了，但却又没什么可讲了。于是就有了热心的探索和有些勉强的变形，正如近代说唱艺人一样。由

"御咄众"讲述的所谓"武边咄"已经不时兴了①，人们又开始改订一些新颖的国外小说了。捏造、虚构，这些都反映出与之相应的社会需求。为了寻找拉家常的新的话题，人们到诸国各地收集各种起源传说，这是一个多么幸福无比的太平盛世。而从听众的角度看，这些故事传说总比与自己的生活习惯无关的、明显改订旧版本的东西要好得多。和今天的读者相比，过去的读者更是独立自主的，至少是"国民主义"的。几百年间日本人每逢春节都要看苏我氏的舞台剧，由此看来，每一位作者都是努力满足这些读者的要求的。

有些确凿的证据可以证明，和今天的东京一样，过去在京都也有一种专门出售故事传说的书店②。引发我兴趣的，便是那些总管等人所具有的鉴定能力，以及挑选图书向全国出货的手腕。已有不少资料显示，他们在那津、堺津③地进行贸易的时候，也不断地进口国外文学。正是我们的国民，经过长期的努力，使之成为正正当当的国产文学的。我坚信大鱼化作和尚吃饭的传说最初为进口的外

---

① 御咄众，是指室町、战国、江户时代陪诸大名的主君聊天打发时间的门客或侧近。武边咄，则指有关武士生活的故事传说，包括武功谈、战争谈等。

② 江户时代的书店分两种：一是卖书的，称"书物问屋"；一是卖故事传说之类的，称"地本问屋"，这里柳田指的是后者。

③ 那津和堺津都是日本中古时代的贸易港口，前者位于福冈县博多，后者则指大阪堺市。

来故事，并一直都在寻找线索。《法苑珠林》等佛教典籍可能有所记载，但此书没有索引，我至今没能找到，只得求助于像南方熊楠先生这样记性极好的人了。不过，我还是发现了《太平广记》一书中至少存在两个例子，见如下。第一个例子见于同书卷四百六十九，引《广古今五行记》写道：

> 晋安郡民断溪取鱼，忽有一人著白恰，黄练单衣，来诣之，即同饮馔。馔毕，语之曰："明日取鱼，当有大鱼甚异，最在前，慎勿杀。"明日，果有大鱼，长七八丈，径来冲网，其人即赖杀之。破腹，见所食饭悉有。其人家死亡略尽。

第二个例子见于同卷，引《朝野佥载》写道：

> 唐齐州有万顷陂，鱼鳖水族，无所不有。咸亨中，忽一僧持钵乞食，村人长者施以蔬供，食讫而去。于是渔人网得一鱼，长六七尺，缋鳞镂甲，锦质宝章，特异常鱼。欲赍赴州饷遗，至村而死，遂共剖而分之。于腹中得长者所施蔬食，俨然并在。村人遂于陂中设斋过度，自是陂中

无水族，至今犹然绝。

不难想象，这两则故事并不是进口到日本的故事原种。事实上，此类故事传说还存在于其他国家、民族之中。学习过某些概论的人们，恐怕会迫不及待地指出其源自印度。这当然不是无中生有的推论。不管怎样，面对如此离谱的故事，我们不得不去想它产生自远古时代，而且已经在辽阔的地理范围得以流传，否则难以解释为什么会有人相信它。假如它就是从遥远的印度漂泊到这里的话，那么这又引出另一个有趣的结论，即除了日本以外，在另一个古老国家里也存在一种佛教故事的传说化倾向，那里的人们仍有一种无意识的希望，要让外来奇闻在自己家乡扎根，使之变为一种更容易相信的形态。我们的昔话有一个特点，就是内容没有真实可信性，昔话的听众甚至要求内容带有最大限度的虚构性。而令人奇怪的是，这样一种昔话在流传的过程中不止一次地被要给乡土增添历史渊源的人们所捕捉，被当作是真实历史的构成部分。有人认为这是云游艺术家通过杰出的讲述技巧欺骗土人的结果，但我个人对这种说法是坚决反对的。发育者，自然会要求食物，而且他们也了解什么食物营养丰富，无须别人教导。我国山河连绵不断，无数个虚构故事传布于这一片锦绣河山，如果要说其中有一个故事与某地相结合，那么这里应该存在某种特殊的理由。古人了解这一点，但他们又不知该如何起名，通常笼统称之为"因缘"。我们的新的学问，必须对这种"因缘"加以解释。最近松本信广君①提醒我，大鱼化作和尚吃饭的传说还见于皮埃尔·山狄夫的《圣母玛利亚与奇迹的诞生》一书。此外，兰德的《越南民间文学》(1886)记载，从前有一个人，家中无子，欲在某一大河汇流处打鳗鱼食用。后有一僧人过来请求放生，但此人不肯，临走时请僧人吃些以佛式烹饪法做的无盐素食。此人将毒药抛入河中，捕杀了一条大鳗鱼，在其腹部见到自己施舍的食物，才领悟那位僧人是由大鳗鱼化作的。这则故事还有一段日后谈。男人吃了鳗鱼后不久，妻子怀孕生子，而生下的小孩坑家败业，这一段情节与下总铫子的垣根富翁完全一致，而且都承认主人公因杀死鳗鱼而遭报应。鳗鱼的性质和生孩子之间的关系，尤其是鳗鱼的形态令人想起男性生殖器，这些是否属于这则故事的原意呢？我不愿意与国外学者一起讨论这一问题，这里只想指出，我们的搜索还会继续，搜索资料的范围有望于扩展到更古老的民族那里，另外，目前已经了解，这则故事不仅在同一个大陆之内得以流

---

① 松本信广(1897—1981)，民俗学家、神话学家，作为冲绳及东南亚研究的先驱而闻名。

传，可能还分布在更遥远的海洋之外也未可知。仅看日本，我们竟找到了近十篇异文，今后会遇到更多的例子。一般来说，西方学者不会固执于最初提出的假说，因为发现的资料多了，任何一个假说随时都有被推翻的可能。因此，我们还是要避免过早地接受西方理论，否则对日本学术是有害的。在接受西方理论之前，我们应当充分地面对和了解自己内心深处的事实。

会说话的鱼

一

儿童文库本的《日本昔话集》(上)①收录了我采录的一则故事叫"甲鱼师傅"。这一故事始见于由美浓国的某一净土宗僧人在距今一百年前撰写的《山海里》②中。据说，距大垣城下向东走一里的中津村里，有个男人在放水晒干古池时捕捉了一只甲鱼，决定到城里的鲜鱼店去卖。男人把甲鱼放在背篓里走，中间路过了一个池塘，忽闻水中有人大喊：

---

① 《日本昔话集》(上)，出版于1930年，由阿鲁斯刊行(非卖品)。

② 《山海里》，刊行于文政五年至安政五年(1822—1858)，是京都大行寺信晓编撰的佛教故事集。

你去哪里？

又从男人的背篓里传来另一种声音，答曰：

今天要到大垣。

有人从池塘中又问道：

何时回来？

背篓里的甲鱼回答说：

不会待太久，明天就回来。

男人吓坏了，这才知道那只甲鱼原来是古池之主，尽管深感畏惧，但又不能令它发现，于是更加绑紧背篓，心想：既然说明天要回来，那它不会死吧，卖了甲鱼后把挣到的钱都捐给寺庙好了，我和卖鱼的都得忏悔，从此再不杀生了。男人到卖鱼店，把这只甲鱼给卖了。日后男人再次进城时，卖鱼店的老板告诉他："那可是一只可怕的甲鱼，明明放在一个用刀都切不开的养鱼笼里，但不知何时却不见踪影了。"引用到此结束。《山海里》的作者作为事实记录此事。这是十分常见的叙述方式。

二

我之所以选录《山海里》中的文章，只是因为一位背负竹笼的农民老头在水边目瞪口呆的样子很形象，尤其对儿童来说也许更容易想象。事实上，这则故事既不是绝无仅有的，也不是有代表性的。而且，故事的基础，是一种鱼时而会说话的古老信仰，讲述人只不过把鱼换成甲鱼，从而给人以新鲜的印象。我不知道同类故事是否也流传于其他国家，且不论这些，我们仍有必要编制目录索引，以把握此类故事在日本的分布状态。

有一个例子见于鸟取县的《日野郡志》①，据说发生在多里村大字新屋（现鸟取县日野郡）的深山之中。该故事的主角也不是普普通通的鱼，而是更接近于蜥蜴的蝾螈，按当地方言来说就是"半裂"（hanzake）。从前，此地溪谷中有一条半裂，被几个村民抓捕。村

_____

① 《日野郡志》，日野郡史编纂委员编，日野郡自治协会刊，1926 年。

民用扁担挑着半裂，走到村界的山坡上，这时忽闻有人大声喊道：

我走啦！

村民大吃一惊，连扁担一起把半裂抛出去，逃跑了。这条蝾螈与大垣的甲鱼同样有一种当地特殊的名称，在我看来别有风趣。

更值得注意的，是从海外传来的一个故事在如此偏僻的深山中扎根的过程。这则故事在中国地区的僻地广为流传，与鸟取一山之隔的冈山县就有类似的故事。例如，《东作志》①卷三记录了两个地方传说，讲的都是会说话的鲇鱼。其中一则传说是三休渊传说，引如下：在梶并川边有一个渊水称堂口（现为胜田郡古吉野村大字河原的三休渊），从前有一个名叫三休的人在此捕获了六尺长的大鲇鱼，因太大，三休只得将其背回家，而路上这条鲇鱼竟大声喊道："我要到三休家去烤背。"三休大惊失色，立刻回到堂口放生鲇鱼。这则传说应该另有一种更有趣的结局，没准儿被地方志的作者删除了。

---

① 《东作志》，成书于文化十二年（1815），是津山藩士正木辉雄（？—1824）编纂的美作国方志。

三

另一则传说则发生在古吉野村的邻村胜田郡大字余野，说得更富有真实性。享保年间（1716—1736），村里有个人名叫道善，某日捕获大鲶鱼。道善背起鲶鱼，拖着鱼尾走，而路上这条鲶鱼从背后叫道善之名。道善因害怕，把鲶鱼扔进路边的老井口。据说这一井口直到最近还存在。

也许有人要说，怎么会有两个同样的传说流传于同一个郡里，哪一个是正宗的？其实，仅仅是一山之隔的伯州（现鸟取县）就有半裂，此外我也会介绍其他地方的例子，除非对这些所有例子加以比较，否则是无法争执谁是正宗的。我个人倒认为，前面几个例子中出现了诸如三休、道善等专名，这里似乎蕴含了更重要的意义。

当然，如果说，这里的沼泽之所以取名三休渊，就是因为三休曾经被背上的鲶鱼惊到的话，那就有点说不通了。说不定最初深潭之主叫三休，后人在传承过程中误以为是渔夫之名也未可知。有名字的鲶鱼十分罕见，但要想想要进行对话问答，没有名字确实很不方便。事实上，在九州那边有这样的例子的。

大分县直入郡柏原村(现大分县竹田市)的例子由长山源雄先生①报告，现收录于《民俗学》第一卷第五辑。属于该村鸣田部落小字的网挂境内有一个深潭称"黑太郎渊"。某日，有人从一个名叫 Hiroto 的地方来这捕鱼，捕到了一条大鱼。此人要把大鱼带回家，而走到网挂的坡顶时，忽闻从坡下的深潭中有人用丰后方言说道：

黑太郎公，您上哪儿？

渔网中的大鱼回答说：

我到 Hiroto 烤背去。

此人吓得惊慌失措，手中的渔网连大鱼一起挂在松树上逃离了此地。据说这个山坡故此被称为"网挂"，在这之前，黑太郎渊之名无人知晓。

---

① 长山源雄(1886—1951)，爱媛县的乡土史研究家。

四

据《登米郡史》①记载，距离黑太郎渊甚远的宫城县登米郡锦织村大字嵯峨立（现宫城县登米市），也有一个昌坊泷的例子。昌坊泷位于靠岩手县东盘井郡黄海村（现岩手县关市）的深山之中，其瀑布潭构成了一反步宽的湖水②。过去，在此栖息着一条大鳗鱼，时而浮出水面吓唬人们。

　　昌坊来不来，有声音传来；来也是昌坊，不来也是昌坊。

此地至今仍流传着这样的谚语，据说昌坊泷这一地名就是由此而来的。不过，仅看这些，还是不明白究竟是怎么回事。幸好鸟畑隆治君③在《乡土研究》第一卷十二号上发表了有关岩手县的报告。

---

　　①　《登米郡史》，刊行于大正十二年（1923），是东北新闻记者藤原相之助（1867—1948）编纂的登米郡方志。
　　②　反步，是日本测量单位，1反步约为991.74平方米。
　　③　鸟畑隆治，是明治时代末期的乡土史研究家，东磐井郡黄海小学校教师。

据报告说，从前有一位农夫从黄海村来到这一瀑布潭捕获了一条大鳗鱼。农夫将鳗鱼放进竹笼中准备回家，忽闻：

　　昌坊，昌坊，何时回来？

尽管有些意义不明，对此有人回答，曰：

　　来也是昌坊，不来也是昌坊。

　　农夫一听就吓坏了，赶紧弃鱼回家了。这里的瀑布由此写成"来不来泷"，其读音则是"masaboutaki"（音同昌坊泷）。虽然记忆有所脱落，但仍然可以说这是同一类传说。

　　事实上，仅有这样一点点内容，人们没能长期记住，也是在所难免的。早川孝太郎君发表于《民族》第三卷第五号的静冈县的例子，情节更复杂一些，因此更令人费解，除非将两个以上的例子比较起来看，否则不太容易弄明白到底是怎么回事。据说，在远州周智郡水窝町的部落草木字桐山（现静冈县滨松市）有一个深潭叫"otobou渊"。从前，一个富人住在这里的悬崖上，原来他与深潭之主交朋友，从水中借来食器、金钱，由此过着富裕的生活。

深潭之主经常派人来做客吃饭，这位使者唯独蓼汁怎么也不肯喝。某日，主人请使者吃饭，家人不小心把蓼汁一起端过去了。使者喝了一口，喊道"糟了"，就翻身跳入门前的深潭。使者在主人眼前变成一条红腹大鱼，一直不停地呼叫："otobou 呀! otobou 呀!"顺着河流向下游漂去。这位富人与深潭之主由此断绝联系，家势中落，至今只留下"otobou 渊"这一地名。从这一例子中，我们隐约得知有些鱼儿还有"某某坊"①这样如孩童一般的名字。

五

与此同时，我们似乎还可以理解，鱼说人语的传说在日本分布甚广，在过去的某一个时代里以更复杂的结构形态被人讲述。事实上，今天流传的鱼说人语的传说过于简单，难以在某地扎根，获得永久生命。不仅如此，它还不适合于地方传播，故事本身的情节结构太不完整，很难有人把它搬到其他地区。这一故事原来应该是一种结构更加完整的佛教故事，后来因未能适应潮流，只剩下人们印

---

① "坊"字日语读音为 bou，常见于男孩昵称。

象最深的部分，其他内容则消失了，而这剩下的部分又套上了好似传说的外衣。否则，这么一点点故事是不会在如此广泛的范围得以流传的。

我的推测是否正确，还有待于今后采集工作的检验，现在只列举目前已发现的几个事实。于宝历二年(1751)作序的《裹见寒话》末卷收录了一个这样的例子。据说，某一个夏天的下午，有个当地人在甲州奥逸见(现山梨县北杜市)山间的古池钓鱼，一条小鱼都没有钓到，到了傍晚正准备回家时，终于钓到了一条鱼，它眼睛闪闪发亮，鱼体发白，不知其名。此人把鱼放进鱼篓带回家，但从一町半远的古池中有声音传来，不停地呼喊其名字。从上下文看，这里呼喊的应该是钓鱼者的名字吧。此人不禁觉得有些害怕，睡前把鱼放入大水缸并用盖片和巨石封死。当天晚上，他梦见一个人赫然而怒道：我是池神，你何故抓捕我眷属，让他受罪？第二天早晨，他检查昨天倍加小心、上盖封死的水缸，却发现鱼儿不见踪影了。这一例子中缺少了作为佛教故事应有的首尾照应，似乎也是不完整的片段，但作者写明渔夫钓到的是"一条鱼"，而且他梦见水神启示，由此显示了故事蓝本的结构之痕迹。假如我们能够找到更多的类似古传，就可以据此做出一定的推断了。

六

下面，换个地方，再看看冲绳的情况如何。去年，由故佐喜真兴英君①搜集的南岛故事中收录了中头郡（现冲绳县冲绳市）美里村大字古谢的传说。从前，该村有个煎盐的，他在取海水时喜获一条鱼，把它放进竹篓里并挂在房檐下。不久，从竹篓中有声音传来，道："冲一下，冲两下，还是冲三下？"煎盐的迷惑不解，但看了几次，竹篓中除了鱼再没有别的。煎盐的心想：这样的怪鱼最好放生了。于是他准备带鱼回到海边，而碰巧在路上遇见了一个认识的无赖汉。"你放生，还不如给我"，无赖汉就这样得到了鱼，当无赖汉正准备用鱼做菜时，一个大海啸袭击此地，把邻近的人兽都给冲走了。

这则传说虽有历经不同的传承阶段而受损的痕迹，但我们还是可以借此窥视其原型。有人将因加害于会说话的灵鱼而遭到海啸作为神罚，而这又意味着另一个人因放生而得救，即正因为那位煎盐

---

① 佐喜真兴英于大正十一年（1922）由乡土研究社出版的冲绳县宜野湾地区的故事集。

的幸存了下来，这则令人生畏的教训故事才得以流传。如此把握该故事原型的话，那么找到异文（与其略有出入的传说）不难。如奥州人常说的金矿掩埋的故事，又如多见于木曾川流域的"要不要水"的洪水故事①，这些讲的都是：狡猾且粗略的人受神罚而死，只有正直无私的、敬畏神佛的人才能幸存下来讲述他的所见所闻给人听。其实，这也是传说中最传统的样式。

不难理解，自古以来海啸给南方诸岛的人们留下了最深刻的记忆，但人们又把如此恐怖的灾害归因于某人是否尊敬一条鱼，这令人有些不解。如果调查起来，应该还会在其他地方找到异文吧。冲绳这一例子尽管罕见，也不是孤立于世的。据说，《宫古岛旧志》②成书于宽延元年（1748），这是把巫师们一代代口传的叙事诗翻译成国语的，书中较具体地记录了与会说话的鱼有关的一则传说。读过此书的读者恐怕不多，下面抄录全文以供参考：

---

① "要不要水"，原文是"yaroka 水"。据说，夜里下大雨，河水猛涨时，从上游传来声音说道"yarokayaroa"（意为要吗要吗），如果有人回答"yokosabayokose"（意为给我就要），河水水位就瞬间上升导致河水泛滥，把整个村子冲走。

② 《宫古岛旧志》，成书于明治十七年（1884），是明治维新后担任冲绳县令的西村舍三（1843—1908）撰写的宫古岛方志。

从前，伊良部岛内有个村落名叫下地（现冲绳县宫古岛市）。某一男人出海捕鱼，捕获一条叫 yonatama 的鱼。yonatama 人面鱼体，善说人语。渔夫心想：既然获得了如此少见的奇鱼，明天请大家一起品尝，于是挂在木炭火上烘烤。夜静人深，邻居家的孩子突然大哭起来，喊道：我要回伊良部村去！已经半夜三更，母亲哄着孩子睡觉，但孩子怎么也不肯睡，更是号啕大哭起来。母亲迫于无奈，抱孩子走出家门，孩子紧紧抱住母亲，怕得直发抖。母亲不禁觉得生畏，从远方有人喊道：（是从海上传来？——柳田附记）

yonatama！yonatama！你为什么还不回来？

在母子邻居家被烘烤的 yonatama 则回答说：

我在炭火上被烘烤半夜之久，快派犀牛来接我！

母子俩吓得毛骨悚然，赶回伊良部村。村民见了起疑心，问半夜三更你们来干什么。母亲把事情经过诉说一遍，到了第二天早晨返回下地村，但下地村已被海啸冲走。今天此村变成了一片历史遗迹，至今未得复兴。那母子俩有何阴德，脱离这次奇险？

七

　　如今，在宫古郡伊良部岛的下地地区已有了一个新的村庄。众人并不知道仲宗根先生所著的这部《宫古岛旧志》的存在。当地人口口相传的大海啸起因于什么呢？除了宫古岛，在其他小岛上应该都有这一类故事流传吧。如果有人对此进行收集工作，也许能为此类传说提供一些令人意想不到的注解。

　　论点之一，宫古岛的人们称会说话的鱼为 yonatama。我曾经在《风位考资料》①的"勇鱼"一条中指出，yona 音通 yina 或 una，也许是日本各地至今保留的"大海"的古语。如果我的观点是正确的，那么，所谓 yonatama 指海魂（魂读音为 tama），即与"国魂、郡魂"指"国土神"一样，指海神。如果该故事最初的内容就是有人不小心火烤吃"海神"导致全村遇海啸，从而作为神罚，那么这还不是简单意义上的传说，甚至可能就是一种神圣的神话。随着信仰衰落，到了丰后国就沦落为"烤背去"的故事片段了。伊良部岛的例子显示出一个神话转变成为零碎的故事片段的过渡状态，如果我们没有看到这个例

―――――――――――――

　　① 《风位考资料》，指柳田国男著，国学院大学方言研究会编《风位考资料》，明世堂，1935 年。

子，不过就是农民的奇特幻想而已。

第二个论点，所有岛民中唯独母子俩因孩童无意识的举动而得救，这里是否也含有某种信仰意义。我之所以这样认为，是因为我国的"海神"多冠有"少童"之名，还经常向人间赠送英明睿智的少年。可惜，目前我们所收集的资料还不足以支撑进一步讨论此问题。在此，我预言，有人会继续深化这一问题。

我思考最后的一个问题，是国外其他民族的传承，将会对此问题产生何等影响？国外的口述文学中似乎也出现会说话的鱼，只不过我们对此不了解而已。我最近读了休特（Gédéon Huet）的《民间故事论》，文中作者对《格林童话集》第五十五篇 A"傻瓜汉斯"的各国异文进行比较，努力恢复其最古老的形态。据说，这位傻瓜出海钓鱼，钓到怪鱼，怪鱼用人语向他提出交换要求：傻瓜汉斯饶鱼一命，鱼则把可以实现任何愿望的力量赐予他。尽管作者没有指明出处，但可以认为在某一国家中确实存在着这样一个实例。我想，日本的佛教故事中所谓 yonatama，一方面严厉惩罚用火烤吃它的犯禁者，但另一方面也赐予虔诚且顺从的人以巨大的福德，正因为原来的故事中存在如此招人喜欢的一面，"会说话的鱼"的故事才广泛传播，甚至传播到东北地区的深山之中。如果是，在不久的将来必定会在某些地方出现证据。我的假说，是不会空等太久的。

年糕化作白鸟的故事

不知什么缘故，每逢正月初一，我都会想起由伏见稻荷神社保管的一个最古老的记录，其中写道：从前年糕化作白鸟飞走了。

国都迁到山城国之前，秦中家忌村一族居住在现稻荷山脚下的村落里。年糕化作白鸟，就是他家祖先秦公伊吕具在世的时候发生的。据说，伊吕具过着富贵安乐的生活，他用充足的粮食做年糕，将其当作箭靶子来用，而这一年糕竟然变成一只白鸟飞翔而去，最终它停在山峰上，从那里又长出了稻草，神社故此取名为稻荷神社。这只白鸟还飞到了与此地一山之隔的北边森林中，这里的森林由此称为鸟部、野鸟部、山鸟部等。这则传说之所以得到长期流传，是因为它为古人提供了鲜艳形象，这与今天我们所能想象的意象恐怕是大有不同的。所谓白鸟指的是什么？神秘力量为何借用鸟的形象显现？其实，这些都是国学家们有关日本武尊的白鸟陵神话①研究中一直没能得出结论的问题。但就年糕化作白鸟的传说而言，只要这些问题得不到解释，我们就难以触及古人的内心世界。

近世学者认为福岛县的刈田岭神社供奉日本武尊，而当地流传的口头传说明显属于满能富翁系列的昔话，认为这里祭祀的是受到天子宠爱的玉世姬与玉世姬生下的王子之灵魂，而且这位御灵神派来的使者就是白鸟，即 swan。丰后有一山间草原被称为田野富翁的故址，过去每年都有两只白鹤飞来越冬，传说是富翁曾经饲养的。也许有人故此认为，《丰后风土记》记载的同类传说，亦即年糕化作的白鸟指的就是白鹤，但现在就要下结论，还为时尚早。

《丰后风土记》所记载的年糕白鸟传说与前面引用的《山城风土记》中的逸文极为相似，无须在此详细介绍。从文体风格上看，这两种风土记成书于两个不同的时代。这两种故事之相似，是否意味着是一种故事广泛流传于世，甚至传播到九州的结果呢？但它

---

① 日本武尊的白鸟陵神话，见于《古事记》和《日本书纪》。日本武尊死于伊势国能褒野，天皇下令建立能褒野陵，但日本武尊化作白鸟飞去。人们在这只白鸟停的每个地方都建立了陵墓，但最后白鸟升天。

们都根深蒂固，还顺应天地逐年发展。说不定有一种历史规律，在某些特殊时刻使这个民族从古具备的空想到处萌芽开花，也未可知。

山城与丰后的两种故事之间的最大差异在于，前者的秦氏后裔重获神宠，在其故乡安居乐业，亲自陈述自家奇瑞；而后者的田野富翁身后萧条，他所经历的奇迹沦落为偶尔路过此地的陌生人记录下来的旧闻。所谓田野不是富翁的真姓，而是地名，意为如稻田一般的荒野。现在玖珠郡饭田村内有一个名叫千町牟田的湿地，传说是田野富翁的耕地旧址，但此地是否就是《丰后风土记》所记载的田野，还有所争议。《丰后风土记》写明此地名叫速见郡田野里，而千町牟田位于往西越过分水岭的玖珠郡，属于筑波川水域。其实，过去在速见郡一带的不少村落也有过可谓"田野"的湿地，如南北由布村等。

湿地在九州称 muta（音同牟田），在关东地区称 yachi，在中部则称 kugo、fuke 等，均指排水困难的平坦地。若是靠海靠河的低地，人们会想尽办法将其开辟为稻田，但山中的湿地不具备温度及其他条件，不适水稻生长，村里一般都长期丢置，导致禾本杂草茂盛。由于农民向来视土地如宝，看了这种原野不禁感慨万千，往往起名叫神田或天狗田等，还赋予此地种种奇谈。丰后的田野富翁的故事，或许也是在类似的情况下得以产生的。据《丰日志》①记载，千町牟田现改名畦亩，至今仍然存在。这里春秋两季芳草离离，每亩颜色不同，或青或红，好似春种秋收的稻田一般，真不愧是年糕化作白鸟的故事舞台。

二

百万富翁一朝没落，这本来是反复出现在琵琶唱本、佛教故事等文本中的常见内容，而古人细守戒律，还是希望给想象找到一些依据的。例如，因幡的湖山池是由泥沙形成的潟湖，正因为这样一种地形，故事中湖山的富翁居住在靠水岸的山丘上，并把西落的太阳叫回来，从而引起神怒，最后他的数千亩肥沃田地都沉于水底。又如，飞驒的白川中游有一个由姬子松树林围绕四周的滑坡痕迹，据说古代的归云城堡就埋在其崖壁之下。再看津轻十三潟、信州青木三湖等地，人们传说过去用来金玉装饰的七堂伽蓝，连门前的商家一起覆没在水中，如今天空晴朗时在湖波之下还能看到大吊钟的龙头。以上这些故事，仿佛就是一位被遗忘的老翁，他依靠一根叫

———————

① 《丰日志》，不详，原文散失，其他方志多引其手抄本。

作自然风光的拐杖，险些站立不稳。也许，千町牟田这样一片荒凉的田野中之所以出现了大野的满能富翁，人们传说他和公主被白鸟引导成为夫妻并享尽人间欢喜云云，大概是因为当时埋藏财宝的朝日富翁①名闻天下，更是因为这里有若干的白鸟飞来，在幽静的水草之间可以看到其身影吧。我据此以为，最初有人在稻荷三山的山顶附近发现一块形如水稻的绿草茂盛灵地，又看到白鸟在此飞来飞去，以为是神之使者，最后把年糕和白鸟的昔话挑出来，编入自家历史之中。

《丰后风土记》除了田野里的传说以外，还收录了如下故事。从前，丰国直的祖先菟名手②迁到此地，中间路过丰前仲津郡中臣村借宿，第二天日出时看见一群白鸟从北方飞来。被派查探的家臣回来告诉他，那群白鸟均化为年糕，顿时又变成一千把红薯苗。这里的红薯适合冬季育苗，南方人大受恩惠，对他们来说，这种农作物的神奇来源应该是很重要的，但那些白鸟又为什么在变成红薯苗之前非要化作年糕不可呢？说不定，这一时代的人们或许模糊地认为白鸟容易变成年糕，或年糕往往会飞走。

---

① 朝日富翁，是传说人物。据说他生前把财宝埋在自家院子等地。朝日富翁的传说与"晨日照射夕阳发亮的树根下"这首诗在日本各地广泛流传。
② 菟名手，指传说中的古代豪族，被视为国前氏、丰国氏的祖先。

我可是认真的。近世的人们不也唱"有缘飞来牡丹糕"这样的摇篮歌曲逗乐吗？有一首手球歌里面的老婆子也迫不及待地追年糕，题为老鼠净土的童话又说一块团子领路把善良老头送到隐里。成书于镰仓时代初期的《尘袋》①卷九，收录了白鸟化作年糕的故事，并写明这是发生在丰后玖珠郡的事。有些学者认为作者抄录了《丰后风土记》，但事实果真如此吗？《尘袋》提及的郡名与现存《丰后风土记》不同，而且从总体上看《丰后风土记》中的白鸟化作年糕故事反而更接近后世传说。尤其是文中对"年糕飞去"与"富翁家境衰落"之因果关系所做的说明，可以反映出当时人们的真实想法，即富翁把年糕当作箭靶子这种骄傲的行为会引发神怒，不仅如此，年糕原本就是一种福源，年糕飞去等于福神飞走。"福引"一词，现指抽奖，而在《尘袋》的作者生活的时代，却指两个人牵住一个年糕相互争拉。这大概意味着两个人手抓年糕两端相互牵拉，年糕撕裂成两半后，以所得年糕大小来定胜负，又凭胜负预测一年的福大福小。

年糕用火烤过后会"鼓起膨胀"（fukureru），古人故此称年糕为

---

① 《尘袋》，成书于弘安四年（1281）左右，作者不详，是用问答体撰写的百科事典，共24部、620条。原文已散失，现有一本高野山僧人印融（1435—1519）于永正五年（1508）抄录的手抄本。

fukuda。中世以来人们又根据其语音，约定俗成地视年糕为福物（fuku），由于这种习惯性思维不断地激发出新的趣味，一个再单纯不过的昔话才得以依旧保存完整。那些因缺乏史料而叹气的古代生活研究家们，千万不能错过这次难得的机会了。

三

下面我想探讨一下，年糕化作的白鸟有没有可能是白鹭。据说，在宫古岛荷川取村有一个农民叫涌川马萨利雅，他出海钓鱼捕获一条大鲟鱼，并娶鲟鱼为妻。日后马萨利雅再到海边游玩，三个孩子过来叫他爹，并领他到海宫与母亲见面。孩子的母亲原来是一位高贵的美人。他很高兴，在这里逗留了三天三夜。临走，美人还赠送他一个琉璃瓶以示惜别之意。马萨利雅回家才知道，原来他在海宫待了三天三夜，却是人间的三年三月。琉璃瓶里面装满了味如甘露的甜酒，喝多少就出多少，永远不会减少，一家人喝了这瓶酒活得都很长寿。岛上的人听说此事，都过来要看一眼。户主嫌烦就撒了谎，说：这瓶神酒什么时候喝都是一个味道，都喝腻了。话刚说完，神酒就变成白鸟飞走了。群众见了之后，都跪在地上，恳求神鸟飞到自己的家来，但白鸟往东飞去，一直飞到宫国村的史克霍雅家，停在庭院中的树上，不见了。此后事情变得怎样，已无从可知，但估计马萨利雅家境没落，史克霍雅则逐渐富裕了起来。在冲绳岛，还有一些传说同样视白鹭为神之使者。

例如，在南方诸岛上流行一个次良当女婿的昔话，这与《宇治拾遗物语》所收"赌徒家孩子当女婿"同属一类，我们一般称之为"迎接邻居祢太郎当女婿"。据说，次良利用富翁的信仰之心，某天夜晚抱着白鹭藏身于庭院的茂密树枝上，装神下命令，让富翁把女儿许给自己，说完，次良就把手中的白鹭放掉，结果成功地骗取了富翁的信任。这意味着当时人们相信神佛会化作白鹭飞回天际。推崇白鹭为灵物的信仰多见于日本西部，如摄津的住吉、越前的气比等地，都把白鹭视作神之使者，此外在诹访、白山等地都有祭祀白鹭的神社。尾张的热田仍是如此，在热田神宫所管辖的地区，人们称白鹭为白鸟，对它又敬又忌。据说，今川义元①在桶狭间之战中被织田信长击败，正此时，从义元曾经祈愿必胜的神社里飞出一只白鸟，飞到今川阵地，停在附近森林之中。后人称之为鹭个森池，

---

① 今川义元(1519—1560)，通称为五郎，是战国时代数一数二的名门今川氏的武将。他统一骏河、远江、三河三国后，被视为"离称霸天下最近的男人"，但在狭间之战中遭到织田信长的袭击而阵亡。

虽然白鸟停息的古树早已枯萎，但有座石冢，冢上还有一块纪念碑。此外，在关东其他地方，存在无数个鹭森明神或鹭宫。今天这些地方的祭神乃至信仰已经参差不一，但最初人们崇敬、祭祀这只白鸟的心态，应该是彼此相近的。

曲亭马琴在《化竟丑满钟》①中为怪物排名次，白鹭的排位便是笔头家臣。我们常闻听白鹭作怪，其实这是一种新的说法。也许因为人们把白鹭与叫声凶猛的夜鹭混淆在一起，也许因为白鹭经常会糟蹋稻苗，或者是白鹭的眼光不讨人喜欢的缘故，这种说法得到了一定的支持。

而且，白鹭举止稳重，在飞来地点、找食方式等方面都有些特色，其姿态和羽毛颜色尤为引人注目。不难想象，初更凌晨，出入神社护林的白鹭引起了农民的注意，假如在某些反常现象发生的地点看到了一群白鹭，难免被视为不祥之兆，这一切完全有可能让这群白鹭沦落为一种邪恶的妖怪。丰后的人们相信那只化作年糕的白鸟就是白鹭，如三浦梅园在《丰后事迹考》②中明确写道，年糕化作

---

① 《化竟丑满钟》，成书于宽政十二年（1800），是曲亭马琴唯一的净琉璃作品，书中出现诸如文福茶釜狸、雪女、河童等妖怪。
② 《丰后事迹考》，是思想家、医师三浦梅园（1723—1789）参考《丰后国风土记》编纂的丰后 8 郡的方志。

白鹭后飞到了大分郡河南，《丰萨军记》①又写道，白鹭是朝日富翁的福神，它飞走之后，富翁家境逐渐没落。丰后国的富翁故事深受宇佐信仰的影响，宇佐神宫内奉祀的八幡神本来是农业神，今天仍在各地流传的种秧歌唱道：白鹭停在何处？是停在八幡山云云。古人站在一片荒凉田野的淹水草原上，追慕一去不复返的神仙，这似乎反映出古人天真无邪的本性。武藏府中的六所宫，在结束五月五大祭后的第二天又在神田举行种秧仪式。仪式上，人们把用青嫩的枫叶装饰并上面插有白鹭模型的伞予（即华盖）立在稻田旁边，边转边唱古老歌曲，旁边还有人打鼓伴奏。可见，凌晨从神社护林飞到神田，到了傍晚又从神田飞回到神社护林，白鹭的这种习性让关东地区的人们也联想到神灵来往。

四

令人意想不到的是，世上有不少家族从正月初一到初三或者一直到正月十五都避讳吃年糕。这一禁忌产生的原因因地而异，甚至

---

① 《丰萨军记》，成书于宽延二年(1749)，长林樵隐编纂，记录了九州一带的战乱史及诸豪族的兴盛衰亡，共7册。

在有些地方已经失传，尽管我个人对此很感兴趣，但至今未能找到一个确凿的理由。石见那贺郡川波村大字波子有一个例子，正与本文的话题有关。

据《石见外记》①记载，从前此村有个富翁，某年正月富翁家的儿子想玩儿驱妖箭，由于家里没有靶子，便借用供给岁德神的圆形年糕来射箭，令人不可思议的是，射中年糕的箭头竟沾着血液。也许富翁家遭受了神罚，从此以后每次捣年糕家中都有凶事，只得正月避讳吃年糕。据说这一家族被称之为"的②场党"。

如果这一故事是后人从山城、丰后等地的风土记中抄录而来的，那么作者不可能省略白鸟。据此可以说，这一类口头传说在这些风土记成书以前就已经在各地得到了广泛普及。再说，用驱妖箭射中年糕这一情节，在古文献中是没有的，但《丰后事迹考》载，风土记成书时，这一地区的人们确实认为：田野富翁拥有一千町的水田，为独女招女婿，但某年正月女婿热衷于玩驱妖箭，竟把圆形年糕往上扔，然后拿箭射它，被射中后，年糕顿时化作白鸟飞走了。

---

① 《石见外记》，成书于文政三年（1820），是滨田藩的儒学者中川显充编纂的岛根县石见方志。
② "的"字日语意为靶子。

射驱妖箭，直到最近都是初春的季节性游戏。在关东以北的乡下，不用真箭头，代之用树枝竹竿。其玩法有两种：一是空中捭落，二是地上压住。在东京附近这是在地上玩耍的游戏，而在雪国是往空中扔靶子。这一游戏甚至盛行于阿伊努族。在京都以西，一般都用小巧的弓箭来射靶子。古籍中较常见的描述是：一群少年排列在马路一边拉弓等待，有人把靶子从高处滚下来，当靶子弹飞起来的时候，少年们瞄准靶子上的小孔射出箭。这一方面是很好的练武机会，但另一方面还是极其危险的游戏，时而会把酩酊大醉的拜年客给射伤，因此驱妖箭首先在都城被禁止，在乡下也逐渐成了装饰品。今天，全国有不少地方保留了"滨射场"这一地名，"滨射场"往往位于村界或者与神社有关的地方，由此可知，驱妖箭在一个更古老的时代里不仅仅是儿童游戏。在诸国神社的春季祭奠上，举行射箭比武称步射或称百手，同样，为了庆祝新年喜庆、卜卦祈愿能实现，成年氏子平时钻研武功，节日期间全力施展自己的武艺。说不定村里曾经存在过一个负责射驱妖箭的家族也未可知。

　　靶子的读音为"hama"，在有些地方 hama 又被写成"鈇"，这是用手转动的金属环。在关东地区，用的是五六寸直径的橡树圆盘，形如滑动门下面的滚轮，称 hanma 或 hamakoro。此外，在东北地区人们把柳树等树枝盘起来做成圆圈当作 hama，在大和山村或丰后等地则用绳子织成形如坐垫的圆盘，也有些地方把藤蔓盘起来做成圆圈。再看土佐、高知等地，人们采用的靶子不是圆盘形。当地的武家青年学习射箭时，把椭圆形的细竹圈儿重叠起来做成骨架再糊上纸，将其抛向空中，然后拉弓射箭。在肥后五个山一带，人们也把树枝编织成球形靶子，抛向空中再用刀枪刺。当地人说这种游戏也是练习捕捉猴子，而与之极其相似的风俗流传于高沙族，这是颇有意思的一种比赛。正如上述，稻荷的秦氏把年糕当作靶子，但他才不是像现代人一样把年糕安置在箭垛上或挂在树枝上，他似乎就是把年糕扔向天空时，年糕顿时化为白鸟而飞去，所以才如此的受惊。另外，我在前面还写过石见有一个家族避讳捣年糕，"的场党"这样的称呼，让我产生了另外一种想象，即他们的祖先恰恰就是用捣年糕做箭靶子并用驱妖箭进行占卜的巫师，后来因发生某种原因，这种仪式被中止，只留下了元旦避讳捣年糕这样一种禁忌。与其他避讳捣年糕的家族一样，秦氏视年糕为神圣之物，他们家一向都是忌讳年糕的。山城、丰后两国的同类故事，最初讲的不也是射年糕的古老仪式因白鸟奇瑞而废止吗？而今人将其阐说为富翁因个人原因受神罚，在我看来，之所以有了这样的说法，只不过是因为现在的人们习惯性地采用外国的思维方式，已经忘记了射箭仪式本来就是极其神秘的宗教行为。

大多法师的脚印

巨人来往必经之所

东京可谓是日本巨人传说的流传中心。过去这里的居住者们竟想象出有一个巨人能够从东、西、南、北一脚跨过都城。今天不知有多少人记得,这位巨人的名字叫"大多法师"(daidarabou)①。

《紫一本》②成书于二百五十年前,据此书记载,甲州街道上距离四谷新町不远的笹冢(现东京都世田谷区)前面有一个桥梁叫"代田桥"(daitabashi),据说是由"大多法师"(daidabotchi)挂架的。此

① 大多法师在各地有着不同的叫法,包括 daidarabou、daidarabochi、deirabou 等。为了阅读方便,一律译为"大多法师",并在括号中注明原来的日语读音。

② 《紫一本》,成书于天和年间(1681—1684),是江户时代前期的和歌研究家户田茂睡(1629—1706)撰写的故事集。从体裁上看,此书好似是一本江户地方志,但其中充满了浓厚的文学色彩。

地正处于欲现京王铁道路线的代田桥停留站，其实在停留站一带并没有大河，最大的也不过是后世才开通的玉川上水河道，对于巨人来说，在此架桥恐怕算不了什么伟大业绩。但无可否认的是，代田这一地名大概不是无中生有的，而且这里确实保留了一只巨大的脚印。

对于这样一个故址，我不可能不理不睬。七年前，我辞掉官职放下包袱之后，首先安排日程去看了这只巨人脚印。从代田桥往东南走五六町，在靠马路左侧的农地里看到了一个低洼地，形状就像一个右脚脚印，约有百间①长，尤其是脚印的踵部部位深深地陷在泥土之中。脚印里面，众多竹子和小杉树混长在一起，中间有一道形如药碾的流水痕，踵部还有一块小平地，上面建有一座小佛堂和泉水池。村里也许无人记得，代田村之名其实就是根据这只脚印而取名的。

当时武藏野会刊行的杂志上有一篇文章写道，不仅是代田村，邻村驹泽村内也有两只巨人脚印。由于我事先读过这篇文章，就在同一天参照地图继续前往驹泽村。从玉川铁道路线往东行约一町，好像是在小学和村落神社之间首先看到了一只脚印。这只脚印也是

① 间，是日本测量单位，1 间约为 1.8 米。

位于马路左侧的低洼地，但低洼草地已开辟为耕地，脚型也变得模糊。尽管如此，一股泉水从其踵部喷涌而出，沿着沟底流淌，最后流入距其一町远的稻田之中。另一只脚印的具体所在地，我已经不太清楚了，好像从前面一只脚印再往东南走了七八町，在一片杂树丛之中。在其周围，施工人员正忙于建盖所谓文化住宅，也许现在已经没有了。这只脚印原来是比周围林地稍微低陷一点的沼泽，我去看的时候早已看不出脚型，而且居民都是搬迁户，关于脚印什么的都不知道。那些热衷于保存文物史迹的好事之徒，也还没沾手。

代田、驹泽两村的脚印去向不同，而且都背向东京，因此我们难以据此确定巨人去往何处。假如从地上涌出的泉水构成了形如脚印的低洼地，那么，在西北方向具有水源的武藏野一带，巨人一定从海边或大川方向来，又跨过东京，向内地而去。近世以来，众多外地人迁到江户，应该有不少原野是近世才开辟的，究竟在什么时候这种古老的故事流传到都城郊外？对于这一问题，我们不打算以惊讶画句号，而希望进一步地静考。

不幸的是，农民的许多传说，在那些好动笔的江户人尚未记录之前，几乎消失了。约在一百年以前，小石川小日向台（现东京都文京区）的本法寺里有一个净土真宗一派的隐居老僧，叫十方庵敬顺①。他爱喝煎茶，总是随身携带一种叫作"叠小炉子"的东西和茶具到可以当天来回的乡村，一边在各地树荫下喝茶，一边笔录当地农民口述的种种故事。他的见闻录汇集成《游历杂记》，后收录于《江户丛书》。查阅此书，发现其中提到了王子丰岛（现东京都北区）渡口前面的耕地上，曾经有一座太大法师之冢。这里的地名还是叫作代田，当地人告诉僧人，曾经有个巨人路过此地，一把沙土从他草鞋里掉了下来，就成了此冢。今天我们无法知道这座冢在何处，那位讲述人的后裔还在不在，但仍然可以说，直到最近这里还有人认真地笔录和讲述这一则昔话。

大多法师造山

《松屋笔记》②的作者与上述煎茶老僧生活在同一个时代里，文中他写道：武藏国和相模国的人们经常提及一个名叫大多法师（dai-darabotchi）的巨大鬼神；如大多法师曾经要背走富士山，当他叉开

---

① 十方庵敬顺（1762—1832），本法寺地中廓然寺的第4代主持。

② 《松屋笔记》，是江户时代后期的国学家小山田与清（1783—1847）约从文化十二年（1818）到弘化二年（1845）之间对古今书籍中的语句加以评论而成的辞典式随笔，共120卷，现存84卷。

双脚使劲站住时留下了脚印，后来就成了相模野的大沼；又如相模野之所以没有紫藤，是因为大多法师要找点紫藤做背带，却始终没有找到，因此缘故，紫藤再不会生长出来了云云。我曾经多次去过相模野(现神奈川县相模原市)，每次都会想起此事，一直希望确认当地人是否还记得大多法师。听了我的心愿之后，住在八王子(现东京都八王子市)的中村成文君深表同情，为我们做了调查。而中村君的调查结果超出想象，当地村民竟然记忆犹新。

从现横滨铁道路线的渊野边停车场可以看到一个低洼地，这大概与上述大沼还不是一个地方，里面有水时被称作鹿沼。从鹿沼往东走，在铁道旁边又有一个菖蒲沼，这两个沼泽之间间隔约四町。据说，大多法师(deirabotchi)想背上富士山，为此找遍了相模野的所有原野却找不到紫藤，他束手无策，急得直踩脚，留下的脚印就是这两个沼泽。另外，有一道宽一町的低洼地在相模野中间纵贯南北，这是因为大多法师身穿犊鼻裈，一直拖着地走的缘故，故此取名"犊鼻裈洼"(fundoshikubo)。沿着境川往北走就是武藏南多摩郡(现东京都八王子市、町田市、日野市、多摩市、稻城市、府中市)，此地也有不少传说与之相呼应。如从由井村的小比企部落通向大字宇津贯的山坡上有一个低洼处叫池之洼，有十五六间长，十间宽，只有梅雨期才会变为池塘。人们传说，这仍是大多法师为了背上富士山使劲站住时留下来的，一只脚印在这里，另一只脚印则在骏河国那边。这么一听，池之洼的形状确实有点像个脚印。此外，同郡川口村山入部落的绳切大字内，有一座孤零零的小山。据说，这原来是大多法师背过来的，正路过这里的时候，绳子断了，背上的山也就落到了此地。为了连接绳子，大多法师遍找藤蔓却没有找到，他满心悔恨，喊道：从今以后藤蔓可别在这里长了！故此，这座小山至今留在此地，也再不长藤蔓。这里所谓藤蔓是指葛藤，应该说，只有巨人才用如此细弱的植物来搬运一座山吧。

《日本传说集》①、《甲斐之落叶》②等书记载，从前在甲州有一个大力僧人叫大多法师（reirabotchi），他曾经用麻秆把两座山扛在肩上，欲将其搬到远处，但麻秆断裂，以失败告终。东山梨郡加纳岩村的石森组（现山梨县山梨市）故此忌讳种麻，如果有人违禁种麻必遭报应。那时掉下来的两座山，一座成为盐山，另一座则成为石森山。听我熟人讲，过去有个巨人用稻草绳子背上两个土块，中途

---

① 《日本传说集》，刊行于大正二年（1913），是神话学者高木敏雄（1876—1922）对东京《朝日新闻》征集的口承文学加以筛选、汇编而成的传说集。

② 《甲斐之落叶》，成书于明治三十四年（1901）是牧师、民俗学家山中共古（1850—1928）在甲府传道时记录的甲斐方志，收录于柳田国男编《炉边丛书》。

掉下一个土块变成盐山；他的名字叫大多法师（deirabou），从这里往信州方向走去，他的脚印处处可见，此外还有几颗他坐下来休息的巨石。

不知从何时起，我们的祖先向秀丽孤山合掌礼拜。这些孤山，普遍称为"饭盛山"，只有一少部分的孤山被誉为"御山""御岭"，并加以敬拜。在我的印象中，后者往往都有不同寻常的来历。当然，难免有人无征不信，从这一类传说中编出另一个笑话来取乐，尽管如此，最初人们大概非常看重传说中与麻秆葛藤等特定植物有关的禁忌部分。说得更严肃一点，通过这种巨人传说的相互比较，我们确认在何等程度上能够详细地追溯其信仰根源。这就是本文的写作目的，巨人传说能令人轻松愉快，但讨论起来却未必如此。

关东地区的大多法师

首先我们要思考的一个问题，就是保存古老传说的力量。既然存在脚印，那巨人也就存在，这当然是错误的逻辑，当初人们恐怕也没有凭观察识别故事的真假。但仍然可以肯定的一点是，人们再怎么深信，只要没有如此荒唐的名称和脚印，巨人传说就不会如此长久地流传下来。在东京以东海拔较低的地区，造山神话流传得甚少，脚印的数量却很多。据此可以现象，神话随远古时代的幻梦而消逝了，人们从故乡带着传说中的巨人一起迁居到这里。退一步想，也可能人们偶然发现形如脚印的低洼处之后，随便给它起名为大多法师，但其数量太多，分布也太广，故我们难以相信某一时代里屡次发生这是偶然。除非存在一种"巨人会留下脚印"等知识教育，否则人们的认识恐怕不会这样一致。

上总、下总地区的相关地名和传说较多，这里应该是大多法师留下许多脚印的地方。但我自己只去过代田、驹泽两村，虽然常去旅行，但幸遇这类故址的机会并不多。上总的鹤枝川自西向东，与茂原（现千叶县茂原市）南部之间低矮的丘陵相隔。从这条河流右岸的立木部落爬上斜坡地，曾经有过大多法师（daidappo）留下的一个小脚印。虽然勉强可以看出如鞋垫一般的形状，但若有人告诉我哪里就是脚心，我也很难说是。脚印面积只有一亩几步，周围都是树木茂密，杂草丛生，唯独这里已变成一片麦田。与其他地方一样，其脚尖朝向坡上。按当地方言，大多法师听起来像是rai-rappo。据说这位巨人一脚跨越鹤枝川，但对岸的上永吉一带，近年长满松树的地方发生了山崩，巨人的脚印由此不见了。今天，传说为巨人脚印的地方归一个地主所有，在其周围的土地又归属于另一个地主，我们只能据此想象这里可能是神社或寺庙的旧址①。

翻阅《埴生郡闻见漫录》②得知，在埴生郡（现千叶县茂原市、长生郡、成田市、印旛郡、茨城县稻敷郡的部分地区）海边，所谓danda 指的是一种怪鱼，又称"法师鲨"（意译，坊主鲛）。人们传说海上出现法师鲨必定是晴天。不知这与大多法师是否有关，说不定古人相信大多法师来自海中。《风俗画报》③所收《茨城方言》写道：常陆人视大多法师（daidarabo）为过去住在千波沼一带（现茨城县水户市）的巨人；当地人传说，远古时代这位巨人从千波沼到东前池横跨一里有余，其脚印变为池塘，是个传说中的虚构人物。关于这只脚印，吉田东伍氏④所编《大日本地名辞书》也有记载。这位巨人和椎冢村的大多法师（dattaibou）一样处处徘徊，这确是有形迹可寻

---

① 原文是"除地"。这是江户时代，领主免去租税的土地，往往是神社或寺庙的院落，或者有特殊来历的家族所拥有的土地。从上下文看，这里柳田指的是前一种意思。

② 《埴生郡闻见漫录》，成书于弘化二年（1845），是国学家、兰学家深川元儁（1809—1856）撰写的埴生郡方志。收录于房总丛书刊行会编《房总丛书》，房总丛书刊行会，1914 年。

③ 《风俗画报》，是日本首部图片杂志，明治二十二年（1889）创刊，大正五年（1916）停刊，共刊行了 518 册。

④ 吉田东伍（1864—1918），历史学家、地理学家，日本历史地理学会的创始人之一。

的，但我并不认为这就是《常陆国风土记》①所谓大栉之冈（现称大串贝冢）传说②保留到今天的结果，且不管常陆学者的观点如何，仅就大栉之冈的巨人传说，还是无法解释其他地方为何存在同类传说的。在我看来，各地分别把一个传说保存千年之久，是不可能的。

在下野，人们传说鬼怒川岸边的羽黑山是大多法师（denden-bome）曾经掉下来的，至于山上之所以不长藤蔓的原因，当地的说法似乎有所缺漏，只说这是因为大多法师背山时用来捆绑的藤蔓断了。此外也有巨人在鬼怒川洗脚的传说流传。在洗脚处附近有二反③大的两个沼泽，据说是巨人留下来的脚印。至今这一带叫作苇沼④，又把脚大的人戏称为大多法师加以取笑（参见《日本传说集》），这与信州等地的例子是一致的。

我再谈一些旁枝末节的问题，关于"洗脚"的传说或许包含了一些信仰因素。我出生的播州乡下，在离家不远的的山崎，有一座靠

---

① 《常陆国风土记》，成书于养老五年（721），是元明天皇下令编纂的常陆国（现茨城县）的地方志。
② 大栉之冈，现在该名为"大串贝冢"，据《常陆国风土记》记录，上古有个人，身体巨大，坐在丘陵上，伸手捕捞海贝，舍弃的贝壳积如山，时人称之为大栉之冈，他留下脚印长四十余步，直径约二十余步。这是文献最早记录的贝冢。
③ 反，日本测量单位，1 反≈991.74m²。
④ 日语"苇"字读为 ashi，音同"脚"。

沼泽的岩山，人们常说夜间岩山下面闹鬼，还流传了种种可怕的经验谈。如有人说，过去从山上出现一只汗毛浓密的大脚伸入河水之中，此地故此称为"千束"，"千束"①大概就是洗足之意。众所周知，洗脚鬼也是江户（现东京都墨田区）本所有的七大怪之一。更深夜尽，有好几只腿脚从顶棚上一只又一只地垂下来，户主就身穿礼服准备一个水盆恭敬地将其洗净，这样的故事尽管是一种空想，但必是有依据的。故事中垂下来的是一只又一只走了漫漫长路的疲倦的脚，即谁也不能断定这与造山的漂泊大神毫不相关。

百合若与八束胫

不难想象，对于上野国的早期开拓者而言，这里的三座灵山②神态威严，令人感觉到大于富士山的气魄。这应该是人们之所以赋予每座灵山以最朴素的巨人传说的缘故。比如，人们传说某位贵妇曾经嫁给伊香保的沼泽之主，多野郡木部的赤沼（现群马县高崎市）便是她的故乡，这原来是我国民族当中得以发展的美丽传说之一，

---

① 日语"千束"音同"洗足"。
② 三座灵山，即上毛三山，包括赤城山、榛名山、以及妙义山。

说明了处于两个不同地点的水神之间的交流关系，而当地还有另一种传说认为，这个赤沼本来是当日大多法师（daidarabotchi）坐在赤城山并踩踏地面时留下的脚印。再看榛名一带，在榛名富士旁边有一个孤零零的小山，当地人称"一杳山"，但也有人认为一杳山是榛名山的别名。从前，有一个巨大男人要在一夜之间造出一座高于骏河富士的山，可惜当他挑起最后一个土筐时，天亮了，因此，他中断造山工作就走了。正因如此，榛名富士稍低于骏河富士，仅仅差一个土筐的沙土，一杳山便是由男人留下的最后一个土筐变过来的。对于这则传说，当地人还附加一些说明，谈到别处的情况。如这个巨大男人挖土的地方变成了幽静的伊香保湖水，又如富士山是他挖出甲州的土地造出来的，因此甲州的地形如擂钵云云。这座山的创造者似乎无名，只被称为巨大男人。也有传说讲，这位榛名的巨大男人曾经在赤城山上坐下来，并用利根川的水洗过脚。洗脚时，他用手拂落胫上的沙子，这又变成了八束胫神社境内的丘陵。

另外，妙义山上面有一个天然石窗，据说这是一名叫大太（dai-da）的力大无比的壮士踢破的洞。从中仙道上的一个名叫半年石的地方可以把石窗看得十分清楚，而这里的石头上有一个大脚印，这便是大太为了纪念留下来的。《缄石录》写道，大太原是南朝忠臣，出家后改名为大多法师，别名妙义。但不知发生了什么差错，在以贝原益轩著《岐苏路记》①为代表的旅行记中，作者在路过此地时，几乎都听说这是百合若大臣留下来的脚印，那个天然石窗也就是这位大臣亲自配研的铁制弓箭将其射穿所留下的洞。据《舞本》②，百合若在玄海的岛上生活，恐怕没有时间游遍关东诸国，但各地却有他的故址，甚至在奥羽边缘处还有他所宠爱的小鹰绿丸的坟墓。要想说明其来龙去脉，需另做文章，在此只能指出一点：凡是各村的传说中有一定声望的英雄人物，似乎都可以肆意地取代大多法师。

下面我要谈的内容基本上都是证据，也许不必罗列太多的实例了，就介绍几个例子吧。例如，在周防大岛（现山口县大岛郡）的锚个峠附近有一个地方被人视为武藏坊弁庆③的脚印。据说从前笠佐岛险些被冲走，弁庆来到此地，用力蹬地阻挡。又如，据说纪州日高郡汤川（现和歌山县御坊市）的龟山及和田村（现和歌山县日高

---

① 《岐苏路记》，成书于宝永六年（1709），是儒学家贝原益轩（1630—1714）撰写的木曾路旅行记。

② 《舞本》，是室町时代流行的乐舞"幸若舞"的唱词本，多取材于《平治物语》《平家物语》《曾我物语》《义经记》《太平记》等军记物语，成为了净琉璃的母胎。

③ 武藏坊弁庆（生年不详—1189），平安时代末期、镰仓时代初期的僧兵。成书于镰仓时代后期的幕府史书《吾妻镜》写他是源义经的从臣，但无法据此判断他是一名历史上确实存在过的现实人物。今天深受日本人喜爱的武藏坊弁庆，主要是《义经记》的作者塑造的虚构人物。据《义经记》，武藏坊弁庆在比睿山修炼，但他力大无比，脾气暴躁，离开山寺四处游历，后来成为源义经的忠臣，直到文治五年（1189）战死于陆奥国之前，武藏坊弁庆一直跟随在源义经左右，如影随形。

郡)的入山，都是弁庆用土筐搬运过来的，但运土时杠棒断了，土筐中的沙土掉落下来，变成了鹿濑峠。此外，大和的亩傍山和耳成山，或者亩傍山和天神山，仍是在《万叶集》成书以后弁庆搬运过来的。据说，由于杠棒断时发出"ya—gi"的响声，这里据此取名"八木"（yagi），至于弁庆因嫌忌而扔出杠棒的地方则取名为今井①。既然弁庆能够做到这些，就已经不是人类了，只好将其排除在真实历史之外，这对弁庆本人来说实在是令人难为情的好意，我也爱莫能助。

且不管这些，再看信州一带也有不少大多法师活跃，如在户隐（现长野县长野市）的礼拜圣道上，有一只脚印，这便是以《中陵漫录》②闻名的饭纲山的荷复池。此外，《信浓佐佐礼石》③记载，高井郡沓野（现长野县下高井郡）的深山中、木岛山深处，以及更级郡猿个番场（现长野县千曲市）的山坡上，都有大多法师留下的脚印池。再往南走一段，位于小县郡青木村（现长野县小县郡）与东

---

① 日语"忌"字音通"今井"。
② 《中陵漫录》，成书于文政九年（1826），是水户藩的本草学者佐藤中陵成裕（1762—1848）为了采药游历诸国时所作的见闻录。
③ 《信浓佐佐礼石》，即《科野佐佐礼石》，刊行于大正二年（1913），橘镇兄著，渡边敏标注，中泽真治郎、中村刚直编，是橘镇兄把长野县上水内郡长沼村寺田某赠送的旧文作为底本撰写的信浓国方志。

筑摩郡坂井村（现长野县东筑摩郡）之间的山上，有两只大多法师的大脚印。两只脚印相隔二十余町，尽管都位于山顶，但夏季湿度也降不下来，以至于长满了莎草科植物。从前，巨人一脚跨过山脉，进入千曲川的盆地上。当时他双手提着男岳女岳两座山，据此缘故，男岳和女岳彼此孤立，中间没有丘陵小山连接。

在日本东部的山中，此类低洼处不少在。人们称之为鬼田或神田，有些地方赋予此地以"无种生米"的传说①，也有些地方以形如稻草的野草发育占卜农事。在信州，这些低洼处还拥有诸如足之田、足之洼等地名，尽管这不是仅限于信州的特殊现象，但在松本市（现长野县松本市）周围的丘陵上，这种地名格外多，而且一般都被视为大多法师（deirabotcha）的脚印。我很想详细谈论这个问题，但篇幅有限，在此只好忍耐一下了。就有一点，需要引起读者们的注意，即这里与关东地区一样，巨人照样用背搬运山陵，他用来捆绑山陵的绳子也都会断掉。脚印形成的湿地大小不一，但留下脚印的巨人都那么的粗心，像是同一个人。据说，距离小仓室山（现长野县安昙野市）不远的背负山是因土筐中的土砂掉落而形成的，位于小仓东南的中山又是因沾在草鞋上的沙子掉落而成的，至于倭村

---

① 人们有时在深山中见到一片美丽的水稻田，传说是天上的神播种的。

的火打岩，则是大多法师用过的打火石。这一系列传说可以说明，一个昔话在处处经历了传说化。

唯独以"懒太郎"①闻名的松本市新村，还有一种说法认为这里的脚印是三宫明神的留下来的。用现在的眼光看，一个说是三宫明神，另一个说是大多法师，两种说法之间存在很大的鸿沟，其实这样的例子不胜枚举。比如，邻接小学的上诹访手长神社，有人说这里主奉的是诹访明神的一位家臣名叫"手长脚长"，也有人说供奉的就是大多法师（deirabotcha）。过去手长神社管辖的土地上有好几个池塘，人们传说这原来都是从巨人的脚印变来的低洼处，至于是哪个巨人的脚印，却不太清楚。手长在中世以前的日语中指仆人、侍者，与手臂长短毫无关系。也许是因为所谓"荒海障子"②中的长臂国、长股国的神话流传到民间的缘故，不少地方的人传说这种怪物原来住在面海的山上，有时在海中捡蛤蜊吃，有时吓唬路过此

---

① "懒太郎"，是日本著名故事人物。从前，信浓国筑摩郡新乡有个懒汉叫"懒太郎"，在京都当人夫工作几年，回家前在清水寺门前喜欢上一名美丽女官，要娶她为妻。最初女官不肯，但后来为懒太郎的机智和诗才所感动，同意与他结为夫妻。最后大家发现，懒太郎原来是仁明天皇的二皇子，二位中将之子，于是懒太郎被任命为中将，在故里享尽荣华，活到120岁。
② 荒海障子，是平安京清凉殿内所设的布制隔扇。表面画有一对长臂国和长股国的国民，背面则是渔民在宇治川捕鱼的景色。

地的游客，最终因神明佛陀的慈悲教义得到了救济云云。且不论其名称由来，这里可以肯定的是，有关手长脚长的想象基础仍是一种天真幼稚的推论，即能够完成超人的伟大事业的应该都仪表非凡。然而，随后更敬更畏的神祇陆续出现，征服、统率了这些怪神，事到如今，它们就落魄了。不难想象，不用说大多法师，诸如见越入道、辘轳首等妖怪，都曾经享受过各自的黄金时代。

可以说，作家这一职业取得发展以前，任何一种小故事都历经了种子萌芽的过程。而且在人们的幻想中，大多法师所拥有的自由，仅是改名和更换外表。例如，代表上州人气概的豪杰"八掬胫"①，从这种蔑称看，他好像就是不顺从朝廷的土豪，从字面上看又像是属于长臑彦、手长脚长之类的妖怪，不管怎样，他最终归服八幡神，获得永久祀，这里仍然遵守了日本西部颇流行的大人弥五郎的表述形式。八掬胫原来是一夜间造出榛名富士的巨人，但在后世传说中竟然沦落为安倍贞任、宗任②兄弟一族的安倍三太郎某

---

① 八掬胫，是传说中的土豪，他妨碍神武天皇进入大和国，拒绝恭顺。

② 安倍贞任（1019—1062）、宗任（生卒年不详）兄弟，是平安时代中期的陆奥国的豪族。永承六年（1051），他们和父亲安倍赖时发起了叛乱，直到康平五年（1062）被源赖义、义家父子讨伐。据说，安倍氏灭亡时，安倍氏将军安倍三太郎领残兵逃到群马县和福岛县边界的尾濑，过了160年后，他们的后裔迁移到了群马县旧水上町大字藤原。

的后裔，甚至因绳梯被切断而饿死在岩洞里。如此不光彩的演变，其实也是改名所带来的结果。八掬胫这个名字，本来没有什么大不了的。一掬约合四寸，他的脚胫不过就是三尺余长。因此，到了近世，人们对此附加说明，尽可能地要恢复描述他外貌的特殊性。例如，据说上州领主小幡宗胜①每天都骑羊到京都晋谒，丑时出发申时到达，于是蒙赐羊太夫之名，多胡碑上留下了其芳名。八束胫便是这位羊太郎的从臣，每天随同羊太郎上路，步履如飞。某日，八束胫午睡时，羊太郎发现他从腋下长出如鸟一般的翅膀，便把八束胫的翅膀全部薅掉了。从此以后，八束胫再不能伴随羊太郎走，羊太郎逐渐疏于晋谒，因遭受谗害被讨伐了。以上传说，反倒让我们的大多法师变得更加渺小了。

一夜富士的传说

话说得太长了，让我们加快速度走过东海道地区吧。从地图上看，这一地区也有几个地方与大多法师有关，只可惜我还没有

---

① 小幡宗胜（生卒年不详），是传说天武天皇在位时期（672—686）担任上野国多胡郡郡司的豪族。

亲自去过。山中共古翁曾经到过此地，听他说，在远州袋井（现静冈县袋井市）高尾狐冢以西的稻田中有一个泉水池称大多法师。此外，见附一带（现静冈县磐田市）是由盘田原的赤松男爵①开辟的土地，每逢下雨，这里的低洼地都变成池塘，人们称之为大多法师的尿壶。《张州府志》②以后出版的地方志都提到尾张呼续町（现爱知县名古屋市）内存在"大道法师"的坟墓。由于这位大道法师和《日本灵异记》③所记载的"道场法师"都出身于爱知郡，地方学者据此主张这两位法师其实就是一个人。这样遽下定论，令人想起弁庆和百合若的例子，无疑忽略二者之间存在着一段永不能逾越的距离。

比如，流传于丹羽郡小富士（现爱知县犬山市）的巨人传说中缺少了一段用土筐运土造山的情节。渡过木曾川转入美浓国，这里还有更多的巨人传说会否定巨人为道场法师的假说。这位巨人通常被称为大多法师（dadaboshisama），关于这一点，去年藤井治右卫门君

---

① 赤松男爵，即赤松则良（1841—1920），江户时代末期，明治时代的海军中将，造船技术人，历任贵族院议员，被誉为日本造船之父。

② 《张州府志》，成书于宝历二年（1752），是尾张地区首部官撰方志。

③ 《日本灵异记》，即《日本国现报善恶灵异记》，成书于弘仁十四年（823）左右，是药师寺的僧人景戒（生卒年不详）撰写的佛教故事集，共3卷。

已经在《民俗》杂志上写过文章。另外，许多人引用《美浓古迹考》①提及美浓国石津郡的大清水、兜村（现岐阜县大垣市、海津市、養老郡一带）等地的附近有大多法师脚印。这位法师一脚跨过湖水，这仍是当地很有名的一则传说。

《奇谈一笑》②转录了一个典故不明的巨人传说，这或许就是近江巨人传说的异文。从前有一个名叫大多法师的人，他曾经挖尽善积部的所有土砂并放入土筐之中，然后往东走三步半，翻筐倒土。他所挖掘的地方即今天的湖水，倒掉沙土的地方则是不二山，从土筐缝间掉落下来的土砂则变成了三上（现滋贺县野洲市）、镜岩（现滋贺县甲州市）、仓野寺等地的山陵。此外，不同时代的文人反复写道，享灵天皇③治世时代，从大湖中飞出泥土，一夜间变成了骏河名山。如果火山记录喷火，文人恐怕不会这样描述。也就是说，"神运土造山"是当时较普遍的信仰，在编写详细年表时，文人理所当然地将其编入其中，只不过这位神圣的造山者之名已散佚了。

---

① 《美浓古迹考》，成书于文政五年（1822），是诗人佐分清圆（1680—1765）编纂的美浓国方志，共15卷。

② 《奇谈一笑》，成书于明和五年（1768），由儒学家冈白驹（1692—1767）著，西田维则（？—1765）编，是收录各国奇谈的随笔集。

③ 孝灵天皇（约前342—约前215），是属于神话时代的第7代天皇。

《日本纪略》①便留下了以下记录。天武天皇十三年（684）十月十四日，从东方传来轰隆隆的声音，像是打鼓一样。某人曰：伊豆国西北两方自然隆起，增高了三百余丈高，形成了一个小岛，这一如鼓声正是神造岛的声音。在伊豆的西北方向并没有岛屿，即使有，在大和不可能听到岛上的声音。此奇事被正史漏记，却过了数百年之后突然出现在历史记录之中。事实上，日本曾经屡次发生过地壳运动，人们有如此神秘的体验和感受也不足为奇。换言之，人们永久保存造山神的脚印，是有一定的理由的。

白须明神（位于现滋贺县高岛市）的缘起传说之后，我们不禁想象，这种信仰在琵琶湖附近一直都很活跃。木内石亭②出生于滋贺县大津市膳所，是个严谨笃学的矿石研究者，在其《云根志》③中，有如下记录：在甲贺郡（现滋贺县甲贺市）鲇河与黑川之间的山路上有一颗巨石，共有六面，一面有八尺，石头上面有约一尺大的脚印，

---

① 《日本纪略》，平安时代后期的编年体史书，作者和成书年代不详，记录了从神话时代到后一条天皇时代之间的历史，共34卷。
② 木内石亭（1724—1808），是奇石收藏家、矿物学家。他游玩全国各地，收藏各种化石、矿物、石器等并加以解释，成为日本先史学研究的先驱。
③ 《云根志》，共3篇16卷，分别刊行于安永二年（1773）、安永八年（1779）、宽政十三年（1801），是奇石收藏家木内石亭（1724—1808）编纂的博物书，对约2 000颗奇石进行了分类。

印得十分清楚；宝历十一年（1761）二月十七日，我访问此地并亲眼目睹；当地人说，从前一名叫大多法师的巨力僧人，想去熊野却迷了路，于是站在这块石头上面瞭望周围，脚印就是那时留下来的；无人知道大多法师是谁，北国各地亦有大多法师留下来的脚印，虽然当地人不知道这是谁，但我认为他们指的是同一个人物。这一段记录引发了我的兴趣，看来，大多法师这样古怪的名字如此广泛地流传，应该可以证明确实存在大多法师的脚印。但这脚印却又越来越变小了，我们就有必要试着说明几个问题了，如这位巨人最远到过什么地方，又在何处转身回去，或者它在何处把自己的事业转让给其他灵物呢？暂且把京都以西的地区搁置一边，针对日本北部地区而言，据我所知，了解大多法师的人已经变得很少了。但是，《三州奇谈》①成书以前，在加贺能美郡（现石川县能美市、小松市、白山市的部分地区）的各村流传着与大多法师（tantanboushi）的脚印有关的传说，而且在加贺国里至少存在过三个脚印，似乎都是大多法师留下的。首先，所谓能美郡波佐谷（现石川县小松市）的山坡上有一块无草的低洼地，上面有一只脚印，连脚趾都印得很清楚。其次，

---

① 《三州奇谈》，成书于宝历、明和、安永年间（1751—1781），是俳句诗人堀麦水（1718—1783）在加贺、能登、越中三国收集的奇谈集，正篇99则、续篇50则。

河北郡川北村木越(现石川县金泽市)的道场光林寺旧址也有十分显眼的脚印。此地如今成为一片稻田,但也许有岩石埋在脚印下面,唯独这块低洼地上连一根杂草都没有生长,夏天从远处眺望都能看得清清楚楚。最后一个脚印,就在加贺与越中的国境,以俱利伽罗峠之战闻名的栗柄打越(现富山县南砺市)。这三只脚印都约九尺长,七尺宽,与东京郊区的脚印相比相当之小,但每一只脚印相隔七八里,有人据此认为巨人走过加贺国仅用了三步。当然,我们难以将这位巨人想象成是一个身材细长的长脚妖怪,这种形象与他的业绩是格格不入的。

鬼与“大人”

高木诚一君在信中写道,现在福岛县的靠海地区,人们称巨人的脚印为“大人足迹”。而且“大人足迹”的数量甚多,仅高木君熟悉的石城、双叶两郡(现岩手县磐城市)内就有九只,其面积在五亩步至一段之间①,这些脚印均为湿地,被用于储水池。后来,这些脚印的脚型因铁道

①　亩步、段,均为日本面积单位。1亩步相等于1亩,99.17平方米。1段相等于1反,991.736平方米。

铺设有所损害，但至今人们传说，"大人"曾经叉开双脚坐在三森山上，用海水洗过脸，一只脚踩在久之滨中滨，其脚印变成了不动堂前面的池子，另一只脚踩在北迫，脚印变成了牛沼。

再看宫城县，从古以来伊具郡鹰狼膳的人们都把巨人视为手长明神加以祭祀。据说，手长明神从山上伸出一只长手臂，捕食东海中的海贝，新地村的贝冢则是它曾经扔弃贝壳的故址。我们不必把这种传说视为《常陆古风土记》的异文，因为新发现的脚印和附随脚印的奇特意象散落在名取郡茂庭（现宫城县仙台市）的太白山及山脚的田野等地。令人奇怪的是，"大人"的名称应该是为了适应奥州风土而发生的变化，这里连大人的名字都与关东地区的巨人十分相似。例如，《观迹闻老志》①，因为此书用的是汉文，巨人名字的日语读音不太明确，但字面上还是可以了解这一点：从前白川有个巨人名叫"大胆子"，把村里的山背起来，并搬运到邻乡，即今天的下野茂邑山，那须野的原野上还留下了巨人的一只脚印。不过，这里的脚印宽一尺长三尺，说得也太谦虚了。

当然，如果"大胆子"是大个子的男人，那么说他有宽一尺长三

---

① 《观迹问老志》，即《奥羽观迹问老志》，成书于享保四年（1719），是仙台藩史官佐久间义和（1653—1736）奉藩主伊达纲村的命令编纂的仙台方志。

尺的脚，或许有点过分。这好比恶路王①、大竹丸②、赤头③之类的半神半人的历史人物，后人有关这些人物的表述，只能在常识的范围内强调其特殊性，比如其胫骨长三四尺，长了五十颗牙齿，每一颗牙齿有两三寸大，等等。因此，虽然同样是大人，但那些近世生活在岩木山、吾妻山等地并时而吓唬世人的大人，只要比普通的相扑、力士稍微高一点，就已经足够了。而另一个大人，如纪伊大和的弁庆，尽管有了历史化的名字，但它们既能背山，又能在岩石上印下脚印，也许还能引起人们对它的无比崇敬。由此看来，尽管在近江以南的各地所见的脚印稍微小了一点，但这不仅意味着信仰的合理性成长，与此同时，我们从中可以领悟到人们不忍心追随时代潮流，把重要的传说全部让给滑稽文学作家的心思。假如事情就是如此的话，中世以来就如道场法师这样的说法，可以说是与历史学家和各地乡民的这种态度相互呼应而诞生的。

---

① 恶路王，又称恶路王大武丸，是平安时代初期的阿伊努族首领，有些古籍说他是盗贼头领，或者是鬼。

② 大竹丸，是生息在铃鹿山中的鬼神，传说它神力非凡，能制作暴风雨、雷电，也能把雨滴变为火球。

③ 赤头，是力大无比的传说人物，有关赤头的传说主要流传于鸟取县西伯郡名和町。

有趣的是，奥羽地区的脚印变得越来越小，而且把脚印印在岩石上的例子反而越来越多，这种倾向同样存在于日本西部的边远地区。我个人推测，这是因为巨人传说童话化现象较早出现在琵琶湖与富士山之间。有很多证据显示，巨人的造山事迹并不是后人随意添加的。比如，会津柳津（现福岛县河沼郡）的虚空藏堂境内有一颗著名的明星石，人们传说石头上面的脚印就是大人留下来的。人们还传说，猪苗代湖上的二子岛，是由一个鬼背过来的两个土块变的，这个鬼一气之下把断成两半的挑子扔进湖中，这里由此变成了狂涛巨浪的难关。也就是说，人们认为，即使脚印只比普通人大一点，但只要脚印的主人是神鬼，石头也会洼陷，这样也能背山而走。《真澄游览记》①提到了南秋田神田村的鬼步荷森。看附图，是位于路边的两个坟冢。"大人"竟然把山运到那么遥远的地方。至少从他的事迹看，虽说是鬼，它应该也是与我们的大多法师有些关系的陌生人。

---

　　① 《真澄游览记》，是菅江真澄自天明三年至文政十二年（1783—1829）在信浓、出羽、陆奥、虾夷等巡游时所做的旅行记。书中附图记录了当地的生活形式、风俗习惯、岁时节日、古文献、出土品等。此书分别在昭和三十二年（1957）和平成三年（1991）成为秋田县有形文化财产和国家重要文化财产。

名叫太郎的神

我们希望为后辈学者提供的，并不是世界各民族共有的创世神话在日本发生变化的例子，而是为了了解前代日本生活，更重要的一点，即人们从何时、以何种理由，称"巨人"为大多法师或与之相近的名称的。在京都附近，广泽遍照寺那边就有一个大道法师的脚印池，对此《都名所图会》附图做了详细记录。另外，《京羽二重》①等书中亦见一些与乙训郡大谷的脚印泉水池相关的记录，从"长六尺指痕分明"这句话来看，指的大概就是现在长野新田的大道型（现京都府京都市西京区大枝东长町附近）。而到了播州明石，又有一座小土坟称"弁庆的荷冢"，上面有所凹陷，据说这是因为弁庆从奥州运土时铁杠折断了，一气之下用之狠打的缘故。看了这些例子，也许有人觉得"大多法师"也就是古人随便起的名字，没有什么意义，其实不然。从畿内各郡到中国地区的山村，大道法师、大多谷、大多久保等地名甚多，我不再一一列举。这大概意味着这一传

---

① 《京羽二重》，刊行于宝永二年（1705），是小嶋弥三右卫门、小嶋德卫门编纂的观光手册。

说虽很讨人喜欢，却又很少有人知道，因此人们最初选择暂用"大人"这一普通名词，如果弁庆受欢迎，也就不忌讳借用他的名字。笠井新也君①还在池田（现大阪府池田市）当中学老师的时候，让学生写故乡见闻录，其中有一个备前赤磐郡（现冈山县赤磐市、和气郡、冈山市的部分地区）出身的青年，提到地神山往东的山上有一只右脚脚印。据说，从前有一个称造物师的人跨山过来，又跨山走了，当地人至今崇拜它留下的脚印。基督教传道初期，在所有民族之间应该都出现过这样的融合现象吧。

在纪州存在过一百多只脚印，其中五分之一归于弁庆，剩下的则归于大人。至于美作国的几个脚印，有的说是当地名人恠杰目崎太郎的，也有的说是三穗太郎的。在日本西部，如备中、备后、安艺、周防、长门、石见（现属于冈山县、广岛县、山口县、岛根县）等地，只称呼"巨人"为"大人"。再看四国，在赞州长尾（现香川县赞歧市、东香川市的部分地区）有个大脚印，此外还有座山，被称为"大人的踢切山"。在伊豫的长尾山山脚有两颗巨石，据说是"大人"用来玩耍的。在阿波地区，围绕剑山山群存在众多"大人"的脚印，名西平地区（现德岛县板野郡、德岛市的部分地区）的平原上隆

---

① 笠井新也(1884—1956)，德岛县的古代史研究家，阿波乡土史家。

起的两座丘陵，便是由大人造山时从土筐掉落下来的沙土变来的。在土佐，幡多、高冈两个郡（现高知县幡多郡）里存在几个脚印，但当地人并没有保留巨人传说，而只会把这些脚印叫作大人田或大人脚印。以上例子令人有些沮丧，难道大多法师一伙没有到过这里？但看柳濑贞重①的笔录，我们的法师悠然地藏身于距离阿波不远的韭生乡（现高知县香美市）深山之中。据说，在其所居住的韭生乡柳濑附近，有三块岩石分别被称为立石、光石以及降石，前两块是大多法师用挑杠运过来的，而降石，大多法师原来将其带在怀里，路过此地时，因袖口开线而掉了下来，降石之名由此而来。

在此我们要思考为什么人们非要称巨人为大多法师呢？首先，从大多法师我们联想起大太，他是神与人类美女在丰后国的姬岳山脚下结婚生下来的一名怪力孩童。山崎美成②在《大多法师考》中引用的《言字考》③写道，近世人常提到大"太坊"的脚印，怀疑就是这个孩子的。由于我手中的证据不多，绝不排斥我在错怪人家的

---

① 柳濑贞重（生卒年不详），通称五郎兵卫，是香美郡韭生乡的下领主，侍从山田家。

② 山崎美成（1796—1856），是江户时代后期的随笔作家、药商。

③ 《言字考》，不详，疑为《书言字考节用集》，此书是江户时代前中期的国学家槙岛昭武（生卒年不详）编写的国语辞典，刊行于享保二年（1717），共13卷。

可能性，但至少可以说，绪方氏①、臼杵氏②等家族，曾经硬追溯大太为自己的祖先，为此对旧闻做过大量的修改。诚然，大太长大后就任大将，这样一位历史上的勇士不可能会留下一反步长的脚印，也用不着把山搬运过来，其后裔应该有办法给他的生平添加点神奇因素吧。至于大太这一名字的来历，我们不得不认为与他最初的特征有关，包括他是神之子，伟大等。

柳亭种彦在《用舍箱》③中指出，所谓"大太发意"与一寸法师形成对比，大概是取笑大个子的名字。有关非同寻常的盗贼头领大太郎的故事，见于《宇治拾遗物语》④。《源平盛衰记》则提到了冠带黑漆礼帽的商人大太郎。⑤ 书中出现这么多大太，似乎也是难免的，大太郎毕竟是常见的人名。但我还是要追溯渊源，想知道为什么日本人称嫡长子为"太郎"（tarou）。引进汉字之后，日本人（借用了

---

① 绪方氏，是大神氏的后裔氏族，自平安时代后期以来，以丰后国大野郡或直入郡为中心，在丰后国南部扩张势力。

② 臼杵氏，是大神氏的后裔氏族，由于直系族长没有后嗣，于镰仓时代与大友氏族汇合，并长期从属大友氏。战国时期后期，丰后国大友宗麟战败于萨摩国岛津义久，臼杵氏随之灭亡。

③ 《用舍箱》，成书于天保十二年（1841），是作家柳亭种彦（1783—1842）撰写的近世初期风俗习惯的随笔，共3卷。

④ 即《宇治拾遗物语》卷3所收《大太郎盗人事》。

⑤ 即《源平盛衰记》卷22所收《大太郎乌帽子》。

太、郎两个音译字，但原来的名字和后世的音译字之间没有任何关系吗？比如引进汉字以前就有了诸如藤原镰足、足彦带姬等贵人玉名，难道这些贵人会在文字表记上选用与本人毫无关系的汉字？）筑后国高良神社保存了一份写于延长年间的诉状，文中写道：赐予筑后国两尊神祇大多良男与大多良咩以从五位下官位。宇佐国八幡神社的《人闻菩萨朝记》①则记录大多罗哞神被祭祀于丰前猪山。至少在当时的人们看来，这样的神名不足为奇。我认为，踢破妙义山的大太也罢，射穿石窗的百合若大臣也罢，追溯其源，他们都是太郎神，而太郎神最初是为人类完成神奇的治水治土的，脚印仍是其宣誓的证据，这就得到了进一步的神圣化。

古代风土记中的巨人

这样一来，我们不难理解，为什么在大多法师信仰的起源地、九州流传的相关传说偏偏都是不完整的。九州东岸的宇佐及其周围历来都是巨人神话的一大中心，因此，当九州人一代又一代地传承巨人神

---

① 《人闻菩萨朝记》，成书于仁平二年（1152），宇佐灵山寺僧人著，收于东京大学史料编纂所编《大日本古文书》第4卷"石清水文书篇"。

话时，地方神随时都可能被卷进巨人势力中。另一方面，各地的主要神社不断地让巫师宣示神谕，以此宣扬大神大于造山的业绩，结果，其他神灵就显得相对渺小，越来越多的人对此闭口不谈。这可不是我个人的冥思遐想。可以说，日本八幡信仰史的每一个发展阶段都在证实此说。

巨人开国神话，本来是我国民族的共有财富，人们恭敬神祇的最早动机也罢，对神威神力的认可也罢，都出自这里。后来这种开国神话流传到日本东部并沦为童话变得渺小起来，长期受人尊崇，因此今天有关名字的信仰痕迹比起其脚印更加明显。尽管有些地方有差异，但现存的古代风土记无不例外地把国土的创造委托给神祇。说起来感到非常惶恐，伊邪那歧、伊邪那美二神的创世神话就是一个例子。至于常陆大栉冈的缘由，不如说是一种零落。更令人怀念的便是出云的牵引国土神话①、播磨托贺郡的地名传说等，当我闭眼背诵这些古老神话传说时，古人拍手大笑唱歌的样子仿佛出现在我脑海之中。也许有些读者尚未听过，我不妨抄录一遍：

托贺郡右此当为上。所以名托贺者，昔在大人，常勺

---

① 《出云国风土记》写道，八束水臣津野命，嫌出云国国土太小，于是用绳子把新罗国或北陆地方的国土拉到出云来，并把两块土地缝在一起，这样就创造了今天的出云国。

行也，自南海到北海，自东（向西）巡行之时，到来此土云。他土卑者，常勾伏而行之。此土高者，伸而行之。高哉！故曰："托贺郡"。其踏迹处，数数成沼。

播磨仍是我老家。我为自己身为一名以上传说的讲述人之后裔，由衷感到自豪。

我掌握的证据不仅如此。在日本南端冲绳岛上，有一则几千年前的故事通过民间的口耳相传流传至今。据说，远古时代天地之间的距离很近，人们都像青蛙一样趴在地面上行走。阿曼瞿（音译）觉得不方便，某日他使劲站在坚固的岩石上，用双手将天空推上去，从此天空与地面拉开了距离，人类才得以靠双腿行走，岩石上面的大脚印便是由此留下来的。阿曼瞿还把太阳和月亮挂在挑扛上面到处走。这时，挑扛断了，太阳和月亮就飞落在远处了。阿曼瞿为此大哭，从他眼眶里掉落下来的眼泪变成了国头本部（现冲绳县国头郡）的泪川，水流滚滚，永不枯竭（引自佐喜真兴君编著《南岛说话》①）。在冲绳方言中，阿曼瞿指天人，即大始祖神，它正是这一

---

① 《南岛说话》，是民俗学家佐喜真兴英（1893—1925）编著的冲绳方志，收录于《炉边丛书》，乡土研究社，1922年。

群岛上的"盘古"。至于该神话与赤道以南波利尼西亚诸岛的天神兰贵和地母神葩葩的创世神话之间的相似性，我就不必赘言了。

弥五郎大人

创世开国神话，无疑就是我国创世纪上的重要一页，但在经历人为的错综变化的篡改后，逐渐变得微小且荒谬。过去一段时间里，九州北部的英雄神似乎有意回避宇佐八幡信仰的势力并努力渡海开拓新天地。据说，英武的神功皇后从三韩征伐归来时，率先登陆在壹岐岛的御津浦上（现长崎县壹岐市）。因此《太宰管内志》①对于御津八幡神社境内石砌围墙下面的两颗石头、御津浦街头上的一颗石头，以及印在每颗石头上的脚印尺寸做了详细介绍。据介绍，这三只脚印均为一尺一二寸大，脚尖朝西。以信徒的角度看，这些脚印无疑就是赞扬神的伟大业绩的纪念碑。根据《壹岐名胜图志》②记载，壹岐岛国分（现长崎县壹岐市）的初丘上面还有一只大脚印，全长南北二十二间，其拇指长五间半，脚后跟宽二间，是里面少带

---

① 《太宰管内志》，是伊藤常足（1775—1858）撰写的九州方志，共82卷。
② 《壹岐名胜图志》，成书于文久元年（1861），由后藤正恒、吉野尚盛著，是第10代平户藩主松浦熙下令编纂的壹岐岛方志。

水分的低洼处。据说，从前有一个人名叫大(oho)，他曾经从九州渡海到本州岛，那时留下了这只脚印，同样的例子还存在于不少村落中。而到了肥前平户岛(现长崎县平户市)的薄香弯头，有一个名叫切支丹伴天连(原意为基督教宣教师)的怪物，当地人传说它脚穿木屐，横跨生月岛及其他诸岛，就像近江石山寺的道场法师的古迹一样，这里留下的是木屐的印迹。

再往南而下，位于肥后鹿本郡吉松村之北(现熊本县熊本市北区)的萨摩国，有阿久根的七大怪之一——波留大石。① 但当地人只说印在这颗石头上的就是"大人"的脚印，却不知道"大人"是谁，连"大人"是神是鬼都不清楚。"大人"很早就成为佚名者，当地人对此不会感到惋惜。而从此地再往东走，就像群马县的八掬胫那样，由神统领的"大人"的名字和传说分布在各地。比如，鬼八法师或金八坊主，便是由阿苏明神管辖的"大人"。这位"大人"被神诛杀了，但有坟冢，也有神社，人们长期祭祀他，不仅如此，这位"大人"所做的事迹都是凡人力不所及的大工程，而且都贡献于人类生活，足以令人相信它原来是神的眷属。

---

① 波留大石，位于鹿儿岛县阿久根市山下地区的八幡神社前，在其上面有一只60厘米长的脚印。关于这只脚印，当地还有另外一种说法。传说一只天狗蹦跳在波留大石上，直接往阿久根大岛飞走了，脚印便是天狗蹦跳时留下的。

这一例子所蕴含的矛盾，是注定不能解决的矛盾。为了说明这一点，我再引日向大隅的大人弥五郎的例子，做一下比较。在中古时代，"弥五郎"是武家的领头家臣普遍使用的通称，今天冠以弥五郎之名的大人，在我们看来无疑就是大神的随从。而大人弥五郎的主人便是八幡神。大隅国分（现鹿儿岛县雾岛市）存在众多八幡神社，估计都是从大隅国分的正八幡宫里分支出来的，每逢节期所有八幡神社都要制造出一个叫作大人弥五郎的巨大偶人，将其送到神前，事后用火烧尽，就如青森大灯笼节的佞武多一样。关于这一节日的来历，当地人有八幡宫征服大人的传说。有些传说中，这位大人又被称为隼人，这还是有明确的理由的。从和铜到养老年间（708—724），大和朝廷多次举兵讨伐隼人等九州的原住民，据正史记录，在这次九州征伐中，宇佐大神为平定九州做出了最大贡献，为了纪念，后人在九州建立了许多宇佐八幡宫。不难看出，大人弥五郎、隼人以及八幡宫，三者之间还是存在历史因缘的。

近代的传记《大人隼人记》写道，在国分上小川的拍子桥上，日本武尊诛杀大人弥五郎。人们至今传说，弥五郎的尸体被肢解后，被埋在不同的地方。与此同时，人们依然继承了大人的脚印和造山传说。为什么如此杰出的神祇沦落为凶贼，而且被杀后又被祭祀？

这让我们实在难以理解。大隅市成村诹访原（现鹿儿岛县鹿屋市）有二子冢，一座约二十丈周五町高，另一座只有其一半高，两座相隔一町。这两座坟冢拥有与富士以东的诸国同样的起源传说，认为是过去大人弥五郎用绳筐运土时因挑扛折断而掉下来的。只不过，大人弥五郎背过来的不仅仅是山。如日向饫肥（现鹿儿岛县日南市）的坂敷神社有一种传说认为，稻积弥五郎曾经把大隅的正八幡宫背过来，并在此地建立了坂敷神社。为了纪念此事，坂敷神社至今举行送人偶仪式，该仪式与其他村庄里举行的所谓大人弥五郎送偶等仪式完全相同。由此可以推测，肥前岛原（现长崎县岛原市）的味噌五郎①、筑丰长门（现福冈县、山口县一带）的尘轮②、备中的温罗③、美作的三穗太郎和目崎太郎④、因幡的八面大王即怪雄⑤、还有在日本东部美浓国的关太郎⑥、飞驒的两面宿傩⑦、信州有明

---

① 味噌五郎，是传说中的巨人。据说他住在高岩山上，每天早上坐在云仙岳上，用有明海的海水洗脸。

② 尘轮，是新罗国的首领凶酉，传说他乘坐黑云，残民害理。

③ 温罗，是古代吉备地区的统治者。传说他从国外带来制铁技术，并建立鬼城，称霸备中。

④ 三穗太郎和目崎太郎，都是传说中的巨人。

⑤ 八面大王，是穷凶极恶的盗贼头领，或称众面大王、三面鬼等。

⑥ 关太郎，是镰仓时代以岐阜县月次的岩洞为据点行恶的凶贼。

⑦ 两面宿傩，是出现在仁德天皇时代的凶贼，最终被武振熊命杀死。

山的魏石鬼①、上州的八掬胫、奥羽各地的恶路王大武丸，以及其他诸国被简称为鬼、强盗等恶人，这些人的恶行看似都是为了证明八幡明神的威德而暴露于世的。其实，人们最初是为了给后世的神战故事添加一点现实性，才提到了他们，就像物部守屋、平将门等人死后作祟，这些恶人未必都是纯粹的凶贼吧。至少就弥五郎而言，我们可以证明他是一位忠诚的神仆。他之所以被诛杀、奉为神，是另有原因的。

我已经写得太长了，无论如何也该给这则传说下一个结论了。我们的巨人传说呈现两种演变轨迹。一是脱离当初的信仰，借用古老英雄传说的形式，从此在农民家的炉火边与其儿女一起成长。二是与信仰的因缘太深，春秋两季祭神时必然被人想起和讲述，但其信仰本身随时代发展而变化，神话也难以保留原型。因为神官等人一方面忽略高祖以来的古老神秘传说，将其事迹附会在第二、第三等级的小神身上；另一方面又开始想象出更优越于这些小神的统治者。他们让新的大神继承了古神之名，又把一个个的业绩赐给下级神祇，如菅原天神最初是愤懑激怒之神，但菅原天神后来又传达神谕，

---

① 魏石鬼，是自称为八面大王的恶贼头领，他破坏神社佛堂，烧毁民房，最终被田村守宫杀死。传说他是金太郎之父。

说他要训诫眷属神不要冒冒失失地激起怒气。又如牛头大王将散布疫病的任务转让给八子王神。这些例子与大人弥五郎造冢等故事一样，呈现出一则神话的演变过程。即使是在远古时代，只要人们判断神话的内容为荒诞，神话就会逐渐趋向消失。

至于冬天夜里寂寞地讲故事的农民，他们在这一点上是相对自由的。他们并不拥有过多的、属于自己的历史。于是他们能够把昨天的边缘与远古的茫然世界相连接，在此保存和欣赏那些未必经过严格分类的种种奇事。有些老太婆出于好心，为了孙子们的不眠之夜而储备故事，而这样的故事时而会成为成人教育的教材。所谓童话和民间故事之间的界线始终变动不居，就如海滩波痕一样。不难想象，过去应该有不少人会信以为真。所谓传说，本来就是这些希望相信昔话为真实的人们基于特殊的注意力而生产出来的。即他们把如岩石或草原上的脚印这样的古迹当成事实依据，并视如珍宝，为本村所用，并加以流传。就武藏野而言，正如逃水、堀兼之井等传说①所表明的，这里具有最混乱的地层和自由奔放的地下水，每

---

① 过去，武藏野是一片荒野，人们挖井挖得很深，所谓堀兼之井原来指的也是这样挖得异常深的井口。某日，有一位旅客来到武藏野，觉得口渴了，于是瞭望四周，在远处看到一条河，走了过去。但旅客越走近，这条河就越远去，仿佛河水在逃跑，此地故此取名逃水。

次发生地壳运动，其泉水涌出的地方也随之而移动。郊外村落在泉水边祭神盖房，其中有的已经消失，只留下历史痕迹，也有的村落因泉水的出现而出现。每次发生这样的奇迹，应该有不少人将其理解为大多法师的所为。对于生活在几千年历史经验中的农民，他们如此推测，也是理所当然的。我以为，故事也据此重新获得生命，并在随后的一段时间里，又反反复复地呈现出传说化的过程。

熊谷弥惣左卫门的故事

一

我有个小小的野心，即希望为我必须绕大路才能到达的神奇园地——那一片又大又美的公园——找一个新的入口。我们很早就了解，那个地方是极好的安息之地，但今天要想进入那里，需要经历种种环节，实在太烦躁了。我们不得不为此确认众多的所谓类型。

幽灵总是出现在水井边或柳树之下，这种说法就如守株待兔一样可笑。狸子要想化作小和尚买酒，它不得不等到雪花飘落的寒夜。东京人把讲鬼故事视为夏天夜晚的风景诗，这大概与身穿白衣、披散头发的幽灵所勾起的联想相关，也难免有些令人不自在了。人们把千奇百怪限定在黑暗世界里，为了突出深更半夜的氛围，还要添加一些多余的条件，如丑时三刻的钟声预告有鬼怪出现等。这样一来，反而令人在白天、傍晚等其他时间里看到了种种离奇的物象。

我们的神奇园地已经荒芜了。小径上杂草丛生，实在不适合散步。泉镜花先生所酷爱的蓝色绣球花，我们不知去哪里找才好。这好比一个人已经筋疲力尽。于是，我们要摆脱过去的格式，并自由地、快活地探求所谓光天化日之下的神奇。为此，似乎还存在另一个入口，存在一条恰好朝向我们社会方向的未开大街道。这次聚会在某种意义上可以说是一次土地测量会。

如果诸君当中会有人认为，现代人为这种问题而操心是一件"奇怪的事情"，那么算是我们成功开辟了一个新的渠道，至少已经达到我们今晚的目的了。

二

不过，理论与奇谈相违背，神奇这个东西应该是纯粹感受的。因而，下面我试图打破陈规旧习，尽可能地罗列实际材料。

从我们所尊敬的泉镜花先生①的故里开始谈起。对于镜花一门

---

① 泉镜花（1873—1939），是明治、大正时期的作家。他非常喜爱柳田国男、田山花袋的《校订近世奇谈全集》。

的我们来说，加贺国似乎就是一个圣地。关于加贺国的旧闻，《三州奇谈》做了记录。此书已经出版，作者在里面提到了金泽城外、浅野山王权现境内的稻荷神社。这座神社原来建立在侍从前田利常①的小幡宫内家里，后来劝请到此地兴旺至今，让我简述一下来龙去脉。明历年间（1655—1658），前田侯有一个家臣名叫熊谷弥惣左卫门，旧姓为渡边。他俸禄为三百石，是一位射箭高手。某年，这位渡边弥惣左卫门随同领主到山科高雄（虚构之地）狩猎时，发现了一只怀孕的白狐狸，因不忍心，故意射错方向，救了它一条命。但领主对弥惣左卫门起了疑心，弥惣左卫门被罚夺去俸禄，四处流浪，最后迁居到邻国越前。而那只白狐狸为了报答弥惣左卫门的救命之恩，带他去武州秩父，把他介绍给丈夫。从此弥惣左卫门的人缘越来越好，搬到江户浅草那边，并用白狐狸传授的奇术给人治病。仙台领主的正室听说此事，便召唤弥惣左卫门治病，果然一针见效，遂赐予他五百石。渡边三右卫门是渡边弥惣左卫门的子孙，据说他在浅草观世音境内奉建熊谷稻荷神社以示谢意。在金泽那边，渡边三右卫门的旧友小幡正次听说此事，希望也能够蒙受狐狸

---

① 前田利常（1594—1658），是安土桃山末期、江户时代初期的武将，是加贺藩第二代藩主。

的恩惠，于是就把浅草观世音境内的稻荷神社劝请到自家庭院里。而小幡正次的子孙小幡宫内，却觉得祭祀狐狸太荒诞，竟然拆毁稻荷神社，结果他立即遭报应，小幡家也由此断绝了后代。过了约五十年，宝永四年（1707）四月，旧小幡家领地的农家各户重新祭祀白狐狸，这便是今天的山王权现境内的稻荷神社。

以上故事不是毫无依据的。事实上，直到最近在浅草观音神社境内有熊谷稻荷神社，如今与其他神社合祀于千胜神社，但《江户名所图绘》①及其他书籍中仍见熊谷稻荷之名。只不过，书中记载的熊谷稻荷又称安左卫门稻荷，而不是弥揔左卫门稻荷。

三

十几年前，我与早川孝太郎君②合作撰写了《阿虎狐狸的

---

① 《江户名所图绘》，国学家齐藤月岑（1804—1878）著，长谷川雪旦（1778—1843）画，是附图解释江户名胜古迹的图鉴，共7卷20册，其中前10册（1—3卷）刊行于天保五年（1835）、后10册（4—7）刊行于天保七年（1837）。

② 早川孝太郎（1889—1956），民俗学家。早川早年立志成为画家，师从于松冈映求（1881—1938），但又受到映求的长兄柳田国男的影响，转入民俗学。早川与柳田合写的文章，除了《阿虎狐狸的故事》外，还有《三州横山话》（1921）、《猪、鹿、狸》（1926）。

故事》^①一文。阿虎居住在三州长条的古老城堡旁边，是一只至今对周围农村施淫威的老狐狸。老狐狸施淫威恐怕不足为奇，但一只狐狸怎么会有阿虎这样的名字呢？我这个人可能太闲不住了，曾经为此问题伤透了脑筋。狐狸有名字，这说起来很奇怪，其实同样的例子在全国各地十分常见。比如，邻接三河的尾张小牧山有吉五郎，山中薮有藤九郎，在其附近的御林有阿梅，以上都是男女狐狸。^② 尤其有名的应该是大和的源九郎狐狸，《诸国里人谈》就记载了他的故事。他的妻子叫伊贺的小女郎，也有很多温心的故事流传。

这位源九郎狐狸受人之托，当个送信使者来往于大和与江户之间，遗憾的是某年小夜时，送信使者在山上被野狗咬死了，唯独他该送的信件到达收件人那里。此外，还有一只名叫庄木八右卫门的狐狸，曾经打扮成流浪的无主武士参拜伊势神宫。在甲州有一座祭

----

① 《阿虎狐狸的故事》，柳田国男、早川孝太郎著，收录于《炉边丛书》，玄文社，1920 年。大正五年(1916)，早川在《乡土研究》4 卷 6、7 号上单独发表过同名的论文。

② 吉五郎、藤九郎、阿梅，都是在日本颇有名气的狐狸。从前，御林的阿梅和山中薮的藤九郎相思相爱，但尾张小牧的吉五郎看上阿梅，硬要娶她为妻。吉五郎和阿梅结婚不久，吉五郎又娶年轻美貌的阿初为正房，阿梅很痛苦，开始与旧情人藤九郎私通。某日阿梅和藤九郎商量谋杀吉五郎，不幸被小牧山的天狗听到了。吉五郎得知后带几位部下去找藤九郎，却遭到藤九郎的强力帮手的反击，受伤不轻。然后，吉五郎再号召小牧山的所有狐狸进攻，但阿梅和藤九郎早已逃之夭夭。

祀八右卫门的稻荷，过去有很多信徒过来参拜。另外，游览过松岛的人大概都知道，陆前松岛的雄岛有一座祭祀新右卫门狐狸的稻荷神社，至今香火仍非常鼎盛。新右卫门狐狸灵验，它还是从江户留学回来的一只狐狸。对此，两三年以前我作为记者在《朝日新闻》上做过报告。

古人给狐狸起名字应该是有原因的，但我现在要固守述而不论的立场，还是不去讨论了。不管怎样，在当时的人们看来，凡是有资格被人封神的狐狸，都应该有名字，甚至应该有家姓。令人不解的是，在这样的时代背景下，熊谷弥揔左卫门并不是被祭祀的狐狸，而是祭祀狐狸的人。就在这一点上，弥揔左卫门的故事不同于其他例子。既然如此，有关弥揔左卫门的信仰传说又在何等程度上与其他种种狐狸信仰取得一致？这便是我要思考的问题。

南条郡南日野村大字清水位于邻接加贺的福井县北国街道旁边，这个村子里也有一座熊谷弥揔左卫门稻荷神社。关于该神社的起源，已有不少书籍谈及，如《越前国名迹考》写道，有一位原籍加州藩的失业武士，真实姓名已失传，通称为弥揔左卫门，当他和妻子漂泊到此村时，得到高木某家的照顾，过了两三年夫妇又离开村子向江户走，路过武州熊谷的河堤时，遇见一只白狐狸，受它委托在浅草观世音境内建立神社并奉狐狸为神，这便是今天的熊谷稻荷神社。又过了几年，高木家户主次左卫门出门到江户，并拜访他曾经照顾过的加州流浪武士弥摠左卫门。由于稻荷神社显灵，弥摠左卫门过着丰衣足食的生活。次左卫门也希望得到福分，于是劝请分灵至越前清水村，这便是同村熊谷弥摠左卫门稻荷神社。文中又附笔写道，回家的路上，有两只白狐狸一直跟着次左卫门跑，一只在前，另一只在后，但其中一只在到家之前被狗咬死了，因此现在祭祀的还是一只寡妇狐狸。

四

大家现在知道了，加贺、越前两地的熊谷弥摠左卫门稻荷神社，都与松岛新左卫门一样，是从江户劝请过来的。而再看浅草的熊谷稻荷神社，关于其起源，在不同的时代有着不同的说法，甚至连稻荷的名字都存在分歧。该神社在元禄年间(1688—1704)成书的《江户摠鹿子大全》①中明确被称为熊谷弥摠左卫门稻荷，但在《江

① 《江户摠鹿子大全》，即指《增补江户摠鹿子名所大全》，刊行于元禄三年(1690)，藤田利兵卫(生卒年不详)著，菱川师宣(1618—1694)画，是江户方志。

户沙子》①中又变成了熊谷安左卫门稻荷。现在众多书籍称之为安左卫门，似乎都把《江户沙子》当作依据。

下面我把《江户沙子》中的故事简单介绍给大家，尽管故事所发生的年代有点违背历史事实。某一年，越前国的太守计划举行三天三夜的大狩猎，熊谷安左卫门则担任护卫工作，但到了出行前夜，有一只老狐狸过来请熊谷安左卫门饶命，放过他狐狸一族。这句话说得有点自私了，与狐狸并不合适。安左卫门回答说："狐狸就是狐狸，哪是你家的，哪是他家的，人类怎么能分清？""要是我家一族，尾巴尖端是白的，请一定放过白尾巴的狐狸。"老狐狸说完就走了。安左卫门向领主报告此事，领主还是个好心人，次日狩猎时，真把白尾巴尖的狐狸都放过了。后来这位安左卫门因某些理由也四处流浪，还是去江户，在白银町安顿了下来。某日，住在小传马町药师堂前的纸拉门匠人的儿子长次郎，去参拜浅草观世音，并在盥洗处与一对貌似乡下人的年轻夫妇大吵起来。长次郎回家了，但从当天晚上起，狐狸附体，闹得家翻宅乱。狐狸逞威风，说道："我是越前国的狐狸，因为此人太无礼，我才缠住他，无论你们怎么

① 《江户沙子》，是诗人菊冈沾凉撰写的江户方志，刊行于享保十七年（1732），共6卷。

做，我都不会离开。"一会儿却又说："这附近有没有一个名叫熊谷安左卫门的人？我欠他一份恩情，只要安左卫门来，我就不能再做什么了。"于是家人到处打听，终于在白银町的、大概就是一个破烂的杂院里找到了一名叫熊谷安左卫门的失业武士。家人打躬作揖，把安左卫门请到家。一见安左卫门，狐狸就低头行下拜礼，立刻离开长次郎而去。说起来这个事情太巧，他们俩好像事前谈好了似的。故事讲到最后，这位熊谷安左卫门以驱散狐狸而出名，由此为小石川的某一名家所聘用并得以发迹。最初安左卫门是在绀屋町边找个修建宫殿的木匠造一座小神社来家祭狐狸的，但不久就在浅草观世音境内奉建熊谷稻荷神社。以上就是《江户沙子》所记载的内容。《江户沙子》是闻名全国的一部著作，同样，这也是家喻户晓的一则故事。《武江年表》①中也有记载。

《武江年表》写道，于宽文三年(1663)六月十五日(《浅草志》写的是宽文二年)，把熊谷安左卫门稻荷神社劝请到浅草，而四十五六年后的宝永四年(1707)九月四日一条里又写道，熊谷安左卫门卒，在新堀端横町本法寺建墓。此外，还收录了他的绝命之诗：

---

① 《武江年表》，刊行于嘉永三年(1850)，是考证家齐藤月岑(1804—1878)编纂的江户方志，记录了自天正十八年至明治六年(1590—1873)的社会生活。

拂不去无边际的尘世浮云，蔽日吧，月已在拂晓一方

一方面让狐狸缠住人家，另一方面却若无其事，竟留下这样一首诗，我觉得他未免太过分了。尽管如此，他与狐狸之间的关系不过是一种传说，难以视之为确凿的历史叙述。正如上述，这位失业武士的姓名就十分可疑。事实上，尽管本法寺里确实存在上面刻有他绝命之诗的坟墓，但碑石上却不见熊谷两字，正面刻写的就是一对夫妻的戒名，男方叫山本院东云日赖居士，从中可以看出此人原姓为山本。过去，在浅草熊谷稻荷旁边也有一个石碑，碑上刻有山本院一中日赖，仍是与妻子、妹妹的诚名相并列。不管怎样，做那首诗的安左卫门其实是一位佛道行者，不太可能在浅草观世音境内奉建稻荷神社。而且，宽文三年建造稻荷神社的人，恐怕难以活到四十五年后的宝永四年。否则这个人太长寿了。我以为年表上写的不是一个人。另外，本法寺的墓石上刻有夫妻两个人的名字，而浅草观世的则是夫妻和妹妹三个人联名。根据以上几点，我怀疑这位佛道行者或许是耍狐狸的，其妻子和妹妹是他的助手。否则，这里怎么可能是熊谷安左卫门的坟墓，退一万步来说，即使熊谷安左卫门夫妇确实埋葬于此，但他的坟墓上不可能出现妻子的妹妹的名字。假如熊谷安左卫门借助于妻子、妹妹等人的口述把五十年以前

的故事保留了下来，那么讲述内容难免会发生变化。在外国人常做的社会心理实验中，二三十个人排列成一行，从最前列的人开始通过耳语传达一百字或一百五十字左右的简单句子，一个一个向后传，当最后一个人接到话时，最初的那句话往往变得面目全非。就这样，即使人们并肩而立，通过口述耳闻的方式传达简单的句子，人数多了也难以保留原形，更何况在几十年之间反反复复地讲述，人们以为讲的是同一个内容，其实这一内容逐渐发生演变，以讹传讹，这是很自然的。

五

关于现在流传的浅草熊谷稻荷神社的起源，最近出版的不少著作对此做了记录。但这些文字大概是一种改良、整理的结果。让我简单地介绍一下。从前，近江国伊吹山脚下有一名叫山本图书武了的武士，侍从越前国太守朝仓义景。有一次打猎的前夜，有个白发翁过来，说道："我是多年生活在一乘个谷里的狐狸，叫一城小三太宗林。我女儿阿三怀孕了，不易跑动，明天恐怕逃不过狩猎的箭头了。您家藏有个传教大师秘传的宝物'一之守'，请把这个宝物借给我们好让我们避难。"山本图书武了身为一名陪同领主狩猎的从臣，似乎缺乏自觉性，听了之后痛快答应，竟把家传的护符借给了狐狸。这不得不说违背了臣对君忠的原则。后来，山本图书武了的后裔山本武朝到处流浪，也到江户在大传马町安顿了下来，并改名为熊谷安左卫门。另外，在邻近的小传马町药师堂前有一个制造门窗隔扇的工匠名叫半左卫门，他有个儿子叫长右卫门——长右卫门的父亲名叫半左卫门是有点说不通的。书中还写明日期，就在宽文五年(1665)七月二十三日，这位长右卫门被狐狸缠住，狐狸借长右卫门的口说道："一个商人，不懂分寸，竟敢穿夏季布袜、竹皮屐，手中还握着拐杖，真是太不像话了。此人竟敢在观音堂的盥洗房里向我溅水，吵骂我，用拐杖打我。实在太可恶，我就要缠住他了。"请允许我解释几句，宽文五年左右，江户不太可能有个穿夏季布袜、竹皮屐的商人，这样粗暴地忽略时代背景，就连最低级的大众文艺家都不会做的。

另外，这只狐狸还说："我是越前一乘个谷的小三太宗林一族，是住在越中安江中乡的宗庵之子，名叫宗弥。对于山本家有救祖之恩，熊谷安左卫门正是山本家的嫡流，我不能不服从。"于是长右卫门的家人恳求熊谷安左卫门到他们家来，而熊谷安左卫门一来，狐狸就被驱散得无影无踪。这时，人们看到的不是白狐狸，而是有黑白斑点的大狐狸。第二天，人们立刻在浅草观世音境内祭祀狐狸，这便是今天的熊谷稻荷神社。

为了更好地理解这一新的起源传说所具有的神秘性，或者为了领悟其中的内涵，首先要思考的一个问题就是在朝仓义景的时代，就像狐狸夜里来访求借护符这样的隐秘事件，究竟是由谁记忆下来的。从正面看，故事中最主要的历史家是小传马町的制造门窗隔扇的工匠之子、脚穿夏季布袜和竹皮屐的那位长右卫门。其次就是这位四处流浪的山本氏，即熊谷安左卫门君，但他充当的可是最占便宜的角色，只要默不作声地过来，装出一副应当如此的模样就完事了，他没有积极地参与情节的发展。那么，究竟谁能够为保存这则故事付出最大的努力？最大的贡献者，应该是那些相信狐狸能够附体的众人。可以断定，正是由这些人们构成的群体，从三百年以前的奇妙史实中提炼出了这个不朽之作。我们不能鸡蛋里挑骨头，面对一些矛盾，应该睁一只眼闭一只眼。

六

总的来说，江户的狐狸自古以来就频繁来往于北国街道。比如，上述《三州奇谈》记录了一则妇孺皆知的藤兵卫抬轿故事。我们知道，诸如上州茂林寺的分福茶釜守鹤、小石川传同院的宅藏司、江州彦根的宗语狐、镰仓建长寺的御使僧等狸猫都被狗咬死并变回原形，这些狸猫的故事与藤兵卫的故事属于同类，应该是相提并论的。

从前，在金泽城里的浅野有一个抬轿的，名叫山屋藤兵卫。某日，藤兵卫把客人送到江户，走在回家的路上时，有一个老和尚从浅草桥场的总泉寺走了出来，要藤兵卫把他送到京都的大德寺去。于是，藤兵卫把武州深谷的九卫门叫上，又抬起轿子，经过北国街道回来了。藤兵卫他们与建长寺的御使僧一样，在各地的旅馆里留下了书法作品，有一部分作品保留至今。就这样过了几天，他们在加贺国宫腰的旅馆休息时，有一只强大的狗把头塞进轿子里，硬把那位和尚拽出去，咬死了。藤兵卫大吃一惊，赶紧把和尚抱了起来，和尚已经现了原形，原来他是一只狗獾。这只狗獾携带着很多钱，又没有人继承，于是两位轿夫返回浅草桥场的总泉寺，把事情经过讲了一遍。总泉寺的僧人说道："二百年前，那位老和尚就已经住在我寺，那天他突然说非要去京都不可，我们只好送走他了。原来寿命已尽，难逃一死，我们在梦中已得启示，他终于踏上冥途了。那笔钱，就请你们收下吧。"就这样，两位轿夫得了这笔钱，由此富裕了起来。

还有一则故事。从前，越中滑川在有个农民叫八郎兵卫，他家境贫苦，难以养家糊口，于是一家三口想沿着北国街道去江户。而他们刚要出发，就看到一只狐狸在生孩子，不禁心生怜悯，护理小狐狸。然后，他们辛辛苦苦地走到武州，并在熊谷南边的鸿巢借宿一晚，但那里又没有吃的，只好在路边的茶棚里休息。忽有一个陌生的老和尚走了过来，夸八郎兵卫是个好人，要请他吃年糕，说完还真的在茶棚里买三个年糕送给八郎兵卫。老和尚走之后，茶棚的主人说道："看来您做了什么好事了，那位神秘和尚从四五年前就逗留在此地，大家都怀疑他是一只狐狸。凡是获得那位和尚赠送的礼物的人，都会发迹变泰。让我沾一点您的光，和您结下不解之缘吧！"说完，主人就写介绍信，吩咐八郎兵卫在江户找此人。从此以后，八郎兵卫在江户驹达安顿下来，并靠人缘过上了好日子。这则故事说明了一位往来于北国街道的旅客与武州狐狸之间的因缘关系，这仍属于该故事的标准类型。正如上述，有的时候狐狸是会出门云游的。与大和源九郎狐同样的故事，在全国各地都有流传，也经常会有人告诉我他家乡有狐狸的故事。其中，最有名的大概就是位于秋田县城堡旧址的公园内的次郎稻荷神社。据说，这里的狐狸也化作轿夫，常来往于此地与江户之间。佐竹家珍惜这只狐狸，但某日在新庄，或山形，或其他地方，落在一个以油炸豆腐为诱饵的捕鼠圈套里。可怜的兽类，虽然深知自己会被杀，却无法逃难。狐狸被捕杀后，只留下了一个信箱，而不知何时，这个信箱被送到了江户的佐竹别邸。另外，因幡的鸟取也有类似的狐狸故事，据说这只狐狸能够比任何一位轿夫更有精神地、更快地来往于因幡与江户之间。同样的例子还有很多。而在武州熊谷提也有一则关于因被狗咬死而暴露真面目的狐狸的故事。我一时想不起这则故事原载何处，据说这只狐狸化作轿夫，自称为熊谷弥揔左卫门，后来在浅草被奉为稻荷神。

　　熊谷提附近的熊谷寺境内有一座稻荷神社祭祀熊谷弥揔左卫门，我还不能断言其与武州熊谷提的熊谷弥揔左卫门有关。熊谷寺的稻荷神社又称奴稻荷，时代较近的古代日语中所谓"奴"是指孩子在耳朵上与后头部留下来的头发，关西地区称"bintsu"。今人故此硬把奴稻荷和孩子联系在一起，视之为守护孩子不得天花的神祇。其信徒们撰写一份神仆请状奉献于稻荷神社，宣誓让孩子在十三岁或十五岁以前服侍神，他们相信孩子得到稻荷神的呵护便可以健康成长。有趣的是，孩子一旦成为熊谷弥揔左卫门的神仆，父母就不得训斥这个孩子。这似乎蕴含着深奥的意蕴，也许意味着孩子一般都要服从父母，但既然成为熊谷弥揔左卫门的人，连亲生父母都不得加以管教。不管怎样，诸如不得训斥此类的禁忌把一个神秘性蕴含在其中。

另一个神奇，便是此地的人们明确地认为熊谷弥揔左卫门是狐狸的姓名。关于这一点，有一个古老的传说加以证实。熊谷家的复兴之祖熊谷次郎丹治直实，他的名字大家应该都很熟悉，据说，每次他在战场碰到强大的敌人，都会出现一位来历不明的援兵，他自称为熊谷弥揔左卫门，贡献颇大，而战火一熄就消失无踪。有一次，次郎丹治直实心想此人真是神乎其神，不禁问他究竟是何方神圣，就像《徒然草》①所记萝卜精灵的故事一样②，这位神秘武士回答说："我是守护贵家的稻荷，今后如果十万火急，只要您喊一声弥揔左卫门，我立即到来并服从您。"话刚说完，熊谷弥揔左卫门又消失了。有几部书籍收录了这则故事，其中最有名的应该是《木曾路名所图会》一本。此书成书于距今一百三十年的享和元年（1801年），但书中的内容又不是当时的，因此我们可以把该故事的流传年代再往前推一百年。此外，住在信州天龙川右岸、三河提坂部的

---

　　① 《徒然草》，是被视为吉田兼好撰写的随笔集，成书于元德二年至元弘元年（1330—1331）（前半部分含有兼好早年的笔墨），由一篇小序和243段正文组成。内容涉及面极广，除了有关人生、佛教信仰、人类观、女性、住房、趣味、自然等随笔之外，还记录了各类奇谈、故事，也有备忘录式的杂文。

　　② 据《徒然草》记载，从前筑紫有个负责治安军事的官员，他坚信萝卜是万病良药，多年来每天早晨吃两根。某日，这位官员遭到敌人袭击，而从屋内出现两位陌生士兵，不惜生命击退敌人。官员问是何人？两位士兵则回答说："是您多年信赖并每天吃下的萝卜。"说完就消失得无影无踪了。

熊谷家，是当地有名的名门望族，家传《熊谷传记》一书。现存的《熊谷传记》是前一代户主熊谷次郎太夫直遐于明和年间（1764—1772）修编的，说是从古老时代家传的记录，其中也提到了弥揔左卫门狐狸。总的来说，熊谷这一姓氏在三河、信浓等地广泛分布，但他们的祖籍都是武藏的熊谷。我怀疑熊谷姓原来与某种信仰有关，因为历史上没有什么政治原因让熊谷姓分散在各地。至少，熊谷家的人们不外乎都深信熊谷弥揔左卫门为稻荷神。今天其他地方的熊谷姓是否还如此信仰稻荷神？今后我很想做一下调查。

不管怎样，从以上可以看出，熊谷弥揔左卫门这一通称，听起来是很适合中世武士的正气凛然的名字，其实这是狐狸起名的，反映了狐狸自己的嗜好及理想。尽管我们无法责怪狐狸，但弥揔左卫门这个名字是有问题的。从熊谷家的家谱看，直实之子为小次郎直家，直家之子为平内次郎直道，是直道的次子熊谷弥三左卫门尉直朝当上了本家的户主。灵狐毕竟摆脱不了兽类的悲哀，它没有认真检讨家谱，不知道嫡系第五代户主叫熊谷弥三左卫门，而反反复复地讲述弥揔左卫门的故事。

我现在想，神奇不是一夜即成的，它始终依赖于长期的深奥且复杂的某些东西。读者当中说不定有熊谷一族的后裔，不知会有何等感想。我个人觉得，熊谷家的人们从古以来好像都渴望着使用弥惣左卫门这一统称。正如铃木姓原意给孩子起名为三郎，有不少龟井姓的人自称为六郎一样。这也许是一个家族共同的专向性爱好或者是不外露的癖性。

以前，我有一个亲密交往的学农学的前辈，名叫熊谷八十三。他是赞州高松的熊谷一族，由于他祖父活到八十三岁，父母就给他取名为八十三，希望他也能福禄长寿。这听起来，熊谷八十三君的名字是他父母不受外部影响独立起名的。而香川景树①的得意门生、《浦之汐贝》这一著名诗集的作者熊谷直好②有一个通称，叫熊谷八十八。他是周防地区的熊谷一族。

话说到此，我得出的结论，用一句话来说就是："人"才是这世上最神奇奥妙的。

---

① 香川景树（1768—1843），江户时代后期的诗人，反对贺茂真渊等人推崇《万叶集》的复古主义，而认为只要表露天然真诚的情绪，诗歌自有曲调。香川景树创造了诗坛流派"桂圆派"。

② 熊谷直好（1782—1862），是江户时代后期的诗人，师从香川景树。

附录一　日本历史时代及分期①

历史时代			起始年代
原始	旧石器时代		数十万年前—1 万年前
	绳纹时代		1 万年前—公元前 3 世纪
	弥生时代		公元前 3 世纪—3 世纪
古代	古坟时代		3 世纪后半叶—6 世纪末
	飞鸟时代		6 世纪末—710 年
	奈良时代		710—794 年
	平安时代		794—1192 年
中世	镰仓时代		1192—1336 年
	室町时代	南北朝时期	1336—1392 年
		战国时期	1467—1573 年

① 王京制表。明治时代以前，不包括北海道及冲绳地区。

历史时代			起始年代
近世	安土桃山时代		1573—1603 年
	江户时代		1603—1868 年
近代	明治时代		1868—1912 年
	大正时代		1912—1926 年
现代	昭和时代	昭和前期	1926—1945 年
		昭和后期	1945—1989 年
	平成时代		1989 年至今

五畿七道②	令制国名		略称	都道府县	大区名称
东山道	陆奥	陆奥	奥州、陆州	青森县	东北地区
		陆中		岩手县（秋田县）	
		陆前		宫城县	
		磐城	磐州	福岛县	
		岩代	岩州		
	出羽	羽后	羽州	秋田县	
		羽前		山形县	
	下野		野州	栃木县	关东地区
	上野		上州	群马县	

　　① 王京制表。

　　② 五畿七道按 701 年《大宝令》，国名按 927 年《延喜式》，陆奥、出羽分割为 1868 年。

五畿七道	令制国名	略称	都道府县	大区名称
东山道	信浓	信州	长野县	中部地区
	飞骡	飞州	岐阜县	
	美浓	浓州		
	近江	江州、近州	滋贺县(关西地区)	
北陆道	越后	越州	新潟县	
	佐渡	佐州、渡州		
	越中	越州	富山县	
	能登	能州	石川县	
	加贺	加州		
	越前	越州	福井县	
	若狭	若州		
东海道	安房	房州、安州	千叶县	关东地区
	上总	总州		
	下总		茨城县	
	常陆	常州		
	武藏	武州	埼玉县	
			东京都	
	相模	相州	神奈川县	
	伊豆	豆州	静冈县（东京都）	中部地区
	骏河	骏州		
	远江	远州		
	甲斐	甲州	山梨县	
	三河	三州、参州	爱知县	
	尾张	尾州		

五畿七道	令制国名	略称	都道府县	大区名称
东海道	伊贺	伊州	三重县	关西地区
	伊势	势州		
	志摩	志州		
南海道	纪伊	纪州	和歌山县	
	淡路	淡州	兵库县	
	阿波	阿州	德岛县	四国地区
	土佐	土州	高知县	
	伊予	予州	爱媛县	
	讃岐	讃州	香川县	
畿内	大和	和州	奈良县	关西地区
	山城	山州、城州、雍州	京都府	
	河内	河州	大阪府	
	和泉	泉州		
	摄津	摄州		
山阴道	但马	但州	兵库县	
	丹波	丹州		
	丹后		京都府	
	因幡	因州	鸟取县	中国地区
	伯耆	伯州		
	隐岐	隐州	岛根县	
	出云	云州		
	石见	石州		

五畿七道①	令制国名	略称	都道府县	大区名称
山阳道	播磨	播州	兵库县(关西地区)	中国地区
	美作	作州	冈山县	
	备前	备州		
	备中			
	备后		广岛县	
	安芸	芸州		
	周防	防州、周州	山口县	
	长门	长州		
西海道	筑前	筑州	福冈县	九州地区
	筑后			
	丰前	丰州	大分县	
	丰后			
	肥前	肥州	佐贺县	
	壹岐	壹州	长崎县	
	对马	对州		
	肥后	肥州	熊本县	
	日向	日州、向州	宫崎县	
	大隅	隅州	鹿儿岛县	
	萨摩	萨州		

译者后记

　　本书是小山书店于1934年出版的柳田国男同名著作的中译本，收录了柳田从42岁至57岁的11篇文章及讲稿。按出版时间排序，依次为《独目小僧》（1917）、《桥姬》（1918）、《隐里》（1918）、《放流王》（1920）、《年糕化作白鸟的故事》（1925）、《大多法师的脚印》（1927）、《独目五郎考》（1927）、《鹿耳儿》（1927）、《熊谷弥惣左卫门的故事》（1929）、《鱼王行乞谈》（1930）以及《会说话的鱼》（1932）。

　　按福田亚细男教授的意见，这15年正是柳田民俗学从崛起（1908—1918）迈向确立（1930年代）的过渡期。[①] 这一期间，柳田忙

――――――――――

[①]　福田亚细男：《柳田国男入门》，柳田国男记念伊那民俗学研究所，2017年，39—40页。

于换工作、旅行、出国以及搬家，难免"其民俗学著作不太多"，甚至令人觉得"柳田从民俗学领域退出了一步"①。但同时，日本农村社会因经济不景气、关东大地震、米价跌落而面临着诸多困境与问题，柳田已经深刻意识到"这已不是学者可以基于纯粹的学术兴趣沉着应对的时代了"②，开始自觉背负了"经世济民"的学术使命。借用折口信夫的话来说，这便是柳田"摆脱尴尬境地，终于成为一位真正意义上的民俗学家"③的过程。

折口信夫指出，有关"神"的问题是柳田早期民俗学的核心问题："有关日本的神的研究，是先生从学术立场致力解决的第一个目的，而今天这一目的作为最明确的研究对象重新浮现在眼前"，"为了建立这样一门学问，（先生）经历长期痛苦的阵痛，偶然邂逅了民俗学"。④ 在本书收录的众多文稿中，柳田的心神的确凝集于此。对他而言，神始终是构成日本人精神乡土的基础事实，或者说是塑造日本国民性的传统渊源，可以说，他谈论神，其实在谈论

---

① 福田亚细男：《柳田国男入门》，柳田国男记念伊那民俗学研究所，2017年，39—40 页。

② 柳田国男：《日本农民史》，《柳田国男全集》29 卷，筑摩文库，233 页。

③ 折口信夫：《先生的学问》，民俗学研究所《民俗学新讲》，明世堂书店，1947 年，281 页。

④ 同上，281 页。

"被遗忘的、失去的日本（人）"。在此意义上，本书与一般所谓妖怪学著作应划清界限。关于成为本书书名的"独目小僧"，柳田的议论建立在"妖怪是沦落的神"这一假设之上，这一假设也受到了小松和彦、宫田登等妖怪研究领域权威的质疑①。

本书是一位政治家出身的学者在日本近代科学的黎明时期撰写的论著，其中有些内容、逻辑、方法等已经难以满足当代科学的要求，在接受过当代西方科学学术训练的中国读者眼中，找到本书的漏洞和破绽也许并不太难。比如，柳田反复强调"证据"的重要性，但自己的观点却往往有主观武断之嫌，很多情况下本应提示的论据都因为"篇幅有限"而"忍痛割爱"。在引用论据时，也常常不详细、不完整，甚至是错误的。如柳田在《独目小僧》的"补遗"中提及文中由高木诚一提供的资料，如实交待了自己的误解，但之前对这一"好材料"的错误理解，却似乎对其论述、逻辑以及结论毫无影响，这足以让我们怀疑柳田有时是先有了结论然后去寻找论据的。

尽管如此，今天在中国出版本书，还是有着重要意义的。众

---

① 如小松和彦认为柳田的预设来自于"先有神，后有妖怪"的单线历史发展观，其实神与妖怪没有先后之分，并存不悖。宫田登则采取了中立态度，认为神和妖怪可以并存，神可能变成妖怪，反之亦然。见宫田登《妖怪民俗学——日本的无形空间》，筑摩文库，2002 年，10—12 页。

所周知，柳田于1930年在《蜗牛考》中提出了"方言周圈论"。但我们从本书中可以惊讶地发现，其实柳田早在10余年前就从时间与空间这两个维度对传承和传播的规律性做出了富有启发意义的论述。他要努力把握的所谓"同一个源头"，显然不是地理上的概念，而是日本人的"原风景"即"日本"本身。这使得后人对"方言周圈论"的多数批判落空①，而柳田不同于"方言周圈论"的对传承的理解，也许可以促使中国读者深入思考"中国人"或"中国"是什么。

2016年冬天，多年来的好友王京告知我《柳田国男文集》的出版计划，并力邀我参与翻译工作，我欣然答应。尽管我也知道柳田著作数量庞大，但其中较为有名的论著，我还是读过的，也曾经翻译过日本现代民俗学者的数篇论文，因此并没有考虑太多，只觉得自己没什么理由拒绝老友的相邀。

但阅读并非翻译，别的学者也不是柳田，本书的翻译令我体验到了从未有过的艰难。柳田用富有魅力的文字引导读者走入昔时日

---

① 后人对"方言周圈论"的主要批评是能够解释的范围过窄，各地方言有可能是多元发生的，也未必只是从中央传播到周边，也有可能有逆向的情况。实际上，只要我们坚持认为所谓"源头"是一个地理概念，那么"方言周圈论"显而易见是无法适应语言现实的。

本人的感觉之中，其文章与其说是论文，不如说是充满感染力的文学作品。阅读时，还能凭借"领悟"而心有戚戚，但翻译时必须叩问字词、剖析句段来检验自己的"领悟"是否真正符合作者的意图。不用说有歧义、有语病之嫌的表述，就连一个省略了主语的句子、几个随意选用的别名，都足以让我驻笔良久。翻译工作迟迟未有进展，生活上又出现了一些变化，一再推迟之下，最终交稿竟比原计划晚了整整一年！

本书终于能够出版，归功于北京师范大学出版社的宋旭景编辑，如果没有宋老师的宽容和耐心，我恐怕无法完成这次翻译工作。在日本，我也得到了许多师友的鼓励和帮助。尤其是福田亚细男老师，他赠送给我的资料加深了我对柳田的理解。

写到这里，我不禁想起去年曾听到福田老师忧心忡忡地说："我也算写过几部关于柳田的书了，但还是不敢说完全理解他。连日本人都难读懂的他的文章，中国读者真的可以理解吗？"

由于个人学识不足，语言能力又有限，当时我没能向福田老师保证我可以读懂柳田，有信心能够一字不差地传达出来。现在，我还是不敢这样说。当然，为了方便中国读者的阅读，我也尽了一些努力，如增加译者注，统一多个别名，修正过于模糊的表达以明确文意等等。但反过来看，这些做法也许反而牺牲了柳田独特的风格和文学意蕴，不仅如此，还可能让中国读者失去了从字里行间"领悟"柳田言外之意的机会。我反复的责问自己：你为何要固定文意，把自己的"领悟"强加给读者？你只是一介译者而已啊！

这次翻译给我留下了太多的遗憾。但无论如何，不能再推迟出版了。本书一定有许多不妥甚至谬误之处，一切责任在我，敬请中国的读者们多多给予建议与批评！

西村真志叶

2018 年 6 月于日本佐贺

图书在版编目（CIP）数据

独目小僧及其他／（日）柳田国男著；（日）西村真志叶译. —北京：北京师范大学出版社，2018.7
（柳田国男文集）
ISBN 978-7-303-23353-3

Ⅰ.①独… Ⅱ.①柳…②西… Ⅲ.①民间故事-文学研究-日本 Ⅳ.①I313.077

中国版本图书馆 CIP 数据核字（2018）第 009128 号

营 销 中 心 电 话 010-58805072　58807651
北师大出版社高等教育与学术著作分社　http://xueda.bnup.com

DUMU XIAOSENG JI QITA

出版发行：北京师范大学出版社　www.bnup.com
　　　　　北京市海淀区新街口外大街 19 号
　　　　　邮政编码：100875
印　　刷：鸿博昊天科技有限公司
经　　销：全国新华书店
开　　本：130 mm×184 mm　1/32
印　　张：13.125
字　　数：264 千字
版　　次：2018 年 7 月第 1 版
印　　次：2018 年 7 月第 1 次印刷
定　　价：69.00 元

策划编辑：宋旭景　　　　　责任编辑：王　宁
美术编辑：王齐云　　　　　装帧设计：周伟伟
责任校对：段立超　陈　民　责任印制：马　洁